진주강씨 대사간공파 종중사록

大司諫 姜詗 世家錄
대 사 간   강 형   세 가 록

진주강씨 대사간공파 종중사록

大司諫 姜詗 世家錄
대 사 간 강 형 세 가 록

초판인쇄 2023년 1월 30일
초판발행 2023년 2월 06일

지은이 진주강씨 대사간공파 종중
펴낸이 이재욱
펴낸곳 (주)새로운사람들
디자인 김남호
마케팅관리 김종림

ⓒ 진주강씨 대사간공파 종중 2023

등록일 1994년 10월 27일
등록번호 제2-1825호
주소 서울 도봉구 덕릉로 54가길 25(창동 557-85, 우 01473)
전화 02)2237.3301, 2237.3316 **팩스** 02)2237.3389
이메일 ssbooks@chol.com

ISBN 978-89-8120-650-5(03990)

진주강씨 대사간공파 종중사록

大司諫 姜詗 世家錄
대 사 간 강 형 세 가 록

진주강씨 대사간공파 종중

새로운사람들

〈발간사〉

용기와 지혜로 참혹한 상황 이겨낸 후손들의 기록

강신관 『대사간 강형 세가록』 발간위원회 위원장
진주강씨 대사간공파 종중 11대 회장

이번에 대사간공파 종중 사록이라 부제를 붙인 『대사간 강형 세가록』을 발간하게 되었습니다. 『대사간 강형 세가록』을 발간하는 것은 우리 종중의 지난 오백여년 간의 역사를 돌아보면서 현재에 이른 역사 속의 의미를 더듬어보고, 과거를 지나온 만큼의 세월을 미래에도 고스란히 이어가겠다는 의지와 바람의 표현이라고 할 수 있습니다.

우리 대사간공파 종중은 연산군 재위 10년인 1504년에 큰 시련을 겪었습니다. 진주강씨 대사간공파 종중의 파시조인 대사간 강형은 1504년 갑자사화로 세 분 아드님과 함께 참혹한 화를 당하셨고, 그 이전 무오사화로 화를 입은 사위와 함께 멸문의 화를 겪었습니다.

1495년에 성종이 돌아가시고 즉위한 연산군은 이듬해인 1496년 자신의 생모가 폐위된 윤씨라는 것을 뒤늦게 알고 크게 상심하면서 곧 바로 신원을 되돌릴 목적으로 폐비윤씨의 입주입묘를 시도하였습니다.

왕비였던 자신의 생모가 폐서인되고 무덤조차 제대로 돌보지 않고 있다는 사실을 알게 되면 누구라도 그런 식으로 반응할 수 있을 것으로 예상할 수 있지만, 문제는 연산군의 아버지(부왕)인 성종이 遺敎를 내리기를 절대 입주입묘해서는 안된다고 하였고, 신하들은 이를 따르기로 하였기에 어떤 경우에도 遺志를 지켜야만 하는 것이 신하된 도리였습니다.

그러나 연산군의 편에 서서 이에 동조하고 부추긴 무리들이 있었으며, 이런 과정에서 조정에서는 갈등과 대립이 극심해지고 있었는데, 대사간 강형은 원리원칙에 따라 폐비의 입주입묘를 해서는 안 된다는 것을 신랄하게 간언하였는데, 이것은 삼사 관헌으로서의 지당한 의견일 뿐 아

니라 유교적 이념과 도학정치를 기반으로 하는 조선의 신하로서 매우 정당한 것이었습니다.

결국 연산군에게 獨啓(독계) 箚子(차자)함으로써 연산군의 의도를 강력하게 반대함에 따라 연산군은 자신의 뜻을 추진하는 것에 차질을 빚을 만큼 조정 대신들의 집단적인 반발을 불러일으켰습니다.

이 일로 인하여 대사간공은 삼사가 아닌 외직으로 환차하게 되었는데, 이것은 연산군 재위 2년인 1496년의 일이었습니다. 그리고 그 이후로 어찌된 일인지 1504년 3월까지 대사간공에 대한 기록은 왕조실록을 포함 어떤 문서에서도, 또한 집안의 가장 등에서도 찾아볼 수 없었습니다.

결국 연산군은 재위 10년인 1504년에 자신의 뜻대로 폐비윤씨의 입주입묘를 완료하였으며, 그 무렵 자신의 생모가 賜死(사사)된 사실을 새롭게 알게 되었습니다. 왕을 움직여 자신들에게 유리한 국면을 만들고자 하는 간악한 무리들에 의해 드러나게 된 것입니다. 이때부터 연산군은 역사상 전무후무의 잔인한 방법으로 폐비윤씨의 사사(賜死) 사건에 대해 雪冤(설원)하게 되는데, 과거에 자신의 생모를 사사하는 데 관여한 모든 이들에게 벌을 내리게 됩니다.

이때 직접 그 일에 관여한 바 없는 대사간공은 단지 1496년에 독계하여 자신의 뜻을 반대하였다는 이유로 유배형을 내렸다가 세 아들과 함께 극형에 처하게 되었으며, 집안의 자산과 모든 권리를 삭탈하고 멸문의 벌을 내리게 되었습니다.

역사상 이와 같은 참화를 겪은 경우는 매우 드물다고 할 수 있습니다. 단지 바른 말을 했다는 이유로, 신하가 임금의 뜻을 따르고 정치적 이념과 도리에 따라 정당하게 처신한 충신을 이렇게 害하였으며 멸문지경으로 내몬 것입니다.

그러나 하늘은 우리를 버리지 않았습니다. 큰 子婦 익산이씨는 기지와 용기로 피난길을 선택하고 살아남은 어린 자녀들을 훈육·교도하여 다시 집안을 부흥시킬 수 있도록 헌신하였습니다. 할아버지, 아버지, 숙부들 모두가 돌아가시고 천애의 고아처럼 어머니와 남은 자손들은 다시 노력하여 일어섰으며 번창하였습니다.

 세월은 500여 년을 지났고 역사는 다양한 사건과 이야기를 남기고 흘렀으며 대사간공의 후손들은 이 나라의 名門巨族(명문거족)으로서의 지위와 역할을 충분히 해내며 오늘에 이르고 있습니다.

 오늘날, 대사간공의 후손인 우리는 대사간공이 겪은 그 참혹했던 사건을 기억합니다. 또한 참혹한 상황에서도 결코 좌절하거나 물러서지 않으며 용기와 지혜로 이겨내고 자신들의 역할을 충실히 해낸 선조님들을 기억합니다.

 본 世家錄(세가록)은 대사간공으로부터 시작되는 그 후손들의 삶의 기록입니다. 남다른 시련과 고통을 겪었으나 누구보다 더 넉넉하고 당당하게, 의젓하고 바르게 선조들의 정신과 사상을 따르고 배우며 자신의 맡은 바 사명을 다하는 삶을 살아온 후손들에 대한 기록입니다.

 남들에게 내세우고 자랑하자는 것이 아니요, 오직 선조님의 위대한 족적을 기억하고 배우고 따를 때 어떤 불의 앞에서도 결코 물러서지 않으며, 담대한 용기와 정직, 성실한 삶을 배우고자 함입니다.

 우리 선조의 이야기이지만 다른 성씨, 다른 집안에서도 배우고 따를 수 있는 훌륭한 내용들이니 이렇게 한권의 책으로 묶었다고도 할 수 있습니다. 그러나 한 권의 책으로 묶기에는 너무도 많은 내용과 이야기가 있기에 아쉽고 부족함을 느낍니다.

 이럴 때 오히려 선조님들께 누가 되고 부끄러운 일이 되지는 않을까 걱정도 됩니다. 그러나 사실을 꾸밈없이 정리하고 다듬은 내용이니 역사적 사실의 확인만으로도 의미가 있을 것이며 부족하고 못 채운 내용들은 앞으로 더 다듬고 손질을 할 날이 있을 것이라고 믿습니다.

 그간의 노력이 보람이 있기를 기대하며 자랑스러운 선조들을 둔 자손으로서 앞으로의 삶의 자세를 바르게 하면서 이웃과 사회, 그리고 나라에 보탬이 되는 사람으로 살아갈 것을 다짐해봅니다.

〈축사〉
급변하는 시대에 集團知性의 체계화 시급

姜輔熙 진주강씨 중앙종회 회장

　진주 강문에서 충효와 돈목을 솔선수범하고 있는 대사간공(諱 訶) 문중에서 『大司諫姜訶世家錄(대사간강형세가록)』을 발간하기에 이르렀다는 희소식에 축하의 말씀을 드립니다. 여러분도 다 아시다시피 종사 운영은 갈수록 어려워지고 있습니다. 더구나 제4차 산업혁명시대가 도래하여 그 어느 때보다 시대의 흐름이 급물살을 타고 있는 것 같습니다. 시대의 변화는 인류 역사 이래 꾸준히 이어오고 있습니다. 변화는 두려운 면도 있지만, 문명 발전을 주도했습니다. 변화는 이미 기원전 1046년부터 기원전 256년까지 중국에 존재한 서주(西周) 시대에 만들어진 주역(周易)의 핵심 용어입니다.
　주역의 기본 원리 중 하나인 변역(變易)에 따르면 만물은 끊임없이 변화하면서 순환한다고 합니다. 변역이란 천지간의 현상은 물론 인간 사회의 모든 사행(事行)은 끊임없이 변화한다는 뜻이지요. 불역(不易)이란 이런 가운데 결코 변하지 않는 줄기가 있다는 것입니다.
　첫째로 하늘은 높고, 땅은 낮으며, 둘째로 해와 달이 번갈아 가며 세상을 밝히고, 셋째로 부모는 자애를 베풀고 자식은 조상을 받들어 모시는 것이 이치라 합니다. 셋째로 꼽은 부모와 자식 관계는 곧바로 씨족의 기본 단위로 문중의 일원이 되는 것입니다.
　문자가 생기면서 성(姓)이 탄생했고 그 성을 바탕으로 문중이 구성되었습니다. 문중은 그만큼 그 기원이 오래고 끊어지지 않은 세(世)와 대(代)는 시간과 동행하고 있습니다. 『大司諫姜訶世家錄(대사간강형세가록)』 발간 계획안을 읽으면서 우리가 오랫동안 방치해 온 문중의 나아갈 길을 알게 되었습니다. 종사록은 강문의 명문가다운 기획이라 할 수 있습니다. 세거지를 중심으로 역사와 인물, 유적과 유산을 다룬 종사록을 통해 종중 정신문화의 가치를 실현시킬 수 있을 것입니다. 그것을 바탕으로 종중의 정체성 인식과 존립의 외연 확대가 이루어질 것이라 사료됩니다. 우리는 종사록을 통해 터득한 가치 인식으로 후예들이 사회와 나라에 기여하는 계기가 되리라 생각합니다.

　대사간공은 갑자사화 수창자로 지목되어 억울하게 세 아들과 함께 참화를 당했습니다. 그러한 멸문의 비운 속에서도 대사간공 자부 李氏 부인은 헌신적이고 엄중한 부덕(婦德)으로 자녀들을 올곧게 가르쳤습니다. 이씨부인은 오직 선대의 억울함을 신원시키고자 각고 끝에 멸문 20여 년 만에 셋째 아들을 문과에 급제시켰습니다.
　이씨의 염원은 후세에 귀감이 되어 강문 최고의 문중으로 거듭나게 했습니다. 이씨부인의 공덕을 감히 제가 여기에서 더 붓을 댈 수가 없습니다. 그저 존경스러울 뿐입니다.
　그로부터 500여 년이 지난 지금은 앞에서도 언급했듯이 제4차 산업혁명 시대에 접어들었습니다. 문중이 지향해야 할 이정표가 필요한 이때에 다행히 『大司諫姜訶世家錄(대사간강형세가록)』은 문중의 자기 성찰 기회를 천착(穿鑿)하는 데 큰 도움이 될 것입니다.
　더 나아가 조상님들의 위업을 현창하는 사행(事行)은 강문의 자랑거리입니다. 우리는 글을 올릴 때마다 돈목을 강조하지만 실상은 그렇지 못합니다. 문중이 제4차 산업혁명 시대의 종사 발전에 대한 우환의식을 불식(拂拭)시키기 위해서는 씨족의 집단지성(集團知性)이 끽긴(喫緊)한 오늘입니다. 집단지성은 일가 간의 화합을 도모하는 데 주요한 발판이 될 것으로 기대합니다.

〈축사〉
피눈물의 가족사와 화려한 부활

강신수 진주강씨 통계공파종회 회장

　금번 晉州姜氏大司諫公派 종회에서 大司諫公 諱 詗 선조님을 비롯한 선대의 공적을 집대성한 世家錄을 편찬하기로 하여 宗中 발족 이래 가장 의미 있는 큰일을 벌여 완성 단계에 접어들며 실무진으로부터 축사를 해 달라는 분에 찬 부탁을 받았습니다.
　그것도 상위 종중인 통계공(通溪公) 종중 회장의 직책으로 축사를 쓰라는 부탁은 차마 거절할 수도 없고, 더더욱 수락하기엔 염치없는 후손으로 얼굴이 뜨거워 바로 들 수가 없었습니다.
　大司諫公께서는 通溪公의 嫡長玄孫이시며 司諫院 大司諫으로 왕도정치 諫官의 표상이 되신 어른이십니다. 학교에서 무오사화 갑자사화 공부를 하면서도 영화에서나 나오는 피눈물의 家族史가 내 先代에서 일어난 사화임을 알게 된 날 나는 하룻밤을 울며 밝혀야 했습니다.
　甲子士禍에 公과 세 아들이 함께 被禍됨에 식음을 끊고 통곡을 일삼다 피를 토하고 멸문지경 월여 만에 돌아가신 善山金氏 할머니, 이런 와중에도 강인한 의지로 시부의 시신을 蘭谷에 密葬하고 夫君의 遺骸와 五男二女를 이끌고 嶺南의 親家를 향해 夜半 南下 聞慶 存道里에 刻苦隱居하신 盆山李氏 할머니, 이 두 분 할머니의 피눈물이 아니었다면 중종반정 후 가문의 화려한 부활이 가능했을까? 그리고 대사간 종중의 상주와 난곡의 화려한 문벌은 이루어질 수 있었을까?
　같은 사화로 咸北 隱城으로 귀양 갔다가 중종반정으로 풀렸으나 맏형의 참화의 땅을 밟을 수 없다 하시며 귀양지에서 여생을 마친 校理公 諱 할아버지의 생애 등 소설 같은 일들이 사실임을 확인하고 문헌으로 읽을 수 있게 된 데는 6.25의 전화 속에서도 물레질을 하시며 나에게 천

자문을 깨치게 하시고 어려운 살림에도 초·중등학교 방학이면 어김없이 書堂을 보내주신 어머니의 덕분이었습니다.

　이후 나는 가난을 물려주신 아버지를 원망하며 어찌 되었든 가난만을 극복하려던 개인주의에서 부모와 선조에 대한 생각을 바꿀 수 있게 되었고, 난곡 선영의 시제 참석에 노력을 다했습니다.

　이번 大司諫公 世家錄이 완성 출간되면 여러 賢宗님들께서 더욱 확실하게 先祖의 恩德을 확인하고, 그로 인하여 숭조돈목의 宗事 參與의 새로운 계기가 될 것을 확신합니다.

　아울러 노고를 아끼지 않으신 대사간 종회 고문단 및 임원진의 업적에 대해 칭송을 드립니다.

2022년 12월

〈축사〉
가문의 큰 자랑거리

강원구 진주강씨 대사간공파 종중 회장

　우리 대사간공 가문의 역사를 정리하여 명실상부한 세가록을 편찬한다는 소식에 기쁨과 함께 먼저 큰 박수로 지지를 보낸 바 있는데, 드디어 그 결실을 보게 되어 우리 가문의 큰 자랑거리가 만들어졌다고 생각합니다.

　제가 어린 시절 할머니 댁을 방문하면 할머니께서 어린 손자손녀들을 앉혀 놓고 우리 집안에 잊을 수 없는, 그러나 문중에 대단한 자랑이라고 하시면서 들려주신 얘기는 우리 대사간공 할아버지께서 임금에게 바른 소리를 계속하시다가 아들 삼형제와 함께 참화를 당하셔서 할아버지의 며느리께서 남편의 시신을 모시고 상주 양범으로 피신을 하셨기에 우리 집안이 상주에 뿌리를 내리게 되었다는 내용으로, 그 이야기를 한두 번도 아니고 여러 번 해주신 일이 기억에 남아 있습니다.

　그런데 글도 모르시는 할머니께서 남의 어려운 집안에 시집오셔서 살아가기도 고달프고 힘들었을 분이 이런 얘기를 어떻게 듣고 기억하셔서 손자들에게 꼭 알고 있어야 한다고 당부하셨는지 그 이유를 그때는 물어보지 못했습니다.

　지금까지도 할머니께서 들려주신 얘기의 전후 사정과 진실은 물론 대사간공 후손들의 숭고한 행적들이 어떻게 평가를 받고 있는지 늘 궁금했고 문득문득 가문의 정확한 역사를 알고 싶기도 했으나 그러한 여유가 없었다기보다 관심을 가지지 못한 죄책감을 안고 살아왔는데 이번에 대사간공파종중 강화석 부회장님께서 모든 의문을 한 번에 해결해 주신 덕분에 답답한 짐을 덜어낼 수 있게 되어 저 개인적으로도 여간 고마운 마음이 아닙니다.

  그리고 진주강씨의 뿌리와 계보는 물론 대사간종중의 유산을 자세히 정리함과 동시에 후손 문인들의 훌륭한 시문집 등을 집대성하여 함께 편찬해 주신 것은 또 다른 의미가 크다고 봅니다.

  특히나 어려운 코로나 팬데믹 시기임에도 불구하고 열정과 사명감을 가지고 우리 가문의 숙원사업을 완수해 주신 데 대해 다시 한 번 축하와 함께 고개 숙여 인사드리며, 본 세가록의 발간에 적극적으로 앞장서 주신 강신관 고문님과 강현석 부회장님께도 감사를 표합니다.

2022년 12월

〈축사〉
『대사간 강형 세가록』 발간에 즈음하여

강현석 <small>진주강씨 대사간공파 종중 부회장</small>

 이번에 발간하는 대사간공 종중의 강형 세가록은 우리 진주강씨 족보와 대사간공 종중 홈페이지와 더불어 우리 진주강씨 대사간공의 또 하나의 등대로 생각합니다.

 그간 어언 20년이 좀 넘는 세월에 인터넷의 발전과 인터넷 도서관이나 많은 플랫폼 기업의 탄생으로 이제는 너무나 많은 진주강씨의 자료들이 세상에 공개되어 조상님의 글들을 여러 사람들이 인터넷에 있는 자료들을 퍼가면서 오히려 역사가 야사나 속담이나 무용담으로 번지게 될까 걱정하는 도중에 공신력이 있고 무게감이 있도록 대사간 종중의 이름으로 책이 나온다고 하여 무척 반가운 일이라고 생각합니다.

 수년 전에 우리의 조상인 강홍립 장군에 대한 내용이 궁금하여 현재 인터넷에 알려진 자료를 한 달간 조사하는 가운데 아직도 국내의 여러 대학의 국문과 석·박사 과정에서 광해군일기와 연관된 강홍립 장군의 사료를 수년간 조사하여 논문을 만든 내용과 영상을 발표하는 것을 보고 감명을 받은 것을 기억합니다.

 특히 강홍립 장군의 자료는 강홍립 장군을 뒤따랐던 이민환 종사관이 저술한 자암집과 권칙이라는 비서가 저술한 비록 소설이라고 하여도 강로전의 내용이 서로 틀려서 지금도 우리 후손들이 강홍립 장군에 대한 평가를 제대로 완벽하게 하지 못한 느낌으로 안타까웠습니다.

 그러나 이제는 광해군일기와 함께 특히 조선왕조실록 등이 번역되어서 많은 자료가 공개되고 있으므로 마침 강형과 강홍립에 대한 자료도 우리가 자세하게 확인이 가능해져서 무척 다행입니다.

드디어 우리 대사간공 종중에서 대사간공 강형의 자료를 정리하고 편찬하는 데 대해 특히 우리 후손들이 더욱 긍지를 가지게 될 것입니다.

이러한 책 한 권이 우리 조상의 얼과 정신을 널리 전파하고, 모든 후손들에게 세상 바다의 등대와 같이 나아갈 길을 빛나게 밝혀주고 거듭 발전이 되기를 기원합니다.

특히 우리 종중의 젊은 후손들에게 많은 교훈과 가르침과 조상의 얼을 담아서 영원히 전해지는 역사책으로 남기를 기대합니다.

이러한 책을 발간하도록 힘을 쓰신 강신관 고문님과 강원구 회장님의 판단과 여러 고문님들의 지혜와 종중의 이사님들의 결정과 최종적으로 책임을 가지고 열정적으로 수개월간 자료 편집을 준비하신 강화석 부회장님의 노고에 찬사를 보냅니다.

2022년 12월 19일

〈축사〉
오늘을 살아가는 우리를 비춰보는 거울이자 지침서

강경모 진주강씨 대사간공파 종중 이사

 이 책은 우리 진주강씨의 파조로 사간원 대사간(司諫院大司諫)을 지내신 휘 형(詗) 선조의 행적과 역사적인 사실들을 발췌하여 기록하고, 또한 우리 강문의 중시조이신 통계공(通溪公) 휘 회중(淮仲) 선조를 비롯하여 직·방조(直傍祖)들의 사적까지 요약 정리한, 진주강씨 선조들에 대한 500년 역사를 종합하여 놓은 자료집이라 해도 무방한 책으로, 강문(姜門)의 자손이라면 누구나 당연히 알아야 할 선조들의 행적을 망라하였다 하겠습니다.

 한국사 연구에 있어 가장 취약한 부분이 인물사라 할 수 있겠습니다. 이에 더하여 일문(一門)의 특정 인물 중심의 연구는 더욱 빈약하다고 할 수 있겠습니다. 이는 특히 자료들이 부족한 것과 이에 더하여 한 씨족들의 조상에 대한 행장(行狀)을 기록한다는 것은 좀처럼 보이지 않고, 또한 있다 하더라도 턱없이 소략한 것이 사실입니다. 이러한 차제에 남의 것이 아닌 내 조상의 행적만을 좀 더 자세히 기록한다는 사실은 매우 어렵고 힘든 일입니다.
 특히 이 책에는 우리 통계공의 4세(현손) 주손이신 대사간공께서 참혹했던 조선조 4대 사화의 시작인 무오사화에 가족이 연루되어 사위와 형제들이 화를 당하는 참변을 맞고, 연이은 갑자사화를 더하여 멸문의 화를 당하시기까지의 기록들을 폭넓게 수록하여, 갑자사화의 경위에 대하여도 보다 자세히 살펴볼 수 있게 하였습니다.
 사화로 멸문지화를 당하여, 엄동설한에 부군의 시신을 안고 어린 유자녀들과 함께 피눈물로 문경새재를 넘어 영남 땅 상주로 낙남(落南)하여, 가장(家長) 아닌 가장이 되어 적수공권(赤手空拳)으로, 귀신도 울고 갈 정도의 고난 속에서도 가문을 일으켜 세우고, 어린 유자녀들을 훈육하여 문호를 열고 일어서시었으니, 특히 어느 가문이나 문중이나 한 대에 한 번도 어렵다는 신은(新恩)을 세 번이나 맞이한 삼은(三恩)의 영예를 누리신 익산이씨 할머니의 가문재조지공(家門再造之功)이라든지, 부군인 대사간공을 따라 절명하시어 중종대왕으로부터 정려(旌閭)를 받으신 선산김씨 할머니의 일화 등 대사간공의 일화와 함께 통계공 이래로 입명(立名)하신 제 선조들의 행략도 기록하였습니다.

  특히 상주로 낙남한 이후 상주 봉대에 통계공파 종가를 재건한 사실과 후손들이 경향에서 누구는 문명(文名)으로, 누구는 환로(宦路)로 저마다의 재능을 발휘하여, 그 당시 사회를 선도하셨던 선조들의 기록도 함께 발췌, 정리하였습니다.

  이 책을 기획하게 된 동기는 대사간공과 그 아랫대의 여러 선현이 모셔져 있는 난곡묘원이 서울시지정 문화재사적지구가 되어, 이곳을 찾는 참배객들에게 선조의 행적을 설명할 마땅한 자료집이 없음을 염려한 신관(信寬) 종회장(宗會長)님께서 제안하시고, 화석(和錫) 부회장(副會長)이 마침 선고(先考)이신 신양(信暘) 옹(翁)께서 생전에 수집 정리하셨던 유고와 사료들을 더하여, 이를 집대성한『대사간 강형 세가록(大司諫 姜詗 世家錄)』이라는 제명으로 발간하게 되었으며, 부제로 "진주강씨 대사간공파종중사록"이라 하였습니다.

  이번 "종중사록"을 세가록(世家錄)으로 발간함은 외부인들에게는 물론이요, 특히 우리 자손들이 모두 읽어 봄으로써 자기 조상도 모르는 무지를 면하고, 선조에 대한 약력 정도는 알 수 있는 것이 자손의 도리가 아니겠는가 하는 바람으로 펴내게 되었습니다.

  발간 사업에는 화석 부회장이 본인의 사업인 강단(講壇)에 서기도 부족한 시간임에도 불구하고 촌음(寸陰)을 아껴 자료 수집과 집필의 어려움을 감내하면서 아무런 대가없는 역할을, 오직 선조들의 행적을 기록으로 남겨 후세에 전하겠다는 숭조모본(崇祖慕本)의 일념으로 맡아주신 노고는 참으로 크다고 하겠습니다. 그러나 무엇보다도 『세가록(世家錄)』 발간사업을 기획하고 추진해 주신 종회장님과 종회 고문님들의 공로는 다시 중언할 수 없을 정도로 크고 무겁다고 하겠습니다. 이를 두고 두 경우의 노고가 참으로 난형난제(難兄難弟)라 하겠습니다.

 선조들의 사적들을 살펴보면서, 세가록에 등재되신 선조 분보다 누락되신 선조님들이 더 많으리라 생각됩니다. 이는 자료의 산실과 시간의 촉박함도 있지만, 식견의 일천(日淺)으로 등재해드리지 못한 선조님들에 대하여는 차후 좀 더 많은 자료를 수합하고 조사하여, 더 많은 선조들의 행적이 기록될 수 있도록 보완하겠습니다.

 이 책을 통하여 오늘을 살아가고 있는 우리는 이 사회에서 어떻게 행동하고 어떻게 처신하는 것이 선조들에게 누를 끼치지 않는 길인지 새삼 스스로를 비춰볼 수 있게 되었으며, 『세가록(世家錄)』이 주위에서 인정받고 믿음을 줄 수 있는 소양을 가진 사람이 되어야겠다고 마음으로 다짐하는 후손들의 지침서가 되길 바라마지 않으며 축사에 대신합니다.

2022년 12월 24일

〈차례〉

발간사　용기와 지혜로 참혹한 상황 이겨낸 후손들의 기록／　4
　　　　강신관 『대사간 강형 세가록』 발간위원회 위원장
　　　　　　　　진주강씨 대사간공파 종중 11대 회장

축　사　급변하는 시대에 集團知性의 체계화 시급／　7
　　　　姜輔熙 진주강씨 중앙종회 회장

축　사　피눈물의 가족사와 화려한 부활／　9
　　　　강신수 진주강씨 통계공파종회 회장

축　사　가문의 큰 자랑거리／　11
　　　　강원구 진주강씨 대사간공파 종중 회장

축　사　『대사간 강형 세가록』 발간에 즈음하여／　13
　　　　강현석 진주강씨 대사간공파 종중 부회장

축　사　오늘을 살아가는 우리를 비춰보는 거울이자 지침서／　15
　　　　강경모 진주강씨 대사간공파 종중 이사

제1장 대사간공 강형(姜詗)의 생애와 사적(事蹟)

대사간공 강형(姜詗)의 생애와 사화／　30
　　　　대사간공의 사화
대사간공의 가계(家系)와 연산군과의 친족관계／　34
대사간공의 사적약초(史蹟略抄, 연보)／　42
대사간공의 갑자사화 피화와 조선왕조실록의 기록／　45
　　　　1496년 6월 18일/19일(獨啓와 書啓)~7월 2일
　　　　1504년 갑자년의 연산군일기 기사
조선시대의 사화(士禍)／　58
　　　　무오사화(戊午史禍)
　　　　갑자사화(甲子士禍)
대사간공의 배위 선산김씨／　63
　　　　『연산군일기』『신증동국여지승람』

대사간공의 세 아들과 사위/ 67

    12세(十二世) 찬성공(贊成公) 강영숙(永叔)

    12세(十二世) 진사공(進士公) 강무숙(茂叔)

    12세(十二世) 목사공(牧使公) 강여숙(與叔)

    여서(女壻) 허반(許盤, 양천인)

익산이씨의 상주 피난길과 정착과정/ 69

제2장 진주강씨 박사공파 종중 기본 개요

진주강씨의 유래와 계파/ 76

    박사공파(博士公派)

    은열공파(殷烈公派)

    소감공파(少監公派)

    시중공파(侍中公派)

    인헌공파(仁憲公派)

진주강씨 박사공파 대사간공파 세계도/ 78

선대 인물고(人物考)/ 79

    시조 고구려 병마도원수 강이식(姜以式)

    득관향조(得貫鄕祖) 진양후(晉陽侯) 정순공(正順公) 강진(姜縉)

    1세(一世) 파조(派祖) 박사공(博士公) 강계용(啓庸)

    2세(二世) 급사공(給事公) 강인문(引文)

    3세(三世) 어사공(御師公) 강사첨(師瞻)

    4세(四世) 진원부원군(晋原府院君) 강창귀(昌貴)

    5세(五世) 문경공(文敬公) 시중(侍中) 강군보(君寶)

    6세(六世) 공목공(恭穆公) 강시(蓍)

    7세(七世) 통계공(通溪公) 강회중(淮仲)

    8세(八世) 소윤공(少尹公) 강안수(安壽)

    9세(九世) 대호군공(大護軍公) 강휘(徽)

10세(十世) 감사공(監司公) 강자평(子平)

제3장 대사간공파 종중의 형성

파조(派祖) 대사간공과 종중의 형성/ 92
대사간공·찬성공 후손의 부흥과 가계/ 99
      13세(十三世) 참봉공(參奉公) 강호(澔)
      13세(十三世) 진사공(進士公) 강택(澤)
      13세(十三世) 사인공(舍人公) 강온(溫)
      13세(十三世) 진사공(進士公) 강준(濬)
      13세(十三世) 참봉공(參奉公) 강홍(鴻)
      여서(女壻) 안승명(安承命)
      여서(女壻) 김선문(金善文)
대사간공 종중의 과거 급제자/ 102
      13세 선조별(澔·澤·溫·鴻) 급제자 현황
대사간공(詗)의 후손(세계도)/ 112
찬성공의 장자(長子) 참봉공 강호(澔)의 후손들(종계)/ 113
      (1) 14세(十四世) 진산부원군(晉山府院君) 강사안(士安)
      (2) 15세(十五世) 진흥군(晉興君) 강신(紳)
      (3) 16세(十六世) 승지공(承旨公) 강홍수(弘秀)
      (4) 16세(十六世) 진녕군(晉寧君) 강홍립(弘立)
      (5) 16세(十六世) 서윤공(庶尹公) 강홍적(弘勣)
      (6) 17세(十七世) 진사공(進士公) 강후(珝)
      (7) 18세(十八世) 참의공(參議公) 강석번(碩番)
찬성공의 차자(次子) 진사공 강택(澤)의 후손들/ 120
      (1) 14세(十四世) 사용공(司勇公) 강사익(士翼)
      (2) 15세(十五世) 학생공(學生公) 강찬(纘)
      (3) 16세(十六世) 승지공(承旨公) 강홍윤(弘胤)

(4) 17세(十七世) 학생공(學生公) 강노(珞)
　　　(5) 17세(十七世) 학생공(學生公) 강명(珆)
　　　(6) 17세(十七世) 학생공(學生公) 강규(珪)
　　　(7) 17세(十七世) 참판공(參判公) 강균(玓)
　　　(8) 18세(十八世) 학생공(學生公) 강석경(碩經)
　　　(9) 18세(十八世) 판서공(判書公) 강석기(碩耆)

찬성공의 삼자(三子) 사인공 강온(溫)의 후손들/ 124

　　　(1) 14세(十四世) 정정공(貞靖公) 강사상(士尙)
　　　(2) 15세(十五世) 승지공(承旨公) 강서(緖)
　　　(3) 15세(十五世) 진창군(晋昌君) 강인(絪)
　　　(4) 15세(十五世) 여산공(礪山公) 강담(紞)
　　　(5) 16세(十六世) 찬성공(贊成公) 강홍덕(弘德)
　　　(6) 16세(十六世) 승지공(承旨公) 강홍정(弘定)
　　　(7) 16세(十六世) 신계공(新溪公) 강홍익(弘益)
　　　(8) 17세(十七世) 통덕랑공(通德郞公) 강환(瓛)
　　　(9) 17세(十七世) 진남군(晉南君) 강욱(頊)
　　　(10) 17세(十七世) 진보공(眞寶公) 강진(璡)
　　　(11) 17세(十七世) 연기공(燕岐公) 강인(璘)
　　　(12) 17세(十七世) 원주공(原州公) 강침(琛)
　　　(13) 17세(十七世) 감찰공(監察公) 강민(珉)
　　　(14) 17세(十七世) 공주목사공(公州牧使公) 강언(琂)
　　　(15) 18세(十八世) 봉사공(奉事公) 강석무(碩茂)
　　　(16) 18세(十八世) 진선군(晉善君) 강석빈(碩賓)
　　　(17) 18세(十八世) 첨지중추부사공(僉知中樞府事公) 강석제(碩齊)
　　　(18) 18세(十八世) 첨지중추부사공(僉知中樞府事公) 강석후(碩厚)
　　　(19) 18세(十八世) 부사공(府使公) 강석망(碩望)
　　　(20) 18세(十八世) 진사공(進士公) 강석준(碩俊)
　　　(21) 18세(十八世) 목천공(木川公) 강석태(碩泰)

(22) 18세(十八世) 통덕랑공(通德郞公) 강석행(碩行)
　　(23) 19세(十九世) 통덕랑공(通德郞公) 강학(欅)
　　(24) 19세(十九世) 유정공(柳汀公) 강취(橋)
　　(25) 19세(十九世) 진사공(進士公) 강전(檎)
　　(26) 19세(十九世) 진사공(進士公) 강숙(橚)
　　(27) 19세(十九世) 통덕랑공(通德郞公) 강휘(樟)

사인공(강온)의 3자 소암공 강사필(士弼)과 후손들/　145
　　(1) 14세(十四世) 소암공(笑庵公) 강사필(士弼)
　　(2) 15세(十五世) 승지공 강연(綖)
　　(3) 16세(十六世) 참봉공 강홍량(弘亮)
　　(4) 16세(十六世) 도촌공 강홍중(弘重)
　　(5) 17세(十七世) 자정공(資正公) 강찬(瓚)
　　(6) 17세(十七世) 함흥공(咸興公) 강급(玻)
　　(7) 17세(十七世) 파주공 강전(琠)
　　(8) 17세(十七世) 생원공 강무(珷)
　　(9) 18세(十八世) 부사공 강석노(碩老)
　　(10) 18세(十八世) 부사공 강석구(碩耉)
　　(11) 18세(十八世) 부사공 강석신(碩臣)
　　(12) 18세(十八世) 부사공 강석량(碩良)
　　(13) 18세(十八世) 별제공 강석주(碩周)

사인공(강온)의 4자 왕자사부공 강사부(士孚)와 후손들/　152
　　(1) 14세(十四世) 사부공(師傅公) 강사부(士孚)
　　(2) 15세(十五世) 구봉공(龜峯公) 강적(績)
　　(3) 16세(十六世) 학생공(學生公) 강홍록(弘祿)
　　(4) 17세(十七世) 학생공(學生公) 강침(琛)
　　(5) 18세(十八世) 학생공(學生公) 강석진(碩晉)

제4장 대사간공 종중의 발전과 개관

사우(祠宇) 봉강서원(鳳崗書院)/ 156
    봉강서원 연혁
선산김씨 정려(旌閭)/ 159
봉시호(封諡號)와 봉군(封君)/ 160
불천위사당(不遷位祠堂)과 부조묘(不祧廟)/ 161
진흥군 사당/ 162
기로소(耆老所)/ 164
壽職(수직)/ 165
현관(顯官)과 현조(顯祖)/ 167
    정승(政丞)
    영중추부사(領中樞府事)와 판중추부사(判中樞府事)
    좌·우참찬(左右參贊), 우찬성(右贊成)
    판서(判書)
    한성부(漢城府) 판윤(判尹)과 좌·우윤(左·右尹)
    참판(參判)
    6조(六曹) 참의(參議)
    승정원(承政院) 승지(承旨)
    사간원(司諫院) 대사간(大司諫)
    사헌부(司憲府) 대사헌(大司憲)
    사간원(司諫院)과 사헌부(司憲府)의 아장(亞長)
    대관(臺官)과 대장(臺長)
    성균관(成均館) 대사성(大司成)과 사성(司成)
    관찰사(觀察使)와 부윤(府尹)
    호당(湖堂)
    한림(翰林)과 팔한림(八翰林)
    홍문관(弘文館)

　　　　외교사절
　　　　공신(功臣)과 원종훈(原從勳) 녹훈(錄勳) 선조
　　　　옥동서원장(玉洞書院長)

제5장 대사간공 종중의 주요 유산

　선산김씨 정려각/　190
　양범리 선영과 추원재(追遠齋)/　191
　　　　양범리 선영
　　　　재사(齋舍) '추원재(追遠齋)'
　　　　찬성공(영숙)과 익산이씨 추모비
　상주 세거지(世居地)/　197
　　　　유곡면 입석리와 산양면 존도리
　　　　사인공의 유허비와 사인송
　　　　정정공의 시(詩)
　성서(城西) 서울 세거지와 애련당(愛蓮堂)/　207
　난곡 선영(서울시 관악구 신림동)/　213
　　　　난곡 선영의 역사
　　　　난곡 지명의 유래
　　　　난곡리(蘭谷里) 소서(所書)
　　　　서울시 유형문화재 지정
　남양선영(경기도 화성시 북양동)/　223

제6장 대사간공 종중의 돈목과 학문 활동

　종계(宗契) 활동/　226
　　　　성서종계첩(城西宗契帖)
　　　　영남종계첩(嶺南宗契帖)

경수연(慶壽宴)과 경수연도(慶壽宴圖)/ 231
주요 선조(先祖)의 문집(文集)과 유고(遺稿)/ 239
대사간공 종중의 시사(詩社) 활동/ 242
      서울지역 백련시단(白蓮詩壇)
      국포 강박, 진은군 강필악, 호린 강세백
영남동도회(嶺南同道會)와 참여 선조(先祖)/ 247
상주 지역 대사간공 종중 선조들의 시사(詩社) 활동/ 250
      1784년 '추수사(秋水社)'의 결성
      1804년 '죽우사(竹雨社)'의 결성
      1816년 '속죽우사(續竹雨社)'의 결성
      1828년 '열운사(悅雲社)'의 재결성
      1832년 '낙유첩(洛遊帖)'에서의 대사간공 종중 선조
      상주지역 시사활동에 참여한 종중 문인
      상주지역 시사(詩社) 참여 선조와 문집(文集)
      상주지역을 중심으로 한 대사간 종중 문인 가계
남지(南池) 기로회도(耆老會圖)와 기로계회(耆老契會)/ 262
      기로계회(耆老契會)에 참석한 12명의 기로계원(耆老契員)
정정공 강사상(士尙)에 대한 세평(世評)/ 269
승지공 난곡(蘭谷) 강서(緖)와 『훈자명(訓子銘)』/ 272
      난곡공(蘭谷公)의 『훈자명(訓子銘)』
강필리(必履) 동래부사와 어곡선산기/ 276
      어곡선산기(御谷先山記)
      동래공(東萊公) 강필리(姜必履)
      동래부사 진주강공 필리 기적비문

제7장 대사간공 종중의 문인 선조와 문집소개

강홍중의 『동사록(東槎錄)』/ 290

강박(樸)과 『국포집(菊圃集)』/ 292
강영(楧, 1661~1707)/ 294
강백(栢, 1690~1777)/ 295
강항(杭, 1702~1787)/ 296
강필경(必慶, 1680-1750)/ 297
강필구(必龜, 1684~1763)/ 298
강필신(必愼, 1687~1756)과 모헌집(慕軒集)/ 299
강필교(必敎, 1722~1798)/ 301
강세진(世晉, 1717~1786)/ 302
강세응(世膺, 1746~1821)/ 303
강세륜(世綸, 1761~1842)의 『지원집(芝園集)』과 『북정록(北征錄)』/ 304
강세규(世揆, 1762~?)/ 306
강봉흠(鳳欽, 1762~1828)의 남애시사(南涯詩史)/ 307
강용흠(龍欽, 1764~1832)/ 308
강준흠(浚欽, 1768~1818)의 『삼명시화(三溟詩話)』/ 309
강시영(時永, 1788~1868)『輶軒續錄』『輶軒3錄』『星沙文稿』/ 310
강난형(蘭馨, 1813~?)/ 311
강문형(文馨, 1831~?)/ 312

부록 1

선조님의 묘역과 시제일/ 314
진주강씨 발간 족보/ 321
    연원보서(淵源譜序) 원문
    연원보서(淵源譜序) 번역문
세계도(휘도)/ 326
『대사간 강형 세가록』 발간위원회/ 335
집필후기/ 336

참고문헌/ 340
1. 원전
2. 저서
3. 논문

부록 2

봉강서원(鳳岡書院)
       경덕사기(원문과 번역문)/ 1
       봉강서원기(원문과 번역문)/ 4
       봉강서원중건기(원문과 번역문)/ 8

추원재(追遠齋)
       추원당기(원문과 번역문)/ 12
       추원재중건상량문(원문과 번역문)/ 15

추모비(追慕碑, 원문과 번역문)/ 20

*부록2의 원문과 번역문은 뒤에서 앞으로 읽을 수 있도록 역편집된 문서입니다.

제1장
대사간공 강형(姜詗)의 생애와 사적(事蹟)

대사간공 강형(姜詗)의 생애와 사화

　조선전기(성종, 연산군)에 지평, 장령, 선산부사, 대사간 등을 지낸 문신으로 1451년(문종1) 태어나 1504년(연산군10) 별세하였다.
　본관은 진주, 자(字)는 형지(詗之)이다. 아버지는 관찰사 강자평(姜子平), 어머니는 효령대군(이보)의 맏아들 의성군 이채의 따님이다. 할아버지는 대호군 강휘(姜徽), 증조부는 예빈시 소윤 강안수(姜安壽)이며, 고려 말 보문각 대제학을 역임한 통계 강회중의 현손이다.
　1472년(성종2, 임진)에 진사시(進士試)에 입격하고, 음보(蔭補)로 여러 관직을 거쳐 장예원 사평(掌隷院 司評)을 역임하던 중, 1490년(성종21, 경술)에 별시 문과에 병과로 급제하여 사헌부 정언(正言), 1493년 사헌부 지평, 연산군 재위 원년인 1495년에 사헌부 장령이 되었다. 이후 외직인 선산부사를 거쳐 1504년(연산군10, 갑자) 사간원 대사간이 되었다.
　대사간 강형은 연산군이 생모 폐비윤씨를 입주입묘(立主立廟)하려는 데 대해 성종의 유교(遺敎)를 이유로 적극 반대하였고, 곧 바로 홀로 독계(獨啓)를 하였기에 삼사에서 체배(遞拜)되었다. 그리고 1504년(연산군10, 갑자) 연산군이 폐비윤씨 사사(賜死) 사건을 설원(雪寃)하는 과정에서, 1496년에 대사간 강형이 입주입묘를 반대하며 홀로 차자(箚子)하였다는 이유로 세 아들과 함께 극형에 처해졌다.
　대사간공은 천성이 너그럽고 공평하며 후덕하였으나 올바른 일에는 물러섬이 없이 소신을 굽히지 않는 강직한 선비였다. 형제들은 대부분 무오사화와 갑자사화에 연루되어 유배형을 받거나 참형을 당하였다.
　정부인 선산김씨는 대사간공과 3아들이 참형을 당한 이후 곡기를 끊고 절의(節義)를 지키다 한 달여 후에 별세하였다. 1506년 중종반정 이후 중종은 1507년 선산김씨에게 정려(旌閭)를 하사하였고, 대사간공은 모든 권한이 복권되었으며 자헌대부 이조판서에 추증되었다.

대사간공의 사화

대사간공은 1451년(문종원년, 신미)에 출생하였으며, 자는 형지(詗之)이다. 1472년(성종2, 임진)에 진사시(進士試)에 입격하고, 음보(蔭補)로 여러 관직을 거쳐 장예원 사평(掌隷院 司評)을 역임하던 중 1490년(성종21, 경술) 별시 문과에 급제하였으며, 그 해 12월에 조산대부(朝散大夫) 사간원 정언(正言)으로 등용되었다.

1491년(성종22, 신해) 조내간상(遭內艱喪, 모친상)으로 3년 상을 치른 후, 1493년(성종24, 계축) 사헌부 지평(정5품)에 제배되었다, 연산군이 즉위하면서 그해 1495년(연산1) 12월에 사헌부 장령(정4품)에 제수되었다. 1496년(연산2) 연산군이 생모 폐비윤씨의 입주입묘를 시도하려 하자 선왕인 성종의 유교를 들며 불가함을 홀로 아뢰다가 천배된 이후 공에 대한 기록이 전해지지 않는다. 다만 선산부사를 역임한 기록과 대사간을 역임한 기록이 전해진다.

특히 조선왕조실록의 연산군일기에는 1496년 장령(掌令)직에서 체배(遞拜)된 이후 1504년(연산10) 3월 18일 연산군일기 52권의 기사에서 강형을 "대간 직에 있은 지 오래지 않지만 전 대간의 예대로 논죄(論罪)하라."는 연산의 명에 대한 기록이 나올 때까지 8년간 대사간공에 대한 기록은 나타나고 있지 않다.

대사간공에 대해 1504년(연산군10, 갑자) 3월 18일 연산군이 과거 1496년 대사간공의 독계에 대한 일로 치죄(治罪)하여, 충청도 비인(庇仁)으로 유배를 보냈다. 그리고 같은 해 9월 28일 "강형(姜詗)은 죄인 강겸(姜謙)의 형인데, 전일 대간으로 있을 때 불공한 말이 많았으니, 낭관을 보내 사형수로 잡아오도록 하라."고 명을 내렸다.

이틀 뒤인 9월 30일 연산군은 "천묘(遷墓)할 때에 대사헌 이계남(李季

男)이 처음에는 불가하다고 하였다가 뒤에는 다시 옳다고 하면서 아뢰지 아니하므로, 강형(姜詗)이 홀로 말하기를 '이는 아뢰지 않을 수 없는 일이다.' 하며 홀로 아뢰게 되었다."는 '독계(獨啓)'에 대한 앙갚음으로 가혹한 형벌을 내리게 된다.

10월 4일, "(대사간공을) 심문 뒤 백관을 늘어세워서 능지처사하고, 그 자식은 참형에 처하게 하였다."라고 연산군일기에는 기록하고 있다. (연산군일기 56권, 연산10년 10월 4일 신유 1번째 기사)

대사간공은 아들 3형제[영숙(永叔), 무숙(茂叔), 여숙(與叔)]와 함께 화를 당하였다. 1498년(연산군4, 무오)의 무오사화에서 사위 허반(許磐, 등제 正字, 戊午 5賢)이 화(禍)를 입은 데 이어 이처럼 4부자가 참화(慘禍)를 당하니, 멸문지경(滅門地境)에 이르게 되었다.

연산군은 이미 성종 조에 폐비되고 사사(賜死)한 자신의 생모인 폐비 윤씨의 복위문제를 거론하면서 유교정치에 반하는 행위로 왕권을 거침없이 자의적으로 행사하여 뜻대로 이행한 후, 폐비윤씨의 사사에 연루된 모든 이들에 대해 설원(雪冤)을 하는 과정에서 오직 바른 일을 위해 절의를 지키며 소신을 간언한 대사간 강형을 비롯한 절신들까지 이와 같은 포악한 방식으로 행형(行刑)한 것이었다.

대사간공의 배위이신 정부인(貞夫人) 선산김씨는 이미 무오사회에 사위가 화를 입었고 갑자사화에서는 남편과 세 아들을 동시에 잃은 와중에도, 자부[子婦, 큰며느리, 영숙(永叔) 공의 부인] 익산이씨로 하여금 대사간공의 시신을 수습토록 하여, 금천 난곡(현재의 난곡 선영), 친정 부모(진산군수 김공 承慶, 숙인 순흥안씨)의 묘하(墓下)에 모신 이후, 식음을 전폐하고 주야(晝夜)로 애훼(哀毀) 통곡(慟哭)하다가, 한 달여 후인 1504년(갑자년) 11월 25일 혈출배(血出背, 등에서 피가 터져 나옴)로 운명하였다.

익산이씨는 시어머니 선산김씨를 대사간공 묘소에 합폄(合窆)으로 장례를 치른 후 상주로 피난길에 올랐다.

무오(戊午)·갑자(甲子) 양 사화는 당시 사대부가 겪은 최대의 참화로서 다수의 조신(朝臣)들이 피화되었으나, 특히 대사간공의 여섯 형제분들 중 다섯째 아우[휘(諱) 함(諴)]만이 사화(士禍)에 관련된 기록이 없으므로 화를 면한 듯하고, 공을 포함하여 다섯 형제분 모두 사화에 관련되어 화를 당하였다.

둘째 아우 휘 심(諶)은 군수 재임 중 무오사화로 유배된 후, 유배지에서 운명하였고, 셋째 아우 휘 집(諿)은 등제(等第) 후 응교, 영천군수, 장령 등을 역임하고 홍문관 교리에 있을 때 갑자사화에 연좌되어 관북 온성으로 유배되어 간 후, 중종반정 이후에도 불귀(不歸)하였고 그곳에서 운명하였으며, 넷째 아우 휘 겸(謙)은 문과등제 후 예문관 봉교, 홍문관 교리, 사헌부 지평, 장령, 군기시 첨정(軍器寺 僉正), 성균관 사예 등을 역임하는 등 촉망받는 인재였으나, 무오사화에 연루되어 무오5현으로 화를 입었으되 참형을 모면하였으나 갑자년 사화에서 역시 능지처사를 당하였고, 여섯째 아우 휘 흔(訢)은 김종직의 문하로 진사 입격 후 여러 스승에게 사사하던 중 무오사화에 연루되어 유배 중에 운명하였다.

이처럼 대사간공과 형제, 자손들은 연산군 때 발생한 양 사화로 인하여 그 참화의 크기가 이루 말할 수 없는 지경에 이르렀다. 그러나 중종반정 후 대사간공은 복권되었는데, 중종원년(1506년)에 자헌대부(資憲大夫) 이조판서 겸 대제학에 추증되었으며, 선산김씨는 중종 2년(1507년)에 정려(旌閭)를 하사받았다. 공의 묘비 표석은 조선조의 명필 석봉 한호의 소서(所書)를 각자하여 전해지고 있다.

대사간공의 가계(家系)와 연산군과의 친족관계

　대사간공의 선고(先考) 강자평(姜子平)은 전라도 관찰사를 지내고 임기를 마친 후 57세 때인 1486년(성종17, 병오), 공조참의를 제수(除授)받고 상경하던 중 병환으로 세상을 떠났다. 어머니는 효령대군의 장자(長子)인 의성군 이채(李寀)의 따님이다. 따라서 대사간공 강형과 연산군은 외가로 인척관계이다.
　어머니 전주이씨의 조부는 효령대군, 작은 조부는 세종대왕, 증조부는 태종대왕이다. 어머니의 5촌 당숙인 세조는 연산군에게 증조부가 된다. 따라서 연산군의 선왕인 성종은 7촌간인 재종질이며, 연산군은 8촌간의 삼종손(三從孫)이다. 그래서 대사간공은 연산군과는 외가로 9촌 아저씨 뻘이 되는 셈이다. 그러나 이성을 잃고 설원(雪冤)에 눈이 멀어 극단적인 포악성을 드러냈던 폭군인 절대 권력자에게는 의미 없는 관계에 불과할 뿐이다.
　대사간공의 고조부인 보문각 대제학을 지낸 통계(通溪) 강회중(姜淮仲)은 고려 말 조선 초에 고려의 문신으로서 불사이군의 정신으로 조선의 조정에 비협조적이었다. 따라서 조선을 건국한 태조로부터 핍박을 받으며 가문의 안녕과 미래에 대한 불안감을 가질 수밖에 없었다. 이것은 통계공의 선고(先考)인 공목공 강시(蓍)와 통계공의 伯氏인 통정공 강회백(姜淮伯)도 마찬가지로 느꼈던 압박감이었다.*

---

*『태조실록』 1권 태조1년 7월 28일(번역본), 태조의 즉위교서가 발표되었다.
"(상략) 유사(有司)가 상언(上言)하기를, '우현보(禹玄寶)·이색(李穡)·설장수(偰長壽) 등 56인이 고려의 말기에 도당(徒黨)을 결성하여 반란을 모의해서 맨 처음 화단(禍端)을 일으켰으니, 마땅히 법에 처하여 장래의 사람들을 경계해야 될 것입니다.' 하나, 나는 오히려 이들을 가엾이 여겨 목숨을 보전하게 하니, 그 우현

보·이색·설장수 등은 그 직첩(職帖)을 회수하고 폐하여 서인(庶人)으로 삼아 해상(海上)으로 옮겨서 종신토록 같은 계급에 끼이지 못하게 할 것이며, 우홍수(禹洪壽)·강회백(姜淮伯)·이숭인(李崇仁)·조호(趙瑚)·김진양(金震陽)·이확(李擴)·이종학(李種學)·우홍득(禹洪得) 등은 그 직첩을 회수하고 장(杖) 1백 대를 집행하여 먼 지방으로 귀양 보내게 할 것이며, 최을의(崔乙義)·박흥택(朴興澤)·김이(金履)·이내(李來)·김묘(金畝)·이종선(李種善)·우홍강(禹洪康)… (중간 생략) 등은 그 직첩을 회수하고 장(杖) 70대를 집행하여 먼 지방으로 귀양 보내게 할 것이며, 김남득(金南得)·강시(姜蓍)·이을진(李乙珍)·유정현(柳廷顯)·정우(鄭寓)·정과(鄭過)·정도(鄭蹈)·강인보(姜仁甫)… (중간 생략) 등은 그 직첩을 회수하고 먼 지방에 방치(放置)할 것이며, 성석린(成石璘)·이윤굉(李允紘)·유혜손(柳惠孫)·안원(安瑗)·강회중(姜淮中)·신윤필(申允弼)…(중간 생략) 등은 각기 본향(本鄕)에 안치(安置)할 것이며, (하략)"

결국 공목공과 통정공은 말년에 조선에서 제안한 벼슬을 받아들이고 잠시 동안이지만 조선의 신하로 살다가 타계하였다.*

*『태조실록』 11권, 태조 6년 5월 29일, 前商議門下府事姜蓍, 前三司左使金得齊, 前密直金先致 · 金用 鈞 · 朴思貴, 以居京之令, 詣闕肅拜, 上嘉其老能及期, 命賜米, 仍給田宅.
『정종실록』 6권, 정종 2년 11월 13일, 商議贊成事姜蓍卒. 贈諡恭穆.
『태종실록』 4권, 태종 2년 11월 19일(1402년), 전 승추부 판사 강회백의 졸기
前參判承樞府事姜淮伯卒. 淮伯, 晋陽人, 恭穆公 蓍之子. 歲丙辰登第, 壬戌年二十六, 拜代言, 是 年, 陞奉翊密直提學. 乙丑冬, 以賀正如京師, 戊辰, 又朝京師. 己巳, 拜匡靖判密直司事, 觀察交州, 江陵道. 辛未, 遷政堂文學兼司憲府大司憲. 壬申夏, 貶于晉陽, 七年庚辰, 授東北面都巡問使, 階正憲, 尋拜參判承樞府事, 以疾卒于第, 年四十六. 淮伯聰明過人, 慷慨老成, 所至有聲績. 五子, 宗德, 友德, 進德, 碩德, 順德.

통계공은 그보다는 다소 늦게 조선의 조정에 입시(入侍)한 것으로 기록에 나타나고 있다. 다시 말해 태조 재위 시에는 여러 번 관직을 고사하였고,① 그로 인하여 고초를 겪기도 하였지만,② 태종 재위 시부터는 관직을 받아 재임한 것으로 나타나고 있다.③

①진주강씨 박사공 대종회, 『진주강씨 대동보』 권1 강회중 기록, "三徵 不取"
강필효, 『海隱遺稿』 권20 1장 「祖考同樞府君家狀」

②태조실록 13권, 태조 7년 3월 9일 병진 3번째 기사
1398년 명 홍무(洪武)31년. 왕명을 어긴 궁성 감축관 정의·강회중 등 13인을 가두다(국역)

궁성(宮城) 감축관(監築官) 정의(鄭義)와 강회중(姜淮仲) 등 13인을 가두었다. 처음에 도성 축조 도감(都城築造都監)에게 역도(役徒)들을 놓아보내라고 명하고, 또 김주(金湊)와 김사행(金師幸)의 말을 듣고 군자감(軍資監)을 조성(造成)할 재목을 운반 한 뒤에 놓아 보내라고 명령하였었는데, 도감(都監)이 먼저 명령으로 역도들을 놓아보냈다. 그러므로 주(湊) 등이 임금께 아뢰어 가두게 된 것이었다.

태조실록 13권, 태조 7년 3월 11일 무오 2번째 기사
1398년 명 홍무(洪武)31년. 정의·강회중 등을 태형에 처하여 환임하게 하다(국역)

정의(鄭義)와 강회중(姜淮仲)을 태형(笞刑)에 처하여 환임(還任)하게 하였다.

③태종실록 14권, 태종 7년 10월 3일 계미 1번째 기사
1407년 명 영락(永樂) 5년. 둘째아들 이호를 효령군으로 봉하다. 의정부 찬성사·형조 판서·대사헌 등의 임명(국역)

제2자(第二子) 이호(李祜)를 봉하여 효령군(孝寧君)을 삼고, 이직(李稷)으로 의

정부 찬성사(議政府贊成事)를, 임정(林整)으로 형조 판서를, 안원(安瑗)으로 사헌부 대사헌을, 연사종(延嗣宗)으로 판한성부사(判漢城府事) 겸 우군 총제(右軍摠制)를, (중략)
강회중(姜淮仲)·유두명(柳斗明)으로 좌·우사간대부(左右司諫大夫)를 삼았다. 대간(臺諫)이 모두 벼슬이 파면되었으나, 윤향만이 홀로 천직(遷職)되었다.

태종실록 23권, 태종 12년 1월 25일 경술 1번째기사
1412년 명 영락(永樂)10년. 한상경·이내를 세자 좌·우빈객으로 삼다(국역)

한상경(韓尙敬)을 호조판서(戶曹判書)·세자좌빈객(世子左賓客)으로, 이내(李來)를 계성군(雞城君)·세자우빈객(世子右賓客)으로, (중략)
강회중(姜淮仲)을 의주 목사(義州牧使)로 삼았다.

태종실록 36권, 태종 18년 7월 8일 병진 2번째 기사
1418년 명 영락(永樂)16년. 정사를 보고 심온·정역·최이 등의 관직을 제수하다 (국역)
정사(政事)하여, 심온(沈溫)을 의정부 참찬(議政府參贊)으로, 정역(鄭易)을 이조 판서로, 최이(崔迤)를 호조 판서로, 조말생(趙末生)을 이조참판으로, 강상인(姜尙仁)을 병조참판으로, 탁신(卓愼)을 예조참판으로, (중략)
신상(申商)을 경상도 도관찰사(慶尙道都觀察使)로, 이정간(李貞幹)을 강원도 도관찰사로, 강회중(姜淮仲)을 경기 도관찰사 겸 개성 부유후(開城副留後)로 삼았다. 이에 앞서 임금이 조계(朝啓)를 파한 뒤에 모든 대언(代言)에게 일렀었다.

 그리고 차츰 조선의 왕족인 종실과의 혼맥(婚脈)을 통하여 이씨조선과의 유대가 밀접해졌다. 대사간공(강형)의 선고(先考) 감사공(강자평)이 효령대군의 장남 의성군 이채의 따님 전주이씨와 혼인한 것 외에도, 숙

부 강자순은 문종왕의 둘째딸 경숙옹주와 혼인하여 반성위가 되었다. 강자순은 문종의 사위이며, 단종의 매형이 되었고, 공안공(恭安公)의 시호를 받았다.

대사간공의 두 여동생 중 첫째 동생은 정양군 이순과 혼인하였는데, 정양군의 조부는 세종대왕이며, 아버지는 세종의 4남 임영대군 이구이다. 단종과 예종은 사촌지간이며, 월산대군과 성종은 5촌 조카이다.

대사간공은 6男(諱 詗, 諶, 諽, 謙, 誠, 訢) 2女의 장자(長子)였다.

첫째 아우인 강심(諶)은 점필제 김종직의 문인으로 1469년(예종, 기축) 양 사마시에 입격하여 강원도사, 함창현감, 영광군수를 지냈다. 1498년(연산군4, 무오) 무오사화에 연루되어 밀양으로 유배된 후 그곳에서 운명하였다.

둘째 아우인 집(諽)은 1458년(세조4, 무인)에 태어나 1474년(갑오) 식년 사마시에 입격하였고, 점필제 김종직의 문인(門人)이었다. 1492년(성종23, 임자) 예빈시 별제로 재임 중에 별시 문과에 등제하였고, 홍문관 교리가 되었으며, 영천군수, 홍문관 응교 등을 지냈다. 1500년(연산군6, 경진)에 사헌부 장령에 천배되었으나 신병을 이유로 칭탁사퇴(稱託辭退)하였는데, 이에 대해 사간원에서 탁병(托病)을 모의사퇴(謀議辭退)하였다 하여 국문(鞫問)할 것을 계주(啓奏)한 기록이 있다*.

*『연산군일기』, 연산6년 5월 25일, 戊寅/正言李思恭啓: "近日崔亨漢、姜諽爲掌令, 皆病辭命遞。若聽其自便而遞之, 則其漸不少。亨漢、諽謀避言官, 其情可罪, 請竝鞫之。
『연산군일기』, 연산6년 5월 28일, 正言李思恭啓: "崔亨漢、姜諽謀避本職, 托病辭之, 不可不鞫。
『연산군일기』, 연산6년 5월 29일, 壬午/正言李思恭請鞫崔亨漢、姜諽, 從之。

1504년(연산군10, 갑자) 10월 4일 백씨(伯氏)인 대사간공이 세 아들과 함께 참화를 당할 때 강집(姜諽) 역시 연좌되어 북관(北關) 온성으로 유배를 갔다. 후일 중종 개옥 이후 사면 복관작(復官爵)되어 소환하였으나 백씨의 참화지지(慘禍之地)를 보고 싶지 않으니 그곳에서 계속 머무르겠다고 하며, 죽은 뒤에도 그곳에 장사지낼 것을 후손에 명하고 돌아오지 않았다.

셋째 아우인 겸(謙)은 점필제 김종직의 문인이다. 1469년(예종, 기축)에 진사시에 입격하고, 1480년(성종11, 경자)에 등문과(登文科)하여 예문관 봉교, 홍문관 수찬, 홍문관 교리를 하였다. 1485년(성종16, 을사)에 좌랑, 1486년(성종17, 병오) 성균관 직강, 사헌부 지평이 되었으며, 1491년(성종22, 신해)에는 경연청 시독관(試讀官)이 되었다. 1497년(연산군3, 정사)에 군기시 첨정, 사헌부 장령(掌令), 성균관 사예(司藝)가 되었다. 1498년(연산군4, 무오) 7월14일 강겸은 무오사화 발단에 연루되어 허반과 함께 거명되었으며,① 동년 7월26일 강겸은 이목, 허반 등과 함께 난언절해죄(亂言切害罪)로 참적몰(斬籍沒)해야 한다고 윤필상 등이 공의로 계주하였다.②

①『연산군일기』, 30권 연산4년 7월 14일, 拷訊馹孫, 所供如前, 但云: "宮禁事, 非磐語之. 臣之爲兵曹佐郎也, 正郎姜謙語及許磐護權氏之喪之事, 仍說權氏節婦也。史草所記, 皆謙所言也"
『연산군일기』, 30권, 연산4년 7월 15일, 姜謙供: "臣遭喪, 許磐到臣家, 語權氏事, 臣聞之。及爲兵曹正郎, 馹孫又語權氏事, 臣答曰: '吾亦聞之, 權氏節婦也'"
『연산군일기』, 30권 연산4년 7월15일, 馹孫供: "權氏、尹氏等事, 非聞諸姜謙, 初實聞許磐"
②『연산군일기』, 30권 연산4년 7월 26일, 尹弼商等共議書啓: 金馹孫、權五福、權景 大逆, 凌遲處死。李穆、許磐、姜謙亂言切害, 斬、籍沒。表沿沫、鄭汝昌、洪瀚、茂豊副正 摠亂言.

그러나 선성부원군(宣城府院君) 노사신(盧思愼)은 강겸의 일은 허반보다 가벼운 죄인데, 너무 중한 벌이라 하여 이를 유배형으로 바꿀 것을 서계(書啓)하였고, 연산군 역시 강겸은 허반보다는 죄가 경해야 한다고 수긍을 하였다.*

*『연산군일기』, 30권 연산4년 7월26일, 子光啓: "姜謙初聞許磐之言, 及馹孫開端, 乃答云: '吾亦曾聞權氏操行果高,' 則與磐罪, 恐有間也." 思愼啓: "宗直作詩文以譏議, 其情切害。論以大逆, 允爲便當。馹孫等只讚宗直詩文, 恐與宗直不當同科也。此事當傳後世, 不可容易斷之。論以亂言切害何如? 雖如此, 亦當籍沒家産"
전게서, "무령(武靈)이 말한 강겸(姜謙)의 일은 과연 가긍한 점이 있으니, 그 죄가 마땅히 허반보다 경해야 하며", 武靈所言姜謙事, 果有可矜, 其罪宜輕於磐.

 동년 7월 27일 강겸은 형을 받았다.① 그러나 1504년(연산10, 갑자) 강겸은 무오사화의 일로 다시 참형을 받게 되었으며,② 1505년(연산11)에 연산군은 선원록(璿源錄)에서 강겸과 그의 자손들의 이름을 삭제할 것을 명하였다.③ 그러나 중종반정 이후 적몰가산을 모두 환급하였고, 설원과 함께 도승지로 추증되었다.

①『연산군일기』, 30권 연산4년 7월 27일, "일손이 이목·허반·강겸 등과 더불어 없었던 선왕의 일을 거짓으로 꾸며대서 서로 고하고 말하여 사(史)에까지 썼으므로, 이목·허반도 아울러 참형(斬刑)에 처하고, 강겸은 곤장 1백 대를 때리고 가산(家産)을 적몰(籍沒)하여 극변(極邊)으로 내쳐 종으로 삼았노라."
②『연산군일기』55권, 연산 10년 9월 26일
『연산군일기』55권, 연산 10년 9월 26일, 유순 등이 아뢰기를, "강겸은 참형, 강백진·김굉필·성중엄은 교수형에 처하고, 최부와 이원은 종 삼게 하소서." 하니, 어서에 이르기를, "강백진과 김굉필은 참형, 성중엄과 강겸은 능지처참(凌遲處斬)하고, 최부와 이원은 장 1백을 때려 이원은 제주도, 최부는 거제도에 정배하여 모두 종으로 삼도록 하라." 하였다. 이어 전교하기를, "능지처참한 자는 모두 효수(梟首)하고 가산을 몰수하며, 능지한 자를 전시(傳屍)하도록 하라."
③『연산군일기』58권, 연산 11년 7월 14일, 傳(十) 宗簿寺日: "《璿源錄》內, 姜詞、姜謙、鄭汝昌、金千齡、任熙載、南世周及其子等, 削名"

강형의 막내아우인 강흔(姜訢) 역시 점필재 김종직의 문인으로 진사시에 입격하였으며, 점필재 이외에도 홍유손, 신영희, 김대유, 안우 등에게도 사사하며 학문에 정진하였다. 그러나 무오사화에 연루됨으로써 창녕에 피적(被謫)되었고, 유배 중에 별세하였다. 중묘개옥 이후 도승지에 추증되었고, 남추강(南秋江) 사우록(師友錄)과 김한훤(金寒喧) 문도록(門徒錄)에 상세히 재록되었으며, 1711년(숙종37, 신묘)에 관산서원에 독배향(獨配享)이 명해졌다.

강형의 넷째 아우인 함(諴)은 연산군이 일으킨 두 번의 사화에 연루한 기록이 없는 것으로 미루어 유일하게 화를 당하지 않은 것으로 보인다.

두 여동생은 종실(宗室)인 정양군(定陽君) 순(淳)① 과 영의정을 지낸 거창군(居昌君) 신승선의 아들 신수겸② 에게 출가하였다.

①강형의 매부(제), 정양군 이순(淳)은 임영대군 이구(세종의 4남)와 제안부 부인 전주최씨의 아들이며, 평원대군 이임과 강녕부 부인 남양홍씨의 양자가 되었다. 할아버지는 세종대왕(이도), 친백부는 문종(이향), 친중부는 세조(이유), 단종(이홍위)은 사촌형, 예종(이황)은 사촌아우이다. 월산대군(이정)과 성종(이혈)은 5촌 조카이다. 1467년 가덕대부, 1484년 소덕대부, 1485년 홍록대부에 봉해짐(출처, 국조인물고 발췌 인용)
②강형의 매부(제), 연산군의 장인인 영의정 신승선의 아들이며, 연산군의 처남이다. 형인 신수근과 함께 권력을 장악하였고, 부호군, 우부승지, 공조참판에 이르렀으며, 돈령부지사, 형조판서, 개성부 유수를 지냈다. 그러나 중종반정 시 유자광 일파에 의해 살해당하였다. (출처, 국조인물고 발췌인용)

대사간공의 사적약초(史蹟略抄, 연보)

*1451년(문종원년, 신미) 탄생. 성장 후 점필재 김종직 선생에게 사사(師事)하다.
*1472년(성종3, 임진) 진사에 입격하다.
*1487년(성종18, 정미) 조외간상(遭外艱喪, 부친상), 우기(憂旣) 3년.

*1472년~1489년 4월까지의 사적(事蹟)은 기록이 전무하여 알 수 없다.

*1489년(성종20, 기유) 4월 평양판관에 탁배(擢拜).
*1490년(성종21, 경술) 이배(移拜) 장예원(掌隸院) 사평(司評) 중 등(登) 문과(文科)하고 12월 임자일(壬子日)에 천배(遷拜) 정언(正言)하다.
*1491년(성종22, 신해) 조내간상(遭內艱喪, 모친상) 우기(憂旣) 3년.
*1493년(성종24, 계축) 9월 을미일(乙未日) 지평(持平)을 제배(除拜)하다.
*1495년(연산원년, 을묘) 12월 11일 사헌부 장령(掌令)에 천배(遷拜)되다.
*1496년(연산2, 병진) 6월 18일 유교엄금사(遺敎嚴禁事)인 연산군 생모(生母) 폐비윤씨(廢妃尹氏) 건묘작주사(建廟作主事)에 관하여 독계상주(獨啓上奏)한 파문으로 인하여 6월 19일 타사(他司)에 명환(命換)되었다가 6월 24일 다시 복직되었으나 끝내 사직(辭職)을 원하여 6월 25일 타사(他司)로 재차 전보되었다가 그 후에 외직인 선산부사(善山府使)로 체임(遞任)되었다.

*1496년 6월 25일 이후로부터 1504년(연산10, 갑자) 3월 16일 이전까지의 사적(事蹟)은 알 수 없다.

*1498년(연산4, 무오) 7월 26일 무오사화(戊午士禍)로 공의 제(弟) 심(諶), 겸(謙), 흔(訢), 여서(女婿) 허반(許磐) 등이 극형 내지 찬적(竄謫)되고 졸몰(卒沒)하다.
*1504년(연산10, 갑자) 3월 16일 연산군의 전지(傳旨)로 의금부(義禁府) 옥(獄)에 수옥(囚獄)되다.
*1504년(연산10, 갑자) 3월 18일 비인(庇仁)에 부처(付處)되다
*1504년(연산10, 갑자) 10월 3일 의금부로 나래(拿來)되다.
*1504년(연산10, 갑자) 10월 4일 여삼자與三子(永叔, 茂叔, 與叔) 참화(慘禍)되다. 공(公)만이 금천(衿川) 난곡(蘭谷) 장우건좌(葬于乾坐)하다. (현 서울 관악구 신림동 산107-2)
*1504년(연산10, 갑자) 10월 22일 연산군은 공의 자(子)를 효시(梟市)하라고 전지(傳旨)하다.

*第3弟 교리(校理) 집(諿)은 연좌(緣坐) 찬적(竄謫) 함북 온성, 중종개옥 이후에도 불귀(不歸)하다.

*1504년(연산10, 갑자) 11월 25일 공의 배위(配位) 선산김씨는 부군(夫君), 삼자(三子), 여서(女婿)까지 잃고 애훼불식호곡(哀毁不食號哭)하다가 혈출배(血出背)하여 졸(卒)하다.
*1504년(연산10, 갑자) 12월 공의 자부(子婦) 익산이씨는 구고(舅姑)의 장례를 봉행하고 부군(永叔)의 구(柩)와 유자녀(幼子女)를 이끌고 남하(南下) 월령(越嶺)하여 상주 함창양범리(咸昌良範里)에 복득신조양봉(卜得新兆襄奉)하고 내교주(仍僑住)하였으므로 공의 후손이 상주 일원(尙州一圓)에 거주하는 시초가 된다.
*1504년(연산10, 갑자) 12월 15일 연산군은 "공의 유해(遺骸)를 쇄골산지표풍(碎骨散之飄風)하라."고 전지(傳旨)하다.
*1505년(연산11, 을축) 7월 14일 연산군은 다시 "선원록(璿源錄) 내의 공 및 공의 자명(子名)을 삭(削)하라."고 전지하다.

*1505년(연산11, 을축) 9월 18일 연산군은 다시 전왈(傳曰) "죄인 강모(姜某), 모기조(某其祖), 숙질(叔姪)을 부관참시(剖棺斬試)하라."고 하다.

*1506년(중종원년, 병인) 중종은 개옥(改玉)하여 특증이판겸대제학(特贈吏判兼大提學)하고, 배위 선산김씨는 특시정표(特施旌表)하며 자손은 세세록용(世世錄用)하라고 명하다.

대사간공의 갑자사화 피화와 조선왕조실록의 기록

대사간공에 관한 조선왕조실록의 기사는 성종실록에서 45회, 연산군일기에서 39회 등 총 84회 나타나고 있다. 특이한 사실은 연산군일기 16권, 연산2년 7월 22일에 대사헌 이육 등이 차자箚子*를 올려 간언하면서 '대사간공의 환차(換差)를 거두어 달라.'는 청을 하지만, 연산군은 '들어주지 않았다.'라는 기록을 끝으로 8년 동안 실록에서 대사간공에 대한 기록을 찾을 수 없다는 것이다.

*차자(箚子)는 신하가 임금에게 올리던 간단한 서식의 상소문

1496년(연산2) 6월에 독계(獨啓)와 서계(書啓)를 통하여 연산군으로부터 삼사에서 타사로 환차된 후 지속적으로 삼사대간들이 대사간공의 복직을 청하였지만 이뤄지지 않은 가운데, 외직인 선산부사로 이배된 사실은 미루어 찾을 수 있고, 또한 사간원 대사간에 제배되었던 기록이 있지만, 조선왕조실록에서는 1496년(연산2) 7월 2일부터 1504년(연산10, 갑자) 3월 18일에 "강형(姜詗)·조유형(趙有亨)·성세정(成世貞)은 직에 있은 지 오래지 않지만 전 대간의 예대로 논죄(論罪)하라."는 명을 내리는 기사에 다시 대사간공이 나타날 때까지 8년 동안은 실록의 기록이 전무한 것은 특이하다고 하겠다.

1504년 3월 18일의 기사 내용으로 보아 대사간공은 직(職)에 오래지 않았지만, 전(前) 대간으로 있을 때의 일로 논죄하라고 명을 내리는 것은 이때 다시 대간 직에 있었던 것으로 판단할 수 있으며, 연산군은 폐비사사(廢妃賜死)에 관련된 대신들과 대간 직의 관원들을 치죄하면서 그 설원의 범위를 무차별적으로 확대하던 중에 오래 전의 대사간공의 독계를 이유로 논죄(論罪)하고자 하였던 것이다.

다음은 대사간공의 치죄의 이유가 된 1496년의 독계와 서계에 대한, 그리고 1504년 무차별적인 설원을 행사하는 연산군이 대사간공에게 명한 관련 기사내용을 조선왕조실록에서 찾아 그대로 정리하고자 한다.

1496년 6월 18일/19일(獨啓와 書啓)~7월 2일

1. 연산군일기 15권, 연산 2년 6월 18일 계사 첫 번째 기사. 1496년 명 홍치(弘治) 9년. 장령 강형이 성종의 유교를 따르도록 차자하다.

장령 강형(姜詗)이 차자를 올리기를,
"건곤(乾坤)은 만물의 시작이 되고 군부(君父)는 인류의 주인이 되는 것인데, 고금 천지에 인기(人紀)를 유지하고 황극(皇極)의 표준이 되어, 높기가 태산과 같고 밝기가 일월과 같아서 천백 대를 지나는 동안에 쇠하고 어지러운 때가 얼마 없어, 마침내 이적(夷狄) 금수(禽獸)가 되기에 이르지 않은 것은 군부(君父)가 있기 때문이니, 군부가 없다면 인류가 멸망하였을 것이요, 천하 국가가 될 수 없는 것입니다.

군부의 중함이 이와 같은데, 지금 성종이 전하에게 의(義)로는 군신(君臣)이요, 친(親)으로는 부자가 되어, 이 두 가지 중한 것을 겸하여 이치가 우주(宇宙)를 꿰었으니, 크고 작은 일에 모두 그 명령을 좇으시는 것이 전하에 있어서 바꾸지 못할 도리인데, 지금 전하께서 성종의 유교를 위배하신다면, 이는 신하로서 임금을 어기는 것이며, 자식으로서 아버지를 어기는 것이니, 어떻게 임금을 배반하는 신하와 아비를 배반하는 자식을 책하겠습니까.

이러한데도 노사신이 선왕의 일시의 말씀을 어기는 것은 그 허물이 작은 것이라고 말하니, 이는 사신이 군부를 흙덩이나 거적이나 추구(芻狗)로 아는 것입니다. 이 마음을 미룬다면 어떤 악역부도(惡逆不道)한 짓인들 못하겠습니까. 사신이 또 말하기를, '정에 미안하면 예라 할 수 없다.'고 하니, 어머니를 서인(庶人)으로 대우함이 정에 과연 미안하다면, 아버지의 명령을 어기는 것은 정에 미안함이 없겠습니까.

유교와 정례(定禮)는 변경할 수 없는 것이니, 아버지 명령을 어기는 것이 정에 과연 미안하다면, 신주를 만들고 사당을 세우는 것이 과연 예에 합당한 것이겠습니까?

옛적부터 소인은 우직함으로써 임금의 비위를 맞추는 자는 없는데, 사신의 의논을 보옵건대, 근사하여 분별하기 어려운 말로 꾸며대서 정리(情理)를 논하고 옛 제도에 붙여 만들어서 임금의 비위를 맞추기에 교묘한 것이 옛날에 없던 바입니다. 전하로 하여금 저를 주공(周公)에 견주게 하는 데에까지 이르렀으니, 이것은 저의 간사함을 부리려는 지극히 교묘한 증거입니다.

그러나 그 의논이 변사(變詐)되고 뜻이 착오되어, 지엽(枝葉)을 주워 모으고 대의(大義)에 어긋나서 간사한 정상이 환히 보여 임금의 비위를 미리 맞추는 죄가 깊고, 남의 소견을 덮어 가려서 조정을 우롱하고 군부(君父)에게 배역(背逆)하고 풍교(風敎)를 상(傷)하게 함이 이보다 심할 수 없으니, 마땅히 중법(重法)으로 처치하여 간사하고 아첨하는 문을 막고, 또 유교를 준수하여 돌아간 어버이를 섬기는 효도를 다하시면, 심히 다행이겠습니다."

하니, 듣지 않고, 인하여 묻기를,
"네가 어찌 본부(本府)에 의논하지 않고 혼자 아뢰느냐?"
하매, 형(詗)이 대답하기를,

"신이 어제 말[馬]에서 떨어져 집에 있었더니, 본부에서 사람을 시켜 신에게 통지하되, '전에 아뢴 일을 내일 아뢰지 않으려 한다.' 하기에, 신이 답하되 '이것은 국가의 큰일이니 아뢰지 않을 수 없다.' 하였더니, 본부에서 사람을 보내어 이르되, '우리는 아뢰지 않을 터이니 네 혼자 아뢰겠는가.' 하므로, 신이 '본부에서 만약 아뢰지 않겠다면, 나 홀로라도 아뢰겠다.' 하였으며, 또 오늘 아침 예궐(詣闕)할 때에 사람을 시켜 본부에

신의 뜻을 알렸습니다. 신이 지금 병이 있으나, 아뢰는 일이 관계가 매우 크므로 억지로 참고 와서 감히 계청(啓請)합니다."

하였으나, 들어 주지 않았다.

(원문)癸巳/掌令姜詗上箚曰:

乾坤爲萬物之首, 君父爲人類之主。古今天地, 維持人紀, (摽) 正皇極, 屹如太山, 昭如日月, 更千百代, 衰亂無幾, 而終不至爲夷狄禽獸者, 以其有君父耳。無君父則人類滅矣, 無以爲天下國家矣, 君父之重, 有如此者。今成宗於殿下, 義爲君臣, 親則父子。兼此兩重, 理貫宇宙, 大小施爲, 擧從其命, 在殿下不易之道。今殿下違成宗之敎, 則是以臣違君, 以子違父, 何以責人臣之背君, 人子之背父者耶? 如是而思愼乃曰: "違先王一時之敎, 其失小," 是思愼以君父爲土苴, 芻狗, 而不足數者也。推此心則其惡逆不道, 何所不至哉? 思愼又曰: "情苟未安, 不可謂之禮." 待母以庶人, 情果未安, 則違父之命, 於情安乎? 遺敎定禮不可易, 違父之命, 情又未安, 則立主立廟, 果合於禮乎? 自古小人未有以愚直, 能中君意者。觀思愼之議, 皆以近似難明之說, 緣飾假借, 曲論情理, 附會古制, 其巧於中君, 古所未有。至使殿下擬之周公, 則此其售奸極巧之驗也。然其立論變詐, 立意舛錯, 綴拾枝葉, 牴牾大義, 情狀奸譎, 昭昭可見。逢君罪深, 蒙蔽人見, 愚弄朝廷, 背逆君父, 悖傷風敎, 莫甚於此, 宜置之重典, 以杜邪佞之門。且遵遺敎, 盡事亡之孝, 不勝幸甚。

不聽, 仍問曰: "爾何不議于本府, 而獨啓乎?" 詗對曰: "臣昨日墜馬在家, 本府使人通臣云: '前啓事, 明日欲勿啓.' 臣對曰: '此國家大事, 不可不啓.' 本府又使人云: '我等當不啓, 爾獨啓之乎?' 臣答曰: '本府若不啓之, 則我當獨啓之.' 又於今朝詣闕之時, 使人通本府, 以告臣意。臣今有疾病, 然所啓事關係甚大, 故力疾而來, 敢啓請。" 不聽。

2. 연산군일기 15권, 연산 2년 6월 18일 계사 두 번째 기사. 1496년 명 홍치(弘治) 9년 대사헌 이계남 등이 피혐을 청하다.

대사헌 이계남·집의 최한원·장령 서산보(徐山甫)·지평 이윤(李胤) 등이 아뢰기를,

"신주를 만들고 사당을 세우는 일에 대하여 신들이 말로 소(疏)로 그 불가함을 극력 진술하였으나, 능히 전하의 뜻을 돌리지 못하고, 물러가 본부에서 일을 보고 있었는데, 강형이 홀로 아뢰었습니다. 아뢰는 것이 진실로 옳으니, 신들은 피혐(避嫌)하기를 청합니다."

하니, 전교하기를,

"말을 하다가 중지하는 자가 옳은가? 굳이 말하기를 그치지 아니하는 자가 옳은가? 피혐하지 말라."

하였다

(원문)大司憲李季男、執義崔漢源、掌令徐山甫、持平李胤等啓:

"立主立廟事, 臣等以言以疏, 極陳其不可, 而未能回天。退仕本府, 姜詗獨啓之, 啓之誠是, 臣等請避嫌。"傳曰: "言之而中止者是耶? 強言而不止者是耶? 其勿避。"

3. 연산군일기 15권, 연산 2년 6월 19일 갑오 두 번째 기사 1496년 명 홍치(弘治) 9년 장령 강형이 신주 등을 건의한 사람들의 국문을 청하다.

장령 강형이 서계(書啓)하기를,

"전교에 '그대가 출모(出母)라고 말하나, 역시 천친(天親)이니, 감히 마음에 잊을 수 없다.'하셨으니, 전하의 이 마음이 곧 아버지의 명령을 어기지 아니할 발단입니다. 이 마음을 확충(擴充)하시면, 족히 대효(大孝)가 될 수 있습니다. 원하옵건대, 전하께서는 유교를 좇으소서. 노사신 등이 신주를 세우자거니 사당을 세우자거니 한 의논은 모두 정이란 한 글자를 가지고 그 말을 끌어다 붙인 것이니, 이는 비위를 맞추기에 급급하여 말한 것입니다. 빨리 국문하소서."

하였으나, 들어 주지 않았다.

(원문)掌令姜詗書啓:

傳敎云: "汝雖曰出母, 是亦天親, 不敢忘心." 殿下此心, 卽不違父命之端也。擴而充之, 足以爲大孝矣。願殿下, 請從遺敎。思愼等立主立廟之議, 皆以情之一字, 附會其說。此急於迎合而言也, 請亟鞫之。
不聽。

4. 연산군일기 15권, 연산 2년 6월 19일 갑오 세 번째 기사 1496년 명 홍치(弘治) 9년 강형을 체직하다.

대사헌 이계남·집의 최한원·장령 서산보·지평 이윤 등이 아뢰기를,

"본부는 일반 관청의 예(例)가 아니므로 조금이라도 의논이 어긋남이 있으면 서로 용납되지 못하는 것이며, 또 형(詗)의 한 일이 진실로 옳고 신들의 한 일이 그르니, 감히 취직(就職)할 수 없습니다."

하니, 전교하기를,
"강형을 다른 관청으로 환차(換差)하라."

하였다.

(원문)大司憲李季男、執義崔漢源、掌令徐山甫、持平李胤等啓:本府非常司例也.少有乖議, 不得相容.且訥之所爲誠是, 而臣等所爲非矣, 不敢就職."傳曰: "姜訥換差他司."

이후 매일 대사헌 이계남, 대사간 조숙기 등 삼사의 대간들이 지속적으로 대사간공의 환차의 부당함과 복직을 요청하였다. 결국 6월 24일 연산군은 대사간공의 복직을 명하였다. 그러나 공은 연산군의 뜻이 바뀌지 않는 한 복직할 수 없다고 스스로 복직을 거부하였다.

5. 연산군일기 15권, 연산 2년 6월 24일 기해 첫 번째 기사 1496년 명 홍치(弘治) 9년 장령 강형을 복직 시키다.

장령(掌令) 강형(姜訥)을 복직시켰다.

(원문)己亥/命復掌令姜訥職。

6. 연산군일기 15권, 연산 2년 6월 25일 경자 첫 번째 기사 1496년 명 홍치(弘治) 9년 강형을 환차시키다.

강형이 아뢰기를,

"대간은 범상한 관원이 아니어서, 만약 직책을 다하지 못하면 하루라도 자리에 있을 수 없으므로 지금 다시 취직하기 어려우니, 사피하기를 청합니다."

하니, 환차(換差)시켰다.

(원문)庚子/姜詗啓: "臺諫非常員, 若不稱職, 則不可一日冒居。今復就職爲難, 請避." 命換差。

1496년(연산군2) 7월 1일과 2일 대간들은 강형의 재차 체직을 거두고 복직을 간청하였으나 연산군은 들어주지 않았다. 이후 8년간 실록에서는 대사간공에 관한 기사가 나타나지 않았다.

1504년 갑자년의 연산군일기 기사

1. 연산군일기 52권, 연산 10년 3월 18일 기묘 첫 번째 기사 1504년 명 홍치(弘治) 17년 속바치는 물건이 관에서 나오지 못하게 하다.

"또 대간(臺諫)은 역시 형장 때려 외방에 부처(付處)하고, 강형(姜詗)·조유형(趙有亨)·성세정(成世貞)은 직에 있은 지 오래지 않지만 전 대간의 예대로 논죄(論罪)하라. 또 홍문관은 말하는 책임을 전담한 것이 아니니, 율(律)대로 속바치게 하라."

(원문)"且臺諫亦令決杖, 付處外方, 姜詗、趙有亨、成世貞 雖在職不久, 以前臺諫例論。且弘文館非專任言責者也, 其依律收贖."

2. 연산군일기 52권, 연산 10년 3월 18일 기묘 세 번째 기사 1504년 명 홍치(弘治) 17년 전 대간들을 귀양 보내다.

이세영을 전의(全義), 유세침을 남포(藍浦), 정사걸을 김제(金堤), 서후를 음성(陰城), 유희저를 의성(義城), 윤원(尹源)을 금산(錦山), 강형(姜詗)을 비인(庇仁), 조유형을 결성(結城)에 부처(付處)하였다.

(원문)付處世英 全義, 世琛 藍浦, 士傑 金堤, 厚 陰城, 希渚 義城, 源 錦山,

詞 庇仁, 有亨 結城。

3. 연산군일기 55권, 연산 10년 9월 28일 을묘 두 번째 기사 1504년 명 홍치(弘治) 17년 불공죄를 저지른 춘추관 당상·강형을 잡아오도록 하고, 상소자를 고찰하게 하다.

전교하기를,

"춘추관 당상이 《일기(日記)》에서 불공(不恭)한 말을 삭제할 때에 누구누구의 어떠어떠한 말이 불공하기 때문에 삭제했다는 것을 어찌 아뢰지 않았는가? 그를 추국하도록 하고, 비록 삭제하였더라도 어찌 그 사람을 기억하지 못하겠는가? 서계하도록 하라. 또 강형(姜詗)은 죄인 강겸(姜謙)의 형인데, 전일 대간으로 있을 때, 불공한 말이 많았으니, 낭관을 보내어 사형수로 잡아오도록 하고, 회묘(懷墓)를 이장할 때에 상소한 사람 및 그때 대사간·대사헌을 고찰하여 아뢰라."

하였다.

(원문)傳曰: "春秋館堂上於《日記》不恭之言削去時, 某某人某某語不恭, 故削去事, 何不啓乎? 其鞫之。雖削去, 豈不得記憶其人? 其書啓。且姜詗罪人姜謙之兄也。前爲臺諫時, 多有不恭之語。其遣郎廳, 以死囚拿來。遷懷墓時, 上疏製述人及其時大司諫、大司憲考啓。"

4. 연산군일기 56권, 연산 10년 10월 4일 신유 첫 번째 기사 1504년 명 홍치(弘治) 17년 강형은 심문 뒤 백관을 늘어세워서 능지처사하고, 그 자식은 참형에 처하게 하다.

전교하기를,

"대간의 말은 비록 마땅히 격절(激切)해야 하지만, 군자는 초야에 있고 소인이 나라를 그르치는 때라면 말이 격절해야 하나, 승평(昇平)한 때에 있어 어찌 이와 같이 격절하게 말해야 할 일이 있겠는가.

근래 죄인들이 으레 모두 이미 죽은 사람에게 미루고 있으나, 이계남이 공술한 말에 '강형이 홀로 이 일을 논하였다.' 한 것을 보면, 강형이 이 말을 한 것이 분명하다.

성종께서 포용하는 아량으로 대간의 말을 우대하여 받아들이고, 경연의 신하들을 중하게 대우하셨으며, 논죄할 때에도 또한 모두 속바치게 하고, 때로는 식물(食物)을 하사하셨기 때문에 교만과 방종이 이러하게 된 것이다. 갑인년 이후에도 그 여풍(餘風)이 남아있어, 만약 누구를 추국하려 하면 대간이 말하고 정부가 말하며, 만약 대간을 추국하려 하면 승정원에서 말하고 정승들이 말을 하되, 모두가 '언로(言路)에 해롭다.' 하고, 대간도 또한 '말의 근거는 물을 수 없는 것이다.' 하니, 이렇게 되면 인주(人主)는 위에 고립되고, 밑에 있는 자는 사사로이 서로 구호하게 되는 것이다

전일에 누군가가 '형을 쓰면 상하게 된다.' 하였는데, 법에 '누구는 상하고 누구는 상하지 말라.'는 글이 있다는 것인가. 만약 처벌을 해야 할 사람이 있다면, 어찌 정승과 판서를 헤아리며, 또 어찌 그 상함이 있을 것을 생각하겠는가. 마땅히 일체 엄중히 다스려 머리를 들지 못하도록 해야 할 것이다.

부모의 원수는 불공대천(不共戴天)하는 것이다. 이 사람의 '끼쳐준 활과 신'이라고 한 것과 같은 말은, 어찌 당연히 해야 할 말이겠는가. 비록 성인(聖人)일지라도 반드시 부모에게 태어나는 것인데, 강형은 하늘에서 태어나거나 땅에서 태어나지 않았거늘 이와 같이 말을 하니 그를 살려둔들 어디에 쓰겠는가. 마땅히 중한 벌을 써야 할 것이니, 낙형(烙刑)을 써 심문한 뒤에 의금부에 도로 가두었다가 행차가 환궁(還宮)한 뒤에 백관을 늘어세우고 능지처사(凌遲處死)하고, 그 자식은 참형에 처하며 연좌(緣坐)된 사람은 난신(亂臣)의 예에 의하여 논죄하도록 하라."

하였다.

5. 연산군일기 56권, 연산 10년 10월 4일 신유 두 번째 기사 1504년 명 홍치(弘治) 17년 유생도 서립시켜서 강형 등의 형을 집행케 하고, 가족들은 관비에 소속시키게 하다.

왕이 청계산(淸溪山)에 사냥 나갔다가 한강에 이르러, 전교하기를,

"말굽에 철을 가했으므로 포진(舖陳) 위에 세우면, 철이 포진에 걸려 말이 반드시 놀라게 되므로, 두 번이나 포진이 없는 곳에 세우도록 하였으나, 내승(內乘)들이 등한하게 명령을 듣지 아니하였으니 이는 명령을 거역하는 것이다. 그들을 국문하라."

하여, 환궁하여 곧 전교하기를,

"백관이 흩어지기 전에 차례로 서도록 하고 강형(姜詗)을 능지처참하라."

하였다. 이어 승정원에 묻기를,

"형이 죽는 것은 오사(誤死)가 아니겠는가? 또 형은 스스로 어진 체하여 세상에 명예를 얻으려고 회릉(懷陵) 일을, 다른 사람은 말하지 아니하는데 형이 홀로 말하였고 그 말한 바가 너무도 불공하였으니, 이는 아비도 없고 임금도 없는 천지간에 용납될 수 없는 죄이다. 백관만 서립(序立)시킬 것이 아니라 유생(儒生)들도 또한 서립시켜 능지처참하여 효수(梟首)하고, 그 자식들은 모두 참형에 처하고, 처첩, 딸 및 며느리를 모두 바다 밖의 관비(官婢)에 소속시키라."

하니, 승지들이 아뢰기를,
"형의 말이 불공하였으니 어찌 오사이겠습니까?"
하였다.

6. 연산군일기 56권, 연산 10년 10월 5일 임술 첫 번째 기사 1504년 명 홍치(弘治) 17년 강형 부자를 처형한 사실을 의정부로 하여금 사서인에게 효유하도록 하다.

전교하기를,

"강형(姜詗) 부자를 처형한 사실을 예조판서 김감(金勘), 형조참판 박열(朴說), 승지 강혼(姜渾)으로 하여금 전지(傳旨)를 지어 의정부로 내려 사서인(士庶人)에게 효유하도록 하라. 또한 무릇 국문하면 반드시 죽은 사람에게 미루는데, 불가한 일이 아니겠는가? 지금 이계남(李季男)의 공술을 고찰한즉, 이는 반드시 강형의 소위인데, 서산보(徐山甫)에게 미루었으니, 될 일이겠는가? 형의 가산을 몰수하라. 또 자녀를 적몰하는 것이 법에 있는가?"

하니, 승지 윤순(尹珣)이 아뢰기를,
"출가하지 아니한 자녀는 적몰하여도, 출가한 자녀는 부재차한(不在此限)입니다."

하였다.

7. 연산군일기 56권, 연산10년 10월 22일 기묘 두 번째 기사 1504년 명 홍치(弘治) 17년 강형의 아들을 머리를 베어 효시하도록 하다.

전교하기를,

"강형(姜詗)의 아들은 잡아온 지 이미 오래니, 머리를 베어 효시(梟市)하도록 하라."

하였다.

8. 연산군일기 56권, 연산 10년 11월 24일 경술 세 번째 기사 1504년 명 홍치(弘治) 17년 강형의 처첩과 딸 등을 고역에 차정하여 살피게 하다.

전교하기를,

"죄인들의 처첩은 반드시 곤하고 괴롭게 해야 하니, 전라·경상 두 도에 유시하여, 강형(姜詗)의 처첩과 딸 및 그 아들의 처 등을 고역(苦役)에 차정하고 때로 살펴 단속하라."

하였다.

9. 연산군일기 58권, 연산 11년 7월 14일 정유 네 번째 기사 1505년 명 홍치(弘治) 18년 《선원록》에서 강형 등과 그 자식들의 이름을 삭제하게 하다.

종부시(宗簿寺)에 전교하기를,

"《선원록(璿源錄)》에서 강형(姜詗)·강겸(姜謙)·정여창(鄭汝昌)·김천령(金千齡)·임희재(任熙載)·남세주(南世周) 및 그 자식들의 이름을 삭제하라."

하였다.

조선시대의 사화(士禍)

사화(士禍)는 조선 중기에 신진 사류들이 훈신과 척신들로부터 받은 정치적 탄압을 말하며, 1498년(연산4, 무오년)의 무오사화, 1504년(연산10, 갑자년)의 갑자사화, 1519년(중종14, 기묘년)의 기묘사화, 1545년(명종즉위, 을사)의 을사사화 등 네 번의 사화가 발생하였다.

최초의 사화인 무오사화와 두 번째 사화인 갑자사화는 연산군 재위 중에 일어났다. 근대역사를 인식하는 초기단계에는 사화를 부정적인 시각으로 평가하였으며, 특히 일제강점기의 식민주의적 역사인식 차원에서는 당파성을 우리 민족의 부정적인 특성으로 부각하기 위하여 당쟁 발생의 전주로 거론하였고, 훈구세력과 신진 사림 세력의 갈등과 대립에서 발생한 사건으로 연구되기도 하였으나, 이는 조선왕조의 정치에 대한 편협한 이해에 불과하다는 연구가 확대되고 있는 중이다.

따라서 지금까지 사화발생을 당쟁차원이나 권력다툼으로 보던 관점을 넘어 당시의 사회, 경제적인 변동과 관련된 복합적인 정치 현상으로 보려는 연구가 늘어나고 있다.

무오사화(戊午士禍)

무오사화는 연산군 재위 4년인 1498년 조의제문에서 발단한 사화이다. 김종직의 제자 김일손은 사관으로서 스승 김종직이 지은 〈조의제문(弔義帝文)〉의 사초를 기록하였는데, 〈조의제문〉은 김종직이 1457년(세조3) 밀성(密城)에서 경산(京山)으로 가는 도중, 답계역(踏溪驛)에서 잘 때 꾼 꿈의 내용을 기록한 것이었다.

김종직은 꿈속에서 초(楚)나라의 의제(義帝, 회왕懷王)를 만나게 되었는데, 깨어난 김종직은 의제를 죽인 항우(項羽)에 비유해 단종(端宗)을 죽인 세조(世祖, 首陽大君)를 은근히 비난하는 글을 짓게 되었다.

1498년(연산4) 『성종실록』 편찬 당시 당상관이었던 이극돈은 김일손이 작성한, 자신의 허물이 기록된 사초를 발견하고 이를 삭제해 줄 것을 부탁하였으나, 이를 거절한 데 앙심을 품고 있었다.

이극돈은 김일손이 기록한 사초 중에서 김종직이 쓴 〈조의제문〉을 발견한 후, 〈조의제문〉이 세조의 찬위 과정을 헐뜯은 것이라 하여 총재관 어세겸과 김종직에 대해 감정이 좋지 않았던 유자광에게 고하였다. 그리고 유자광은 세조의 총신 노사신에 알렸으며, 사림세력에 해당하는 김종직 일파를 싸잡아 대역무도한 행위를 한 자들이라고 연산군에게 고하게 되었다.*

*한국인물사연구원, 『무오사화』, 타오름, 2010

평소에 신진 사림(士林)이 주축이 된 3사의 대간들을 벼르고 있었던 연산군과 언론권이 강화된 사림 세력에 위축되어 있던 기존의 훈구척신(勳舊戚臣)이 합세하여 김일손이 포함된 김종직 일파에 대한 정치적 숙청을 가하게 되었다.

연산군은 유자광으로 하여금 김일손 등을 추국하도록 하였고, 이로 인해 수많은 유신들이 죽임을 당하고 김종직은 부관참시까지 당했다. 후일 어세겸은 〈조의제문〉에 관한 사실을 알면서도 바로 고하지 않았다 하여 파면 당하였고, 세조의 총신이었던 이유로 초반에 미온적으로 동조하였던 노사신은 유자광 등이 사화를 확대하려는 것을 반대하며 사림파의 피해를 줄이기 위해 노력하였다.

무오사화는 국왕과 대신이 합세하여 김종직 일파의 사초 사건을 처벌하기 위한 대규모 숙청으로 본 전통적인 해석과 달리 김종직, 김일손 등과 관련이 없는 언관도 포함되어 있으며, 3사의 언관이 아닌 경우도 있었기 때문에 기존의 해석과는 다른 관점에서 무오사화를 이해할 여지가 있다는 연구가 늘어나고 있다.

다시 말해 연산군이 언론기관에 보여준 일종의 경고로서 김종직 일파에 대한 숙청을 통해 궁극적으로는 삼사의 능상에 대해 경고하려는 복합적인 목적이 있었다고 할 수 있다.*

*김범,『조선 연산군대의 왕권과 정국운영』, 대동문화연구 5, 2006

갑자사화(甲子士禍)

갑자사화는 연산군의 생모 폐비와 관련하여 발생하였다.

1504년(연산10, 갑자년) 무오사화로 사림파가 크게 제거된 상태에서 연산군과 그를 싸고도는 궁궐세력이 훈신 계열의 재력을 탈취하고자 연산군의 생모 윤씨의 폐비와 사사(賜死)에 대해 묵과하였던 훈구파 대신들을 흠잡아 일으킨 사건이다. 말하자면 궁중세력과 부중세력의 대립과정에서 발생한 것으로 보는 것이다.

성종의 비(妃)이며 연산군의 생모인 윤씨는 질투가 심해 왕비의 체모에 벗어난 행동을 많이 하였는데, 이 때문에 1479년(성종10) 윤씨를 폐하게 되었으나 성종은 연산의 생모를 다시 부르고자 하였다. 그러나 윤씨가 궁중으로 돌아오는 것을 원치 않았던 성종의 어머니 인수대비 한씨는 성종의 총애를 받던 엄숙의, 정숙의와 합심하여 윤씨에 대한 모략을 하였고, 결국 윤씨는 다음해 사사되고 말았다.

연산군은 이 사실을 전혀 모른 채 성장하였는데, 왕위에 오르고 성종의 장례를 치르는 중에야 알게 되었다.

그에 따라 연산군은 자신의 생모 윤씨를 추숭하려 하였고 이 과정에서도 3사 언관과 대신들 간에 갈등이 벌어지기도 하였으나 결국 자신의 의지대로 생모 윤씨의 추숭작업을 끝내게 되었다.

그러나 추숭작업을 마칠 때까지도 생모 윤씨의 사사에 대한 사실은 자세히 알지 못하였는데, 공신들을 배척하려는 임사홍의 밀고로 자신의 생모가 사사된 배경에 대해 알게 되었다. 연산군은 걷잡을 수 없는 분노에 사로잡혀 성종의 계비인 두 숙의를 비롯하여 윤씨의 폐위와 사사 사건 당시 이를 주장하거나 방관한 사람들 모두를 적발하여 치죄하였다.

더 나아가 조그만 이유라도 들추어 사건을 확대하고 연루자를 찾아내었으며 잔인한 방법으로 무자비하게 처벌하였다. 무오사화와는 비교할 수 없을 만큼 범위가 넓고, 잔혹한 수준의 형벌을 가하였다.*

*한국인물사연구원, 『갑자사화』, 타오름, 2011

갑자사화는 윤씨의 폐위(廢位)와 사사(賜死) 사건이 직접적인 동기라고 할 수 있으며, 포악하고 잔인한 연산군의 복수심이 폭발하여, 폐비 사사와 직접 관련이 없는 대신, 대간, 홍문관 관원과 승지까지 대대적으로 치죄하였다.

결국 윤씨 폐위와 사사에 찬성했던 윤필상, 이극균, 성준, 이세좌, 권주, 김굉필, 이주 등 10여 명이 사형되고, 이미 죽은 한치형, 한명회, 정창손, 어세겸, 심회, 이파, 정여창, 남효온 등은 부관참시(剖棺斬屍)되었다. 또한 홍귀달, 주계군, 이심원, 이유녕, 변형량, 이수공, 곽종번, 박한주, 강백진, 최부, 성중엄, 이원, 신징, 심순문, 조지서, 김천령, 정인인, 정성근, 성경온, 박은, 조위, 강겸, 홍식, 홍상, 김처선 등이 참혹한 화를 당하였다.

대사간을 역임한 강형(姜詗)은 연산군이 입주입묘(立主立廟)를 시작할 초기인 1496년(연산2)에 불가함을 독계(獨啓)하였다 하여 세 아들과 함께 참형을 내렸으며 모든 가산을 몰수하고 자녀와 가족 동족에까지 연좌하였다.

사화의 발단은 조정 신하들의 암투가 사건을 조장하고 격화시킨 요인이었으나, 나아가 걷잡을 수 없이 확대된 배경에 대해서는 다양한 관점에서 의견이 제시되고 있다. 그만큼 역사적 성격을 쉽게 규정할 수 없는 복잡한 내막이 얽혀 있는 사화라고 할 수 있다.

결국 그간의 연구에 따르면 연산군의 모비(母妃)의 죽음에 대한 설원

(雪冤)으로 정의한 것이 일반적이었으나 그 대상자의 범위와 규모, 그리고 직접 상관이 없는 피화자(被禍者)가 포함되어 있어서 더욱 성격 규정을 어렵게 하는데, 연산군이 윤씨의 추숭과 설원을 계기로 그간에 실추되었다고 판단한 왕권을 강화하고 자의적인 왕권을 행사하고자, 재상, 대간, 홍문관원, 승지 등에 대해 능상지풍(凌上之風)을 교정하고 일소한 후 무소불위의 권력을 구축함으로써 그동안 제한되어 왔던 왕권을 회복하려는 것이었다는 연구의 결과가 제시되기도 한다.*

*송수환, 『갑자사화의 새 해석』, 사학연구 제57호, 1999

결과적으로 갑자사화를 통해 궁중세력이 정권을 장악하였고, 신진 사류는 완전히 몰락하였다. 이렇듯 자신들의 세력을 확대하려는 싸움은 경국대전의 완성으로 자리 잡아가던 유교적 왕도정치의 침체와 더불어 정치적 균형 유지를 위한 견제와 간언(諫言)이 퇴색했으며, 학문연구의 분위기까지 위축시켰다.

또한 갑자사화 이후 무소불위가 된 연산군의 폭정과 만행은 통제 불능의 상태로 접어들었으며, 국정의 혼란과 문화의 정체, 인륜 질서의 파괴를 가져오게 되었다.

대사간공의 배위 선산김씨

　대사간공의 배위(配位) 정부인(貞夫人) 선산김씨(善山金氏)의 부(父)는 진산군수(珍山郡守) 김승경(金承慶)이며, 모(母)는 인수부소윤(仁壽府少尹) 순흥(順興) 안숭신(安崇信)의 따님이다.

　선산김씨는 이미 무오사화 때 화를 입은 사위[허반(許磐)]를 포함하여, 남편과 세 아들을 동시에 잃은 와중에도, 자부[子婦, 큰며느리인 영숙(永叔) 공의 부인] 익산이씨로 하여금 대사간공의 시신을 수습토록 하여, 금천 난곡(현재의 난곡 선영), 친정 부모(진산군수 金承慶, 숙인 순흥안씨)의 묘하(墓下)에 모셨다.

　화변(禍變) 후 달이 넘도록 스스로 식음(食飮)을 폐(廢)하고 주야(晝夜)로 애훼(哀毀) 통곡(慟哭)하다 혈출배(血出背, 등에서 피가 터져 나옴)하여 1504년(甲子) 11월 25일 운명하였다. 자부(子婦) 익산이씨는 시모(媤母) 선산김씨를 대사간공과 합폄(合窆)하였다.

　3남 1녀를 생육(生育)하였으니, "장자(長子)에 영숙(永叔, 빙고 別提), 차자(次子)에 무숙(茂叔, 兩司馬試 입격), 3자(三子)에 여숙(與叔, 仲父 譓에 入系) 여서(女婿)에 양천(陽川) 허반(許磐, 승문원 正字)"이다.

　중종개옥(改玉) 후, 1506년(중종, 병인)에 정려(旌閭)가 내려졌으며, 정려한 정문(旌門)의 현액(懸額)이 현존(現存)한다. 정문은 서울 옛 성서(城西) 세거지(서소문밖 대거동 종택)에 세워졌다가 상주 봉대(鳳坮)로 이건(移建)하였으며, 현재는 상주 신봉동 봉강서원 오른쪽에 중건(重建)하였다. 매년 음(陰) 10월 3일 서울 신림동 난곡선영에서 향사(享祀)한다.

　『연산군일기』제56권 연산 10년 12월 2일 기사에 "선산김씨가〈절의〉를 지키다 돌아가신"기록과 『신증동국여지승람』제3권「한성부」《열녀》〈본조〉에 선산김씨 관련 기록이 전해지고 있다.

『연산군일기』의 기록

『연산군일기』 56권, 연산 10년 12월 2일 무오 3번째 기사.

상략(上略)
이때 죄 없이 죽은 자를 더러 그 처자를 종 삼으므로 분주하게 역사에 나가지 않는 자가 없어 절의를 스스로 지킨 사람이 드물었는데, 홀로 정씨와 대사간 강형(姜詗)의 처 김씨만이 〈절의〉를 지키다 죽었다.

時無罪誅戮者, 或孥其妻子, 莫不奔走就役, 鮮有以節義自持, 獨鄭氏與大司諫姜詗妻金氏死之。

『신증동국여지승람』의 기록

『신증』【열녀】 본조

 공신옹주(恭愼翁主)는 성종대왕의 딸인데 청녕위(淸寧尉) 한경침(韓景琛)에게 출가하였다. 일찍 과부가 되었는데 연산군이 갑자년에 아산(牙山)으로 귀양을 보내자, 신주를 안고 가서 아침저녁으로 곡하고 전(奠)을 올렸다. 지금 임금 2년에 정문을 세워 표창하였다.

 유씨(柳氏) 좌의정 허침(許琛)의 아내이다. 침이 세상을 떠나니 시묘 살며, 아침저녁으로 친히 재물을 장만하였다. 연산조 때에 상기(喪期)를 단축하는 법이 엄하였지만, 그래도 예절을 지켜서 3년 상을 마쳤다. 지금 임금 2년에 정문을 세워 표창하였다.

 박씨(朴氏) 승지 강경서(姜景敍)의 아내이다. 연산조 무오년에 경서가 곤장을 맞고 귀양 가게 되니, 박씨가 걱정하고 상심하여 제대로 먹지 않은 채 해를 넘겨 세상을 떠났다. 지금 임금 2년에 정문을 세워 표창하였다.

 민씨(閔氏) 조성벽(趙成璧)의 아내이다. 남편이 세상을 떠나니 시묘 살며 아침저녁으로 곡하고 전 올렸다. 지금 임금 2년에 정문을 세워 표창하였다.

 김씨(金氏) 대사간 강형(姜詗)의 아내이다. 연산조 갑자년에 형이 살해되니 김씨는 제대로 먹지 않고 울부짖어 곡하다가 한 달이 넘어서 세상을 떠났다. 지금 임금 2년에 정문을 세워 표창하였다.

 동질비(同叱非) 관청에 매인 천인 범산(凡山)의 아내이다. 남편이 죽으니 3년간 복상(服喪)하며, 화상을 그려 벽에 걸고, 하루 세 번씩 상식을 드리며 시어머니 섬기기를 매우 삼갔다. 지금 임금 14년에 정문을 세워 표창하였다.

 남씨(南氏) 부사(府使) 최계사(崔季思)의 아내이다. 남편이 세상을 떠나자 아침저녁으로 곡하고 전 올리고, 죽을 먹으며 상기를 마쳤다. 지금 임금 23년에 정문을 세워 표창하였다.

旌 閣(大司諫 祠의 配 善山金氏)
尙州市 新鳳洞 230-1

　중종은 중종2년(1507 병인) 선산김씨의 절의를 기리는 정려(旌閭)를 하사하였다. 그때 정려(旌閭)한 정문(旌門)의 현액(懸額)이 현존한다. 선산김씨의 정려문(旌閭門)은 처음에는 서울 성서(城西), 한성부(漢城府) 서소문(西小門) 밖 대거동(大車洞) 통계공(通溪公) 종손가(宗孫家) 대문에 홍살문과 현판(懸板)이 함께 게현(揭懸) 보존되다가 12대 종손 진릉군(晉陵君), 즉 국포공(菊圃公) 휘(諱) 박(樸)의 계자(系子) 진은군(晉恩君) 평와공(萍窩公) 휘(諱) 필악(必岳)이 상주 봉대(鳳垈, 현 상주시 신봉동) 자택으로 정문(旌門)을 이건(移建)한 후 현재는 봉강서원(鳳崗書院) 오른쪽에 정문만 이건(移建) 보전(保全)되고 있다.

대사간공의 세 아들과 사위

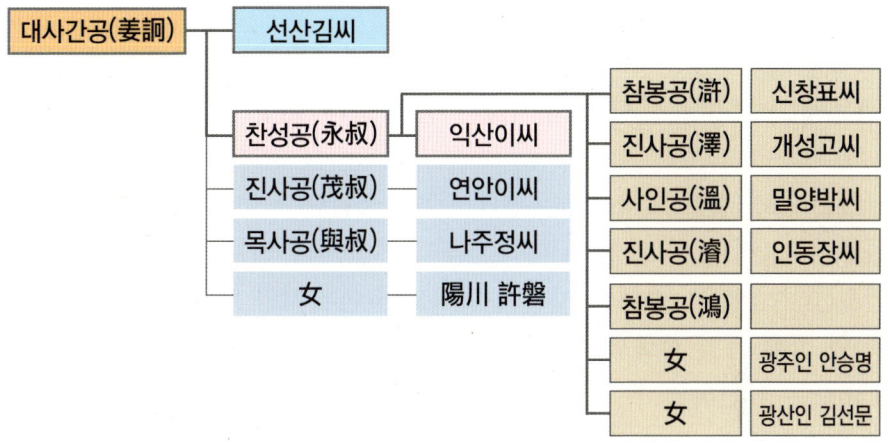

12세(十二世) 찬성공(贊成公) 강영숙(永叔)

자는 장경(長卿)이다. 익위사세마(翊衛司洗馬). 금부도사(禁府都事), 빙고별제(氷庫別提) 등의 관직을 역임하던 중, 1504년(연산군10, 갑자) 연산군의 생모 폐비윤씨의 입주입묘(立主立廟)를 반대한 사건으로 인하여 아버지인 대사간공[휘(諱) 형(詗)], 두 아우(무숙, 여숙)와 함께 참화를 당하였다. 중종반정(中宗反正) 이후 의정부 좌찬성(議政府 左贊成)으로 추증되었다. 한편 공의 배위인 익산이씨*는 시부모를 포함, 전 가족이 멸문지경에 이르자, 살아있는 가족들의 안위를 위해 공의 시신을 운구하며 나이 어린 7남매를 데리고 경상도 상주 양범리로 피신하여 공의 후사를 도모할 수 있었다.

*증(贈) 정경부인(貞敬夫人) 익산이씨(益山李氏), 부(父)는 목사(牧使) 이정양, 조부(祖父) 사직(司直) 이종직, 외조부 판사(判事) 순천인 김원석. 기일(忌日) 5월 11일.

이때 장자(長子) 호(澔) 12세, 여(女) 11세, 차자(次子) 택(澤) 10세, 삼자(三子) 온(溫) 9세, 사자(四子) 준(濬) 7세, 오자(五子) 홍(鴻) 6세, 여(女) 5세 등으로 어린 나이였다. 익산이씨는 정경부인(貞敬夫人)으로 추증되었다.

12세(十二世) 진사공(進士公) 강무숙(茂叔)

자는 춘경(春卿)이다. 1504년(갑자)에 생원진사 등 사마 양시에 입격하였다. 그러나 선고(先考) 대사간공이 연산군의 생모 폐비윤씨의 입주입묘(立主立廟)를 반대한 사건에 연좌되어 아버지와 백형(영숙), 제씨(여숙)와 함께 동일 피화되었다.
묘소는 실전하였고, 현재 상주 동쪽 화개리 동록(東麓)에 설단과 비를 수립(竪立)하고 향(享)제사 중이다. 배위는 의인 연안이씨이다.

12세(十二世) 목사공(牧使公) 강여숙(與叔)

자는 여경(與卿)이다. 숙부 심(諶)에 입계하였고, 생부는 대사간공 형(詗)이다. 진주목사에 증직되었고, 묘소는 실전하였다. 배위는 증(贈) 숙인 나주정씨(羅州鄭氏)이다.

여서(女壻) 허반(許盤, 양천인)

김종직의 문인이며, 문과에 급제하고 홍문관 정자(正字)를 지냈다. 무오사화에서 화를 당하였고, 무오 5현중 한 명으로 불린다. 1녀가 있고, 義城副正(의성부정) 忠正(충정)에게 출가하였다.

익산이씨의 상주 피난길과 정착과정

그날, 1504년 갑자년 10월 4일의 악몽 같은 기억. 그러나 정신을 흐트러뜨릴 수는 없었다.

시아버님과 남편이 끔찍한 죽음을 당했어도 슬퍼하며 나앉을 수가 없었다. 이미 집은 풍비박산이 났다. 시아버지와 남편, 그리고 두 시동생의 목숨까지 가져간 연산은 무슨 일을 더 벌일지 알 수 없었고, 시아버지 시신을 겨우 수습하여 시어머님 친정 부모의 산소가 있는 난곡으로 남몰래 모셔가 겨우 장례를 치른 후 뒷일을 내게 맡기고 스스로 곡기를 끊고 정절을 지키고자 누우신 시어머님. 누구라도 나를 위해 도울 수 있는 사람들은 없었으니, 정신 바짝 차리고 움직여야 했다.

연산군은 이미 돌아가신 분들의 시신까지도 분쇄하여 바람에 날려 버리고①, 일가의 살아남은 식구들은 노비로 만들고② 가산은 모두 빼앗으라는 명을③ 내렸다.

① 연산군일기 56권, 연산 10년 12월 15일 신미, 연산군일기 57권, 연산 11년 1월 26일 임자
② 연산군일기 56권, 연산 10년 10월 4일 신유
③ 연산군일기 56권, 연산 10년 10월 5일 임술

남겨진 아이들의 생명이 걱정이었다. 長子(장자)가 이제 12살이고, 막내딸이 겨우 5살인데,* 앞으로의 살 일도 걱정이지만, 지금 살아나는 것이 더 큰 일이었다.

*장남 호(滸) 12세, 장녀(女) 11세, 차남 택(澤) 10세, 삼남 온(溫) 9세, 사남 준(濬) 7세, 오남 홍(鴻) 6세, 차녀(次女) 5세

정신없고 긴장되는 날의 연속이었다. 우선 남편의 시신을 일부라도 거두어 숨겨야 했다. 서슬 퍼런 연산은 이미 남편과 시동생들을 효수해 놓은 상태이고,* 이의 감시를 엄명하였으니 형장은 삼엄하여 접근하기도 쉽지 않았으나, 어렵사리 일을 성사하였다. 그리고 서둘러 한양 땅을 떠나야 했다. 여기 남아 있다간 남은 아이들의 생사까지 보장할 수 없으니 한시라도 빨리 이곳을 피해야 했다.

*연산군일기 56권, 연산 10년 10월 4일 신유

그러나 여러 날째 진지조차 끊고 누워계신 시어머니를 놔두고는 떠날 수가 없었다. 피난할 때 가지고 갈 것들 중 꼭 필요한 것들만 챙겨 떠날 준비를 하면서도 기약은 할 수가 없었다. 겁이 나고 두렵고 괴로웠다. 시어머니가 걱정되었다. 남편과 세 아들이 모두 한날에 돌아가셨으니 그 충격은 얼마나 클 것인가? 내가 겪은 고통의 몇 배는 될 것인즉, 어찌 그 괴로움을 덜어 드릴 수가 있으랴. 이제 우리 집안은 끝나는 것인가?

저 어린 아이들마저 무슨 해를 당하기라도 한다면, 끔찍한 생각은 애써 피하면서도 어쨌든 살아남아야 한다고만 생각하기로 하였다. 날은 동짓달 한겨울을 향하고 있어 한파(寒波)는 전보다 더 심해지는 것 같았다. 섣달그믐의 추위가 더욱 살을 에고 몸속으로 파고들며 괴롭게 하였다. 살아있어도 산 것이 아니었다.

결국 시어머니는 한 달 여가 지나자 등에 피를 흘리시며 돌아가셨다.① 남편과 세 아들, 하나뿐인 사위까지 잃고, 여러 형제들인 시댁의 시동생들도 대부분 유배가거나 목숨을 잃고 만 상황에서 하늘도 무심하게, 끔찍한 일을 당하신 시어머니. 그래도 마지막까지 지체 높은 명문가 집안의 안주인으로, 거대 가문의 종부(宗婦)로서 절의(節義)와 기개(氣槪)를 잃지 않고 정절을 지키시다 돌아가셨다.②

①1504년(연산10, 갑자) 11월 25일 自 禍變後 踰月不食晝夜 號慟 血出背而卒

②연산군일기 56권, 연산10년 12월 2일 무오. "…이때 죄없이 죽은 자를 더러 그 처자를 종 삼으므로 분주하게 역사에 나가지 않는 자가 없어 절의를 스스로 지킨 사람이 드물었는데, 홀로 (교리 권달수의 처) 정씨와 대사간 강형(姜詗)의 처 김 씨만이 〈절의〉를 지키다 죽었다." 妻鄭氏有節操, 收葬畢, 不食而死 時無罪誅戮者, 或孥其妻子, 莫不奔走就役, 鮮有以節義自持, 獨鄭氏與大司諫姜詗妻金氏死之.

익산이씨는 서둘러 난곡의 시부(媤父) 산소에 시어머니를 합장하여 모셨다. 그리고 더 이상 지체하거나 머뭇거릴 여유가 없었기에 서둘러 아이들과 집안 식구들을 데리고 동대문을 나서서 남쪽으로 향했다. 일단 친정부모가 살고계시는 상주로 행선지를 정하였다.

아직은 집을 떠나지 않은 노복들과 종들을 대동하고 남편의 시신이 들어 있는 영구(靈柩)와 가까스로 수습한 일부의 집안 살림도구를 챙겨 발길을 재촉하였다. 혹시 모르니 주변 경계도 하여야 했다. 들리는 말로 어린 아이들은 살려두기로 했다고 하지만 모르는 일이었다.

그러나 나라가 정상적인 상태가 아니고 누구라고 할 거 없이 이유를 붙여 죽이도록 하는 임금을 염려하지 않을 수 없었다.

한 겨울의 들길은 몹시 춥고 바람은 거셌다. 한겨울의 강을 건넜다. 강이 얼어붙었으니 강을 건너는 것은 문제가 안 되었지만, 섣달그믐의 추위가 갈수록 심해졌다. 여주를 지나 남으로 가는 길이다. 여러 날을 여러 식구들이 묵고 먹는 문제도 수월치는 않았으나 겨우겨우 해결하며 남쪽을 향해 길을 재촉해야 했다.

친정 부모에게로 간다고 한들 우리 식구들이 살 해결방책이 기다리고 있는 것은 아니었으나, 지금 의지할 데라고는 부모님뿐이었고, 어디로든 한양 땅에서는 벗어나야 했다.

여러 날을 천신만고 끝에 버티고 견디며 보내고 나니, 어느덧 충주를 지나 산은 높고 골은 깊은 충청도 괴산 땅에 이르렀고, 이제 곧 문경새재를 넘어야 한다. 그 산을 넘으면 상주 땅이 지근(至近) 거리이니, 어느덧 꽤 먼 거리를 지나온 것이다. 이 산을 무사히 잘 넘게 되면 조금은 안도해도 되겠다고 생각하였다.

조령(鳥嶺) 고개를 넘으니 엄청난 피로가 몰려왔다. 익산이씨뿐 아니라 나이든 종들까지 힘들어하는 것을 보니 모두가 지쳐 있었고, 조금은 쉬어야겠다고 생각하였다. 우선 잠시 쉬었다가 가기로 하고 길가에 바람을 피할 만한 곳에 머물기로 했다.

익산이씨 일행이 피난 도중, 상주 양범산 근처에 도달하여 잠시 길가에 머물며 휴식을 취하는 중이었는데, 한 가복(家僕)이 잠깐 조는 중에 대사간공께서 그 노복의 꿈에 나타나, "네 주인의 구(柩)를 길가에 놔두고 이리 잠을 자고 있느냐, 이첨지(李僉知)가 이 근방을 지나고 있으니, 어서 가서 그를 만나 보도록 하여라."고 하였다.*

*찬성공 7대손 기헌공(諱 해(楷)의 기록에 나오는 내용이다.

이첨지라 하면 대사간공과 친분이 있는 분으로, 이 노복도 알고 있는 사람이며, 당시 무오사화 이후로 관직을 사임하고 여러 곳을 주유중인 상태였으며, 지술(地術)에 능하였다. 그 가복은 이를 익산이씨에게 아뢰고 급히 주위를 살피며 찾으니 멀지 않은 곳에서 이 첨지가 지나가는 것을 발견하고는 자초지종을 알리게 되었다.

이렇게 하여 이 첨지는 근처의 양범산에 올라 살펴본 후, "이곳은 명산이다. 이는 하늘이 내린 곳이다." 하였다. 그리고 가족 일행들도 이 산 아래에 사는 것이 좋겠다고 하며, 그 자신이 장례절차를 밟기 위해 날을 정하고 친히 장례를 마칠 수 있도록 하였다. 이 내용은 기헌공[휘(諱) 해(楷)]의 기록에 나오는 내용이며, 기헌공은 찬성공의 7대손이며 위와 같은 내용을 글로 남겼다.

이후 익산이씨는 부군 찬성공의 시신을 양범리에 안장한 후 친정집으로 가는 대신 이곳에 터전을 잡고 사시기로 하였으며, 이후 7남매의 유고 자녀를 양육 교도하여 멸문지경의 집안을 중흥하도록 이끌었다. 익산이씨의 장한 충의와 열과 정성의 공을 마치 하늘이 감응하여 응보(應報)한 것이라 하겠다.

 중종반정 이후 찬성공(휘 永叔)은 증작(贈爵)되었고, 손자 정정공의 귀(貴)로 崇政大夫(숭정대부) 議政府(의정부) 左贊成(좌찬성)에 추증되었으며, 익산이씨는 증(贈) 정경부인이 되었다.
 찬성공(諱 永叔)의 다섯 아들은 어머니 익산이씨의 가르침에 어긋나지 않게 잘 성장하여 할아버지와 아버지, 숙부님들의 정신을 이어가며 나라를 위하고 가문을 위하며 백성을 살피는 훌륭한 선비로서, 강문(姜門)의 전통과 고결한 정신을 받드는 자손으로서 대를 잇는 역할을 충분히 해내게 되었다.
 그러나 장자(長子)인 참봉공[휘(諱) 호(澔)]을 제외한 진사공(휘 澤), 사인공(휘 溫), 진사공(휘 濬) 등은 비교적 수(壽)가 길지는 못하였다. 따라서 높은 뜻을 다 펼치기에는 부족한 생애를 산 것이라 다음 세대로 이를 이어가도록 해야 할 운명이었다.
 사인공 휘 온(溫)은 대과에 급제하여 사인으로 재직하며 나라를 위해 보다 큰 뜻을 펼칠 수 있었지만, 38세의 짧은 수(壽)로 세상을 떠났다. 그리고 참봉공의 대를 이을 후사(後嗣)가 안 계시니 가제(家弟) 사인공의 차자(次子) 사안(士安)을 양자로 입계(入系)하였으며, 진산부원군(휘 사안)마저 후사가 없자, 백형(伯兄) 휘 사상(士尙)의 차자(次子)인 신(紳, 晉興君)을 다시 입계하여 대사간공의 대를 이어가게 하였다.

제2장

진주강씨 박사공파 종중 기본 개요

진주강씨의 유래와 계파

진주강씨(晉州姜氏)는 고구려 구국공신이신 병마도원수공(兵馬都元帥公) 강이식(姜以式) 장군의 후손이며, 진주강씨의 원조는 중국 상고시대의 삼황오제(三皇五帝) 중 염제(炎帝) 신농씨(神農氏)의 혈통을 이어받은 동방(東邦)의 후손들이다.

시조이신 강이식 장군은 고구려 병마도원수를 지낸 분으로 많은 전공을 세운 희세(稀世)의 명장이다. 서기 597년(고구려 영양왕 8년)에 수(隋) 문제가 침략할 야욕으로 무례한 국서를 보내오자 왕은 군신을 모아놓고 이에 회답할 것을 논의할 때 장군은 이와 같은 무례한 글은 붓으로 답할 것이 아니라 칼로 답해야 한다고 주장했다. 왕이 이를 수긍하고 싸울 것을 명하자 군사 정병 5만을 이끌고 임유관에서 수나라 군사 30만을 단번에 격퇴하였으며, 603년 수양제가 다시 군사 100만으로 침략할 때 중신회의에서 요동성 일부를 떼어주고 강화(講和)할 것을 논의했으나 이에 반대하고 싸울 것을 주장하여 을지문덕과 함께 요동성 살수(청천강) 등의 싸움에서 수나라 군대를 대파하는 등 많은 공을 세웠다.

진주강씨의 관향(貫鄕)은 후손 정순공(正順公)께서 진양후(晉陽侯)로 봉(封)해짐으로써 본관을 진주(晉州)로 하였다. 진주강씨는 병마도원수공 강이식 장군을 원시조(元始祖)로 하여 박사공파, 은열공파, 소감공파, 시중공파, 인헌공파 등 5개의 파조로 대종회를 구분하고 있다.

박사공파(博士公派)

고려조에서 문과 장원급제하고, 국자감 박사를 역임한 강계용(姜啓庸)을 파시조로 하며, 1274년(고려 원종 15년) 통신사 서장관으로 일본 정벌을 다녀오신 후 진산부원군을 수봉(受封)하였다.

은열공파(殷烈公派)

고려 현종 때 상원수 강감찬 장군과 함께 귀주대첩을 승리로 이끈 고려 구국공신 상장군 강민첨(姜民瞻) 장군을 파시조로 모신다.

소감공파(少監公派)

사도소감(司徒少監)을 지낸 강위용(姜渭庸)을 파시조로 모신다.

시중공파(侍中公派)

강원용(姜遠庸)을 파시조로 모시며, 손자 강원로(姜元老)가 관서대장군(關西大將軍)을 지냈다하여 관서대장군파라고도 한다.

인헌공파(仁憲公派)

고려 현종 때 거란의 침략에 맞서 귀주대첩을 이끈 성웅 강감찬 장군을 파조로 하며, 장군의 출생지가 서울 금천구이므로 금천강씨(衿川姜氏)라 부르기도 한다.

진주강씨 박사공파·대사간공파 세계도

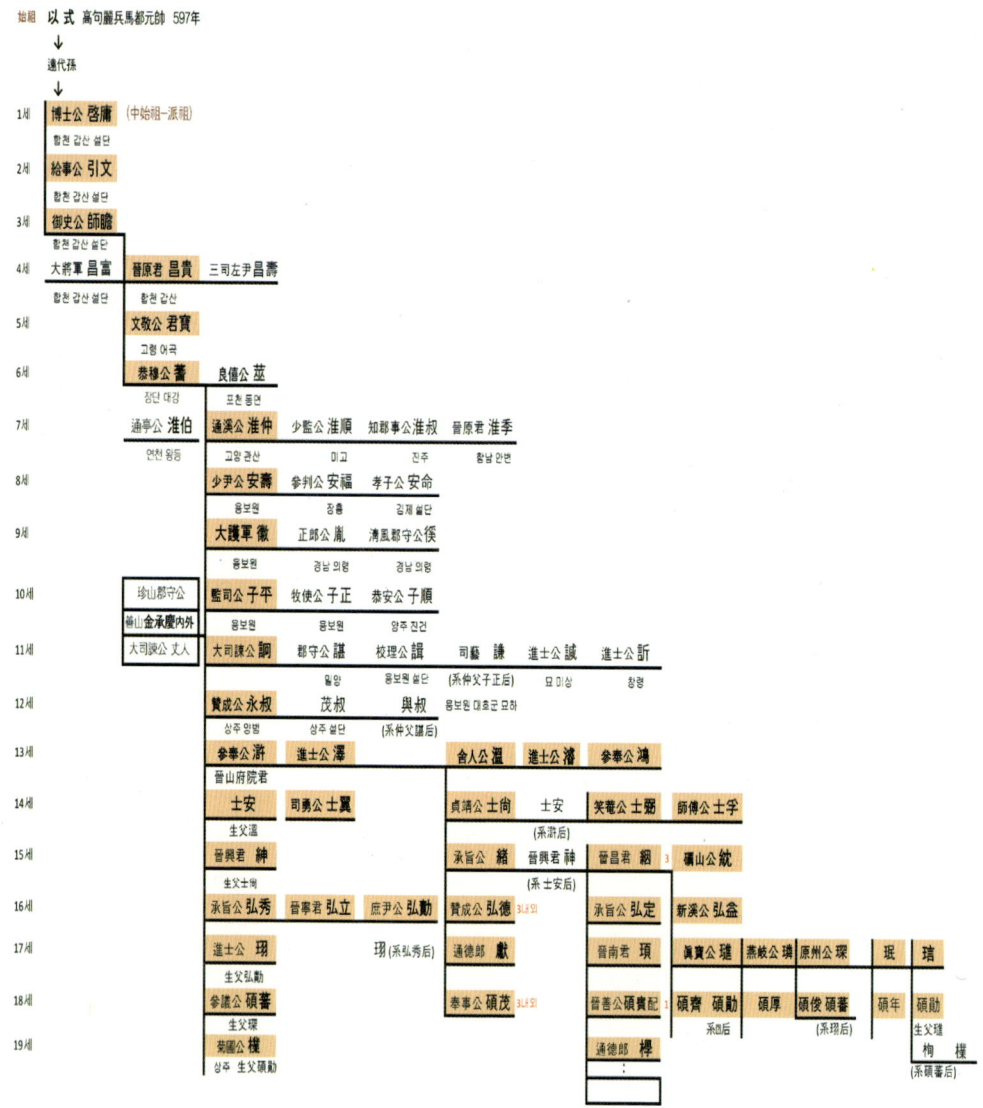

선대 인물고(人物考)

시조 강이식 장군 영정

시조 고구려 병마도원수 강이식(以式)

진주강씨 시조 강이식 장군은 고구려 병마도원수를 지냈다. 평원왕 32년(서기 590년)에 수(隋) 문제는 남조진(南朝陳)을 평정하고 고구려를 위협하고 있었다.

그러던 중 수 문제가 영양왕 즉위 이후인 서기 597년에 고구려를 협박하는 무례한 국서를 보내오자 강이식 장군은 전쟁으로 대항하기를 주창하여 왕과 신하들이 이에 동의하고 장군을 병마원수로 삼았다.

영양왕 9년, 수 문제 즉위 18년인 598년에 수륙연합군 30만 대병을 이끌고 고구려를 침공하자 임유관 전투에서 수나라 군대를 크게 물리쳤

봉산사(시조 사우, 경남 진주시 상봉서동 비봉산하)

으며, 13년 뒤인 영양왕 23년인 612년에 수(隋) 양제가 2백만 대군을 이끌고 재차 침공하자 장군은 병마도원수로서 살수대전의 승리로 수나라를 크게 무찔렀다.

강이식 장군에 대한 기록은 단재 신채호의 『조선상고사』에 나타나 있으며, 강이식 장군은 민족의 영웅이자 나라를 구한 구국공신으로 추앙되고 있다. 장군의 묘소는 본래 만주 봉길현 원수림역 앞에 위치하고 있으며, 묘소 앞에는 병마원수강공지총(兵馬元帥姜公之塚)이라는 거대한 비가 세워져 있다.

득관향조(得貫鄕祖) 진양후(晉陽侯) 정순공(正順公) 강진(縉)

정순공은 9세기말 신라 헌강왕 때 숭인전사운과(崇仁殿四韻科)에 장원급제하였고, 벼슬이 태중대부판내의령(太中大夫判內議令)에 오르면서 정순공(正順公)을 시호(諡號)로 받고 진양후(晉陽侯)에 봉해지면서, 이때부터 관향을 진주(晉州)로 하였다.

1세(一世) 파조(派祖) 박사공(博士公) 강계용(啓庸)

고려 고종 때 태어나고, 원종 때 문과에 장원급제하였으며, 국자감 국자박사(國子監 國子博士)를 역임하였다. 원종 15년(1274년) 갑술 10월 원국 세조(元國 世祖)의 1차 동정(東征, 왜국 정벌) 때, 도독 김방경이 통솔하는 고려군 6천 명과 원(元)의 흔도(忻都) 유부형(劉復亨), 홍다구(洪茶丘)가 지휘하는 몽한군(蒙漢軍) 2만 명의 동정군(東征軍)을 따라 왜의 정벌 작전에 통신사 서장관(書狀官)으로 다녀왔으며, 이때 아드님인 내급사공[휘(諱) 인문(引文)]도 함께 참가하였다. 공께서는 이때 많은 공을 세운 까닭으로 진산부원군(晉山府院君)에 봉해졌으나, 일본에서 돌아온 이후로는 벼슬길에 나아가지 않았다.

일세조(一世祖) 박사공 봉단(경남 합천군 율곡면 갑산리 용덕산)

2세(二世) 급사공(給事公) 강인문(引文)

고려 충렬왕 때 문과에 장원급제하여 전중내급사(殿中內給事)를 역임하였다. 부친인 박사공께서 일본에 서장관으로 갈 때 동행하였으며, 충렬왕 7년(1281)에 원나라가 2차로 동정(東征, 일본을 정벌)하고자 할 때, 일본 지리에 능숙하다 하여 재차 추천되어 통신사 서장관으로 일본에 가게 되었다.

  2차 동정에서는 고려군 1만, 몽한군(蒙漢軍) 3만 등 총 4만 명의 연합군으로 1차 동정보다 더 규모가 컸지만, 때마침 불어 닥친 태풍으로 피해가 심했고, 부대 내에 발생한 역질(疫疾)로 인하여 제대로 전투를 치르지 못한 채 막대한 피해만 입고 퇴각하였다.

  공께서도 여러 차례 죽을 고비를 넘기는 등 천신만고 끝에 겨우 환국하게 되었으며, 이후 공은 벼슬길에 나아가지 않았다. 또한 자손들에게는 "몽고 오랑캐의 강성 하에서는 유술(儒術)을 하지 말며, 부거(赴擧, 과거에 응시)하지도 말라."는 교훈을 남기기도 했다.

3세(三世) 어사공(御師公) 강사첨(師瞻)

고려 충렬왕 때 음사(蔭仕)로 감찰어사(殿中監察御史)를 지냈으며, 손자 군보(君寶)의 귀(貴, 공적)로 판내의령 참리부사(判內議令 參理副使)로 증직되었다.

봉양사[鳳陽祠, 1세 박사공 강계용(啓庸), 2세 급사공 강인문(引文), 3세 어사공 강사첨(師瞻) 사우(祠宇). 경남 산청군 단성면 남사리)]

4세(四世) 진원부원군(晋原府院君) 강창귀(昌貴)

고려 때 음직(蔭職)으로 판도정랑(版圖正郞)을 지냈으며, 충목왕 2년(1346)에 계림판관으로 전보하였고, 이후 영천판관을 역임하였다. 아들 군보(君寶)의 귀(貴, 공적)로 삼중대광문하시중(三重大匡門下侍中)으로 증직되었고, 진원부원군(晋原府院君)에 봉(封)해졌다.

5세(五世) 문경공(文敬公) 시중(侍中) 강군보(君寶)

고려 충숙왕 4년(병자, 1336)에 남궁민방(南宮敏榜)에 급제하였으며, 정당문학 첨의평리(政堂文學 僉議評理) 예문관 대제학(藝文館大提學)을 거쳐, 수상(首相)인 삼중대광문하좌시중(三重大匡門下左侍中)에 올랐다. 봉산군(鳳山君)에 봉해졌고, 시호는 문경공(文敬公)이다. 우왕 6년(1380)에 별세하였다. 목은(牧隱) 이색[李穡, 한산인(韓山人)]과 양촌(陽村) 권근[權近, 안동인(安東人)] 등의 문집에는 공에 대한 기록이 전해지는데, 목은 이색의 만사(輓詞)에 실린 공에 대한 글이 다음과 같이 전해진다.

연장칠십시자안(年將七十侍慈顔)
　　　　　나이가 칠십이 다 되도록 어머니를 모시었고
성재정중무수반(省宰庭中舞袖班)
　　　　　재상 댁 뜰에서는 색동소매가 춤을 추네!
차시고금희유사(此是古今稀有事)
　　　　　이러한 일은 고금에 드문 일이 아닐 수 없도다!

서별사[西別祠, 4세 대장군공 강창부(昌富), 4세 진원부원군공 강창귀(昌貴), 5세 재신공 강황보(璜寶), 5세 봉성군공 강전보(甸寶), 5세 문경공 강군보(君寶), 6세 양희공 강서(筮) 사우(祠宇)]

문경공(文敬公)께서는 일흔[七十]을 바라보는 연세가 되도록 어머님을 모시며 즐겁게 해드리고자, 노정승(老政丞)이 어머니 앞에서 어린아이처럼 색동옷을 입고 뜰 안에서 춤을 추었다는 것인데, 목은(牧隱)은 이와 같은 모습은 고금을 통해서도 드문 일이며, 문경공(文敬公)의 성효(誠孝)함을 노래하고 글로(詞章) 남겼다.

6세(六世) 공목공(恭穆公) 강시(蓍)

호는 양진당(養眞堂), 시호(諡號)는 공목공(恭穆公)이다. 고려 충숙왕 8년(1339)에 출생하여, 조선 정종 2년(1400)에 60세를 일기로 세상을 떠났다. 공은 8세 때인 충목왕 원년(1345)에 연릉직(延陵直)의 보직을 받았고, 공민왕 6년(1357)에 성균시 염흥방방(成均試 廉興邦榜)에 등제(登第)하면서 판도판서, 밀직부사를 지냈으며, 단성보리추충보조공신(端誠輔理推忠補祚功臣)에 올랐다. 또한 삼중대광상의문하찬성사(三重大匡商議門下贊成事) 동판도평의사사(同判都評議司事) 판선공사사(判繕公寺事) 좌우위상호군(左右衛上護軍)을 지냈으며, 진산부원군(晉山府院君)에 봉해졌다. 또한 사후(死後)에 공목(恭穆)의 시호를 받았다.

양진당[養眞堂, 공목공 강시(蓍)의 사당]

7세(七世) 통계공(通溪公) 강회중(淮仲)

자(字)는 중부(仲父), 호는 통계(通溪)다. 고려 공민왕 8년 (1359, 기해)에 단곡사 아래 사월촌(현 경남 산청군 단성면 사월리)에서 탄생하였고, 학년(學年)이 되자 단속사(斷俗寺)에서 학공(學功)을 쌓았다. 공민왕 23년(1374)에 군자시승(軍資寺丞)이 되었으며, 같은 해에 삼도도통사 최영의 군수막료(軍需幕僚)로 탐라 토평전(耽羅 討平戰)에 참전하고 큰 공을 세웠다. 우왕 8년(1382) 5월, 전농시승(典農寺丞)으로 있으면서, 과거(科擧) 유량방(柳亮榜)에 등제(登第)하였고, 여러 관직을 역임했지만, 문헌 망실로 상세한 기록은 알 길이 없다.

다만, 백형(伯兄) 통정공의 기록에 따르면 공양왕 원년(1389) 관찰사에 배명(拜命)된 것을 알 수 있으며, 이후 벼슬은 공양왕 2년(1390)에 사헌부 집의, 군자윤(軍資尹), 보문각 대제학에 이르렀다. 공께서는 이성계에 의하여 혁명이 발생하자 고려의 수절신(守節臣)들과 함께 두문동에 들어갔다. 조선 건국 이후 조선 조정은 공에게 궁성축조노역장에 동원하고 위령(違令)한 죄로 인금태형유배(因禁笞刑流配)등 각종 형벌을 연속으로 가하였다.

태종 7년(1407)에 이르러 이씨조선은 공에게 형조참판으로 초징(初徵)하였으나 공은 불취하였고, 태종 12년(1412)에 병조참판으로 재징(再徵)하였으나 공은 가고(家故)를 이유로 불취하였다. 공은 1년 전(1411)에 배위이신 군부인 의령남씨의 상을 당하였다. 태종 17년(1417)에는 병조판서로 3징(三徵)을 하였으나 이 역시 불취하였으며, 세종 3년(1421)에 오위도총부 도총제(都摠制)로 4번째 벼슬을 권하였으나 끝까지 이에 응하지 아니하였고, 그해 11월에 세상을 떠났다. 백형(伯兄)으로 통정공[휘(諱) 회백(淮伯)], 아우로는 소감공[휘(諱) 회순(淮順)], 군수공[제위장군, 휘 회숙(淮叔)], 진원군[공양왕의 부마, 휘 회계(淮季)] 등이 있으며, 안수(安壽), 안복(安福), 안명(安命) 등 세 아들을 두었다.

7세 통계공 강회중(淮仲)의 묘소(배위 祔左右, 경기도 고양시 벽제읍 관산리)

경덕사(통계공 재실)

8세(八世) 소윤공(少尹公) 강안수(安壽)

공은 음사(蔭仕)로 예빈시(禮賓寺) 소윤(少尹)을 역임하였고, 손자 반성위(班城尉 자순(子順)의 귀(貴, 공적)로 가정대부 호조참판 동지의금부사 오위도총부 부총관(嘉靖大夫 戶曹叅判 同知義禁府事五衛都摠府 副摠官)으로 증직되었다.

9세(九世) 대호군공(大護軍公) 강휘(徽)

단종 재위(1455년) 시 찰방, 호군(護軍)을 지냈으며, 세조 3년(1457년) 원종공신 3등에 책록되고, 가선대부 오위대호군에 배명되었으며, 전주부윤을 역임하였다. 1459년(세조5, 기묘) 별세 후, 자헌대부 병조판서(資憲大夫 兵曹判書)에 증직되었다. 3남 1녀를 두었고, 장자는 자평(子平), 차자는 자정(子正), 삼남은 자순(子順)이다.
삼남 자순(子順)은 문종 임금의 따님인 경숙옹주와 혼인하여 반성위(班城尉)에 봉해졌다. 사위는 효령대군의 손자인 종실(宗室) 신풍도정(新豊都正) 이순(李循)이다. 배위는 정부인(貞夫人) 인천이씨이다.

10세(十世) 감사공(監司公) 강자평(子平)

세종 재위 시인 1430년에 태어났으며, 자는 국균(國鈞)이다. 1453년에 사마양시(司馬兩試)에 합격한 후, 1455년 도사(都事)를 역임하였고, 1457년 돈녕부승(敦寧府丞)으로 있으면서 정시문과(庭試文科)에 장원으로 급제하고 조봉대부(朝奉大夫)로서 세자우필선(世子右弼善)이 되었다. 1458년 사헌부 장령(掌令), 1459년 좌필선 겸 좌중호(左弼善 兼 左中護)로 자리를 옮기는 등 여러 벼슬을 역임하고, 1466년 승정원에 들어가 동부승지, 우부승지, 좌부승지 등을 거쳐, 1469년 사간원 대사간(大司諫)을 지냈다.

10세 감사공 강자평(子平)의 묘소
(배위 증 정경부인 전주이씨 祔, 경기도 고양시 벽제읍 용보원)

1475년 첨지중추부사 겸 오위장이 되었다가, 외관직인 진주목사로 나갔다. 1479년 형조참의, 1482년 사간원 대사간, 1483년 우부승지, 우승지가 되었다. 1484년 형조참의로 배명되고, 1485년 전라도 관찰사로 나갔다. 그러나 1486년 공조참의에 임명되어 부임을 위해 상경하는 도중 불행하게도 병환으로 인하여 전라도 지방 고산현(高山縣)의 별관(別館)에서 향년 57세로 작고하였다. 나라에서는 숭정대부 좌찬성 겸 대제학(崇政大夫 左贊成 兼 大提學)으로 추증하였다. 감사공은 효령대군의 장자인 의성군(誼城君) 이채(李寀)의 따님과 혼인하여 6남 2녀를 두었다.

제3장

대사간공파 종중의 형성

파조(派祖) 대사간공과 종중의 형성

　진주강씨 대사간공파 종중은 중시조 박사공의 11세로 연산군 재위 시 연산군의 갑자사화 때 세 아들과 함께 피화된 대사간 강형(詗)을 파조(派祖)로 하는 종중이다. 대사간공은 성종조와 연산군조에 지평, 장령, 대사간을 역임한 문신으로서, 연산군으로부터 아들 3형제, 하나 뿐인 사위(女壻) 등 한 집안이 모두 화를 입어 멸문지경에 이르렀다.
　그런 와중에 큰 자부(子婦) 익산이씨가 살아남은 자녀들과 피난길에 올라 결국 경북 상주에 정착하여 새로운 세거지(世居地)를 이루고 자녀들을 양육하여 가문이 부흥할 수 있었다.
　대사간공의 장남 별제공[증(贈) 좌찬성] 영숙(永叔)의 정경부인 익산이씨는 혼자 힘으로 어린 다섯 아들과 두 딸을 양육하고 교도하여 쓰러지던 집안을 일으켜 세워 중흥케 하였으며, 그 이후 대사간공의 후손들은 다시 번창하여 명경거족(名卿巨族)으로 거듭날 수 있었다. 이 모두가 익산이씨 할머니께서 어린 고자녀(孤子女) 오남이녀(五男二女)를 사지(死地)에서 이끌고 나와 뼈를 깎는 고난을 이겨내고 모든 자녀들을 훌륭히 양육 교도하였기에 가능한 일이었으며, 익산이씨 할머니만의 至誠을 다한 공덕(功德) 덕분이라 할 수 있다.
　대사간공은 고려조에 보문각 대제학을 지낸 박사공의 7세 통계(通溪) 강회중(淮仲)의 현손이며, 증조는 통계공의 장자 예빈시 소윤 강안수(安壽), 조부는 대호군 강휘(徽)이다. 아버지는 관찰사 강자평(姜子平), 어머니는 효령대군(이보)의 장자 의성군 이채의 따님이다. 대사간공은 1451년(문종1) 출생하여 1504년(연산군10) 갑자사화 때의 피화로 별세하였다. 자(字)는 형지(詗之)이다.
　1472년(성종2, 임진)에 진사시(進士試)에 입격하고, 음보(蔭補)로 여러 관직을 거쳐 장예원(掌隷院) 사평(司評)을 역임 중, 1490년(성종21, 경술)에 별시문과에 병과로 급제하여 동년 사헌부 정언(正言), 1493년 사헌부 지평, 연산군 즉위 원년인 1495년에 사헌부 장령이 되었다.

이후 외직인 선산부사를 거쳐 1504년 (연산군10, 갑자) 사간원 대사간이 되었다.

대사간 강형은 1496년(연산2년) 연산군이 생모 폐비윤씨를 입주입묘(立主立廟)하려는 것에 대해 성종의 유교를 이유로 적극 반대하였고, 이를 홀로 독계(獨啓)하였기에 삼사(三司)에서 체배(遞拜)되었다. 그리고 1504년(연산군10, 갑자) 연산군이 폐비윤씨 사사(賜死) 사건을 설원(雪寃)하는 과정에서, 1496년에 대사간 강형이 입주입묘를 반대하며 홀로 차자(箚子)하였다는 이유로 세 아들과 함께 극형에 처하였다.

대사간공은 천성이 너그럽고 공평하며 후덕하였으나 올바른 일에는 물러섬이 없이 소신을 굽히지 않는 강직한 선비였다. 강형의 형제들 대부분 무오사화와 갑자사화에 연루되어 유배형을 받거나 참형을 당하였다.

정부인(貞夫人) 선산김씨는 대사간공과 세 아들이 참형을 당한 이후 식음을 전폐하고 절의(節義)를 지키다 한 달여 후에 별세하였고, 중종반정 이후 중종은 1507년 정려(旌閭)를 하사하였다. 대사간공은 모든 권한이 복권되었고, 자헌대부 이조판서에 추증되었다.

대사간공파 종중의 형성 과정은 올바른 일에 물러섬이 없으며 반드시 절의(節義)를 지키는 강직한 선비정신을 가진 명문가의 후예로서 대사간공의 후손들이 어떤 최악의 상태에서도 기꺼이 일어나 지난날의 영화를 되찾고, 명문거족으로서 바로서는, 지난 역사와 사적을 지키고 쌓는 과정이라 할 수 있다.

상대(上代)로부터 내려오는 전통과 정신을 이어가며 선조들께서 보여준 고결하고 위대한 정신을 숭상하면서 의(義)와 예(禮)를 지키고 받드는 후손으로서의 도리와 자세를 준수하면서 오늘에 이른다. 대사간공이 절의와 기개를 지키다 세상을 떠난 지 520년에 이르는 지금까지 대사간공의 후손들이 물려받고 이룩한 종중의 유산과 유업이 양적·질적으로 자

못 훌륭하며 자랑스럽다고 하겠다.

이번에 출간하는 『대사간 강형 세가록』은 대사간공파 종중의 역사에 대한 총체적인 기록이라 할 수 있으며, 오늘날에도 그 유업과 정신을 망각하지 않고 물려받으며 생활 속에 실천할 뿐만 아니라 미래에도 언제나 유지될 수 있는 높은 가치를 지닌 정신임을 기억하고자 한다.

대사간공파 종중은 대사간공을 비롯하여 그 후손들의 생애와 사적, 그에 따라 남겨진 유물과 유산을 두루 살펴보고자 한다. 따라서 대사간공의 선대(先代) 조상에 대해서는 비교적 간단하게 사적을 정리하되 대사간공과 그 후손들을 중심으로 관련된 기록을 정리할 것이다.

진주강씨는 고구려 영양왕 때 수나라의 침략에 맞서 싸울 당시 병마도원수였던 강이식 장군을 원시조(元始祖)로 한다. 그리고 고려조에 와서는 박사공파, 은열공파, 소감공파, 시중공파, 인헌공파 등 5개의 파조로 나뉘게 되지만, 원시조가 같고 같은 관향을 쓰기 때문에 뿌리는 하나라고 할 수 있다.

대사간공파 종중은 박사공파의 파종회이며, 대사간공은 박사공의 11세이며, 7세 통계공의 종계(宗系)이다. 대사간공의 손자는 모두 다섯이지만, 현재의 종중은 장자(長子) 호(澔), 차자(次子) 택(澤), 삼자(三子) 온(溫) 등 세 분의 후손들로 종중이 구성되어 유지되고 있으므로 『대사간 강형 세가록』은 이를 중심으로 살펴볼 것이다.

대사간공이 갑자사화에서 멸문지화를 당한 것은 1496년(연산군2)에 연산군이 생모인 폐비 윤씨의 입주입묘를 추진하려 하자, 이는 성종의 유교(遺敎)와 조선의 유교적 정치이념에 위배되는 것으로 나라의 운영체제와 국가기강을 흔드는 결정이라고 판단하여 대사간공은 연산군에게 홀로 반대하였는데, 이런 이유로 8년 후인 1504년 갑자년에 공에게 참형을 내렸던 것이다.

이는 연산군이 자신의 뜻대로 모비(母妃)의 추숭(追崇)작업을 완료한 후, 뒤늦게 폐비윤씨의 사사(賜死) 사건의 진상을 알게 되고 이를 설원(雪冤)하고자, 모비(母妃)의 사사(賜死)에 관여한 선왕의 후궁들과 그 아들들, 훈구척신, 승정원의 승지와 모든 관계된 대신들에 대해 설원한 후 과거 자신에게 반대하였던 일로 대사간공에게도 참형을 내린 것이다.

사화에서의 참형은 곧 멸문을 의미하는 사건이었다. 그러나 하늘이 무심하지는 않았던지 익산이씨 할머니의 용기와 현명한 결단력으로 그 후손들이 살아남을 수 있었고, 그 후손들은 그 일을 잊지 않고 더욱 노력함으로써 집안의 영예가 회복될 수 있었다.

결과적으로 대사간공의 손자들이 이룩한 업적들은 그 어느 가문의 공적과 비교해도 부족하지 않으며, 매우 자랑스러운 결과였다. 대사간공의 손자들이며 별제공[증(贈) 찬성공]의 아들들인 장자(長子) 호(澔), 차자(次子) 택(澤), 삼자(三子) 온(溫), 사자(四子) 준(濬), 그리고 오자(五子) 홍(鴻) 등은 스스로 학문을 연마하고 거업(擧業)을 통하여 급제하고 출사(出仕)하였다. 이후 후손들 중 문과 급제자 총 36위, 무과 급제자 9위 등 급제자가 46위에 이른다.

문과 급제자 총 36위(位)

• 진사공 택(澤)의 후손 6위(位): 항(杭), 세응(世鷹), 세륜(世綸), 세규(世揆), 세백(世白), 문영(文永)

• 청대공(淸臺公) 온(溫)의 후손 30위(位): 온(溫), 사안(士安), 사상(士尙), 사필(士弼), 신(紳, 소과와 문과 장원), 서(緖), 연(綖), 홍립(弘立), 홍중(弘重), 석빈(碩賓), 석구(碩耉), 영(楧), 필보(必輔), 필경(必慶), 박(樸), 필신(必愼), 필귀(必龜), 백(栢), 필문(必文), 필리(必履), 필교(必敎), 필면(必勉), 준흠(浚欽), 시영(時永), 난형(蘭馨), 국형(國馨), 문형(文馨), 우형(友馨), 경희(敬熙)

무과 급제자 총 9위(位)

- 택(澤)의 후손 1위: 홍신(弘愼)
- 온(溫)의 후손 3위: 민(珉), 석망(碩望), 심(橝)
- 홍(鴻)의 후손 5위: 홍심(弘深), 홍섭(弘涉), 윤(玧), 위(瑋), 증(增)

 위의 기록은 국조방목(國朝榜目)에 의거 문과자(文科者, 중시자와 소과 장원자도 포함되어 있음) 무과자(武科者)를 파별(派別) 연도순으로 분류하여 수록하였고, 편의상 생정(生庭)을 주축(主軸)으로 하되 출계(出系)도 밝히고자 하였다.
 (*상세 내역을 별도로 정리·분류하여 이 책『세가록』내용 중에 수록하였다.)

 *진사공파는 문과자 6위(位) 무과자 1위(位)가 배출되었으며 후손이 성창(盛昌)하여 진사공파(進士公派)는 물론, 통계공(通溪公)의 종손이며, 대사간공의 종손파(宗孫派)의 19세(世) 이후인 '필자행(必字行)'부터 입계세(入系世)하여, 대사간공의 셋째 손자인 청대공(淸臺公)의 계자(季子) 사부공(師傅公) 휘(諱) 사부(士孚)의 사자(嗣子)로 입계세(入系世)한 휘(諱) 적(績)은 호가 구봉(龜峯)으로 생정(生庭)이 진사공파로 생부는 諱 사익(士翼)이요, 생조(生祖)가 진사공(進士公) 휘 택(澤)으로, 상기한 문과자 무과자 7위(位)가 모두 구봉공(龜峯公)의 후손(後孫)이며, 삼파(三派)의 후손이 모두 구봉공 휘(諱) 적(績)의 후예(後裔)인 것이다.

 *청대공(淸臺公) 휘 온(溫) 후손에서는 문과자 30위 무과자 3위가 배출되었다.

 *찬성공의 오자(五子) 참봉공 휘 홍(鴻)의 후손에서는 양대(兩代)에서 무과에 다섯 위(位)가 등제를 했다. 무과에서만 급제한 이유에 대해서는

준비에 유리한 것도 있었을 것이며, 당시 사회적인 여건으로 공들의 입장에서 문과보다는 유리하였다고 판단한 것도 있었을 터이다. 그러나 참봉공 휘 홍(鴻)께서 어려운 여건 속에서도 각고(刻苦)의 노력과 선조의 음덕(陰德)으로 하늘이 후손에 내린 복(福)이라 하겠다.

이상과 같이 대사간공의 장자 찬성공(贊成公) 휘 영숙(永叔)의 차자(次子) 진사공 휘 택(澤)의 후손 중에서 문과자 6위와 무과자 1위, 삼자(三子) 청대공(淸臺公) 휘 온(溫)의 후손 중에서 문과자 30위와 무과자 3위, 오자(五子) 참봉공(參奉公) 휘 홍(鴻)의 자손 중에서 무과자 5위, 그리고 여서(女壻) 셋이 무과에 급제를 했으니 이것도 기이하며 다행한 일이라 하겠다.

그리고 나라에 공을 끼친 경우에 내려지는 공신(功臣)에는 진흥군 강신[참봉공 호(灝)의 손자]과 진창군 강인[청대공 온(溫)의 손자]께서 각각 정여립의 난을 평정한 후 평난공신 3등, 임진왜란 시 임금을 호성한 공으로 호성공신의 칭호를 받았으며, 진흥군은 부조사당(不祧祠堂)이, 진창군에게는 부조묘(不祧廟)가 내려졌다.

또한 강홍덕(승지공 강서의 장자)과 강홍수(진흥군 강신의 장자)는 임진왜란에서 공을 세운 덕으로, 강홍적(진흥군 강신의 3자)은 이괄의 난 평정 이후 원종훈(原從勳)에 선정되었다.

또한 사후에 생전의 행적에 따라서 왕이나 종친, 정2품 이상의 문무관에게 내리는 시호(諡號)를 받은[封諡] 대사간공 후손들이 총 9위이다. 조선시대에 진주강씨 전체에는 모두 58위에게 시호가 내려졌다.

강사상(정정공), 강사안(진산부원군), 강신(진흥군, 의간공), 강인(진창군), 강욱(진남군), 강석빈(진선군), 강박(진능군), 강필악(진은군), 강시영(문헌공) 등이다.

그리고 대사간공의 배위 정부인(貞夫人) 선산김씨에게는 정려가 내려졌고, 당초에는 종택(宗宅)이 있던 서울 성서의 대거동에 정문을 세웠으나, 후일에 상주 봉대리로 이전하여 현재 봉강서원 옆에 세워져 있다.

대사간공은 1496년(연산군2, 병진) 6월(六月) 18일(十八日)에 독계 직간(獨啓直諫)하였고, 6월 19일에는 서계(書啓)를 하였다. 삼사(三司)에서는 연산군이 대사간공에게 내린 환차명이 불가함을 연일 상소하였기에 (燕山主換差命 三司上疏), 결국은 대사간공을 원래의 자리인 장령으로 복직하게 하였으나 공은 다시 상계(命復掌令上啓)하기를 "대간은 비상원인데 만일 간언(臺諫 非常員 諫言)을 할 수 없다면, 하루라도 그 자리에 있을 수 없습니다." 하며 스스로 체임하였다.

결국 대사간공은 그 이후로 3사(三司)를 떠나 외직으로 나간 것으로 보인다. 그러나 이때 직간을 한 일 때문에(遞任直諫) 후일 1504년(연산군10) 갑자사화에서 피화(被禍)의 원인이 되었다.

그러나 공의 소신과 절의는 멸문에까지 이르게 했으나 다시 회생하였다. 이는 정의롭고 올바른 일에는 하늘의 뜻으로 보살핌이 있으리라는 믿음을 갖게 하는 일이라 할 수 있으니, 후손들은 공의 높은 뜻을 영원히 받들고 따라야 할 것이다.

대사간공·찬성공 후손의 부흥과 가계

13세(十三世) 참봉공(參奉公) 강호(澔)

1493년(성종, 계축)에 출생하여 1552년 작고하였다. 집경전(集慶殿) 참봉, 제능(濟陵) 참봉(參奉)을 역임하였으나, 벼슬을 그만두고 세상을 피하여 향촌에서 즐겁게 지냈다. 묘소는 양범리 내동 계좌(癸坐)에 안장하였고, 별세 후 손자 진흥군 신(紳)이 귀하게 되자 자헌대부 이조판서(資憲大夫 吏曹判書) 겸 지경연춘추관성균관의금부사 예문관 홍문관 대제학 세자우빈객에 추증되었다. 배위는 증(贈) 정부인(貞夫人) 신창표씨(新昌表氏)이며 참판을 지내고 이조판서에 증직된 남계(藍溪) 표연말(表沿沫)의 따님이다.

13세(十三世) 진사공(進士公) 강택(澤)

1495년(을묘)에 태어났으며, 1519년(중종, 기묘) 사마(進士)시에 아우 온(溫)과 함께 합격하였다. 그러나 수(壽)가 길지 못하여 30세초에 작고하였다. 묘소는 양범리 내동 자좌(子坐)에 안장하였다. 배위는 의인 개성고씨이며, 경력(經歷)을 지낸 고극근(高克勤)의 따님이다.

13세(十三世) 사인공(舍人公) 강온(溫)

1496년(병진)에 출생하여 1533년(중종, 계사)에 향년 38세로 작고하였다. 자는 수연(粹然), 호는 청대(淸臺)이다. 1519년(중종, 기묘) 사마시에 합격하였으며, 1525년 식년시 문과에 급제하고, 승문원에 들어갔다. 추천에 의해 예문관 검열, 봉교, 홍문관 정자, 저작, 수찬, 교리, 사간원 정언, 헌납, 시강원 사서, 병조좌랑, 사헌부 지평, 집의를 역임하였다. 1530년 이조좌랑에 배명(拜命)하였고, 그해에 추생어사(抽栍御史)로 파견되어 직(職)을 수행하였다. 그 이후 의정부(議政府)로 옮기어 檢詳(검상), 사인 겸 춘추관편수관(舍人 兼 春秋館編修官)을 역임하는 등 청요직(淸要職)을 대부분 지냈다.

1533년(중종, 계사)에 실시한 문신정시(文臣庭試)에서 8월에 회시(晦試), 9월 초3일 재시(再試), 9월 초7일 삼시(三試)에서 3차례 모두 우등으로 장원을 하자, 중종 임금께서 가자(加資)를 특명하였다. 가자(加資)라 함은 당상관인 통정대부(堂上官 通政大夫) 이상으로 승(陞) 품계(品階)하는 것을 말한다. 그러나 이를 시행하기 전인 10월 초9일에 별세하였다.

공은 사상(士尙, 정정공), 사안(士安, 진산공), 사필(士弼, 소암공), 사부(士孚, 사부공) 등 아들 4형제를 두었으며, 장자(長子) 사상(士尙)은 15세, 사안(士安)은 11세, 사필(士弼)은 8세, 사부(士孚)는 5세에 불과하여 모두들 아직은 성장하지 못한 나이였다. 후일 장자(長子) 사상(士尙)이 귀(貴)하게 되어 의정부 영의정 겸 영경연 홍문관예문관춘추관관상감사 세자사에 추증되었다. 공의 문장은 아주 화려해 모두가 부러워하였다고 한다. 배위는 증 정경부인 밀양박씨(密陽朴氏)이며, 진사 박식의 따님이다. 1500년에 출생하여 1549년에 별세하였다.

상주 산양면 존도1리에 공의 유허비(遺墟碑)가 있으며, 묘소는 이안면 양범 내동 계좌(癸坐)에 쌍분으로 안장하였다.

13세 진사공(進士公) 강준(濬)

자는 언시(彦施), 1531년(신묘)에 진사가 되었지만, 일찍 별세하였다. 보통사람들보다 재주가 뛰어났다고 한다. 묘소는 이안면 양범내동 간좌(艮坐)에 안장하였다가 2003년 진사공[휘 택(澤)] 묘하 계좌(癸坐)로 이장하였다. 배위는 의인 인동장씨이다. 1587년(정해)에 75세의 향수로 별세하였고, 묘소는 처음엔 공의 묘하에 안장했으나, 후일 공과 합장하였다.

13세 참봉공(參奉公) 강홍(鴻)

진사에 합격하였고, 제용감(濟用監) 참봉(參奉)을 지냈다. 묘소는 이안면 양범내동에 있으며, 배위는 端人(단인)으로 기록이 없어 확인이 불가함.

여서(女壻) 안승명(安承命)

광주인으로 현감을 지냈고, 4자(四子)를 두었으며, 장자(長子)는 진사 안종, 차자(次子)는 안관, 삼자(三子) 안용은 문과 급제하였고, 감사를 지냈으며, 사자(四子)는 안빈이다.

여서(女壻) 김선문(金善文)

광산인이며, 문과를 급제하였다. 1녀(女)를 두었고, 정랑인 서원 곽회준에게 출가하였다.

대사간공 종중의 과거 급제자

　과거제도는 국가를 다스리고 이끄는 인재를 선발하는 대표적인 제도이다. 과거제도는 소과(小科)와 대과(大科)로 구분되며, 소과는 생원시험, 진사시험, 사마(司馬) 양시 등을 말하는데, 이는 일종의 학문의 기본 단계를 통과하는 능력시험으로 이 시험에 입격했다 하여 곧 벼슬로 이어지는 것은 아니었다.
　그러나 통상 학문의 기본과정을 마치고, 이를 인정하게 되는 것이어서 자연스럽게 벼슬이 내려졌다. 물론 이때의 벼슬은 시험 결과에 따른 것은 아니었다. 또한 비록 소과를 통과하지 않았다 하여 벼슬을 못하는 것도 아니었으니, 음직(蔭職), 음서(蔭敍)라 하여 소과, 대과를 통과하지 않고도 벼슬을 시작할 수 있었으며, 고위 관직에 오를 수도 있었다. 또한 벼슬을 하지 않고도 기본 품계인 정5품 통덕랑이나 당상관에 해당하는 고위의 품계에 오르기도 하였다.
　그리고 수(壽)에 따라 정3품 통정대부의 품계와 더불어 그에 따른 벼슬이 내려지기도 하였다. 이것은 조선시대가 성리학을 학문의 기반으로 삼았고, 벼슬자리나 정치적 활동보다 오히려 학문 그 자체를 중시하는 도학정치 시대였기 때문이다. 따라서 벼슬자리에 연연하지 않았으며, 나라를 위해 기여하고 의사결정 등 권력의 행사가 필요하기 때문에 정권을 쥐고 벼슬을 추구한 것이다.

　대과(大科)는 문과와 무과가 있었으며, 이는 학문의 수준을 검증받고 자질과 능력을 평가받는 과정이었다. 더 이상 시험으로 평가받을 필요가 없는 단계이니 그때에는 마음껏, 벼슬도 하고 그 이상의 학문을 계속하게 되기도 한다.
　물론 문과와 무과를 통과하면 우선하여 요직에 관직을 내리고 어느 정도 출세 길이 보장되는 것이니, 학문과 벼슬 두 가지를 모두 얻을 수 있는 중요한 시험제도라 할 수 있다.

 조선 500년간 상신(相臣) 366명 중 무과 급제자 출신 7명, 음보(蔭補)와 유일(遺逸)을 통해 상신이 된 29명을 제외하면 문과 급제자가 330명이었다. 문과 급제는 문신이 될 수 있는 주된 등용문이라 할 수 있었다.

 국조방목(國朝榜目)의 기록에 의거하여 대사간공파 선조들의 문과 급제 현황을 정리하였다. 대사간공 종중의 선조들은 문과에서 38명(소과 장원 5명, 문과 34명, 진흥군(강신)은 소과 장원과 문과 장원급제), 무과에서 9인 등 문·무과 급제자가 모두 47명이었다.

 또한 사인공의 경우, 3대와 4대 문과 급제가 총 3차례나 있었다. 당대로도 어려운 문과급제를 사인공-정정공(강사상)-승지공(강서), 사인공-진원군(강사안)-진흥군(강신)-진릉군(강홍립), 사인공-소암공(강사필)-청천공(강연)-도촌공(강홍중) 등 사인공의 장자(長子) 정정공은 3대가 문과 급제이며, 차자(次子) 진산부원군(강사안)과 3자(子) 소암공(강사필)은 4대가 문과에 급제하였다. 그리고 사인공의 손자 진창군(강인)의 7세인 강준흠은 장자 시영과 손자 국형, 차자(次子) 희영의 아들 우형, 3자 기영의 아들 문형, 그리고 증손(기영의 손자) 경희 등 4대에 걸쳐 6명의 문과 급제자가 배출되었다.

 또한 사인공(강온)은 4명의 아들 중 세 아들(사상, 사안, 사필)과 함께 문과에 급제하였고, 사인공의 장자 강사상은 4 아들 중 두 아들(강서, 강신)과 함께 문과 급제하였으며, 종가의 강박 계자 강필악의 두 아들(강세백, 강세륜)은 형제가 문과에 급제하였고, 진창군(강인)의 후손 강준흠은 장자 시영과 3명의 손자(국형, 우형, 문형)와 함께 문과에 급제하는 특별한 기록을 남겼다.

성명	生卒(생졸)년	字(자)	號(호)	급제년과 과거시험	주요 관직	비고
강형(詗)	1451-1504	詗之		1490(성종21) 문과	대사간. 증 이판	派 始祖
강온(溫)	1496-1533	粹然(수연)	淸臺	1525(중종20) 식년문과	홍문관정자 사간원 정언지평 의정부사인	永叔 3子
강사안(士安)	1523-1552	順之		1542(중종37) 정시문과	병조정랑	(溫 次子) 潛 嗣子
강사상(士尙)	1519-1581	尙之	月浦	1546(명종원년) 문과	우의정, 영중추부사	溫 長子
강사필(士弼)	1526-1576	景獻(경유)	笑庵	1555(명종10) 문과	入湖堂 부제학도승지 관찰사 동지정사	溫 3子
강신(紳)	1543-1615	勉卿	東皐	1567(명종22) 식년진사장원		士安嗣子 (士尙次子)
강서(緖)	1538-1589	遠卿	蘭谷	1569(선조2) 알성문과	좌승지 인천부사	士尙長子
강신(紳)	1543-1615	勉卿	東皐	1577(선조10) 문과장원	우참찬겸 지의금부사 호성원종공신 정헌대부 좌참찬 숭정대부 판중추부사 겸 지춘추관사 入耆社	士安嗣子 (士尙次子)
강연(綖)	1542-1617	正卿	菁川	1590(선조23) 증광문과	좌우승지 인천부사 첨지중추부사 동지정사 호성훈	士弼長子
강홍립(弘立)	1570-1627	君信	耐村	1597(선조30) 알성문과	진주사서장관 한성우윤 형조참판 순검사 진릉군 5도도원수	진흥군 (紳) 次子
강홍중(弘重)	1577-1642	在甫	道村	1606(선조39) 문과	좌우승지 강원관찰사 일본통신사부사	綖 次子
강전(瑑)	1607-1676	仲泗		1633(선조) 생원시 장원	파주목사	弘重次子
강석빈(碩賓)	1631-1691	渭師		1662(현종3) 증광문과	공조참판 교동수사 가선대부대사성 도승지 진선군	珼 長子

이름	생몰년	자	호	과거	관력	비고
강석구 (碩耉)	1632-1690	渭望		1663(현종4) 문과	양사마 아장(사간집의) 장연부사 남한보 간행	弘重次孫
강영 (楧)	1661-1707	子敏		1696(숙종22) 전시문과장원	병조정랑 판관 영남도사	碩老3子
강필보 (必輔)	1684-1718	啓周		1710(숙종36) 증광문과	좌랑 감찰 평안도사	櫟 長子
강필경 (必慶)	1680-1750		獻窩	1713(숙종39) 증광문과	삼사 지제교 예문관응교 록분무원종훈1등 통정대부	檍 長子
강박 (樸)	1690-1742	子淳	菊圃	1716(숙종41) 식년문과을과	수찬교리 함종부사 통정대부 홍주목사	석번 長子
강필신 (必愼)	1687-1756	思卿	慕軒	1718(숙종44) 식년문과	장령 청주목사 첨지 중추부사 원종훈	楧의 嗣子
강필구 (必龜)	1684-1763	禮卿	畦隱 (휴은)	1722(경종2) 정시문과	전적 예조병조좌랑 창평현감 가선대부 동지중추부사	樺의 長子
강항 (杭)	1702-1787	而直	市北	1726(영조2) 문과	좌랑 사직 정헌대부 지중추부사 入耆社	碩耉의子
강백 (栢)	1690-1777	子靑	愚谷	1714진사장원 1726(영조2) 별시문과장원	정산현감 壽 통정대부 가선대부 한성우윤 겸 동지의금부사 5위도총 부부총관 88세	弘重曾孫 斌 孫子 碩周 子
강필문 (必文)	1687-1732	質卿		1731(영조7) 정시문과	홍문관正字 승정원注書	植 5子 祖父 碩老
강필리 (必履)	1713-1767	錫汝	耕讀子	1747(영조23) 문과	승지 대사간 순천 동래부사	橋 長子
강필교 (必敎)	1722-1798	幼方	淸峯	1750(영조26) 전시진사장원	의금부도사 통훈대부 전의 정산현감 壽통정대부 첨지중추 부사(1794)	橋 系子 生父 楷 次子
강필면 (必勉)	1721-?	誠之	敬庵	1753(영조29) 식년생원장원	不仕(廢擧業) 實學專念	楷 次子
강세응 (世鷹)	1746-1821	揚老 (양노)	磊庵 (뇌암)	1780(정조4) 식년문과	성균관전적 감찰 이조좌랑 정언 지평 장령 사간 경성판관	梲(절)孫子 必玉 次子

이름	생몰	자	호	급제	관력	비고
강세백 (世白)	1748-1724	清之	皓隣 (호린)	1792(정조16) 도산응제장원 1794(정조18) 정시문과	홍문관교리 사헌부장령 지평 홍문관 응교 지제교 겸 경연시독관 춘추관편수관 (宗事진력)	必岳長子 진종성헌 선세족친 행적
강세륜 (世綸)	1761-1842	文擧	芝園	1783(정조7) 증광문과	헌납 장령 강동현감 종성부사 대사간 병조참판	必岳 3子 지원집
강세규 (世揆)	1762-1833	公叙 (공서)	競菴 (경암)	1786(정조10) 식년문과	전적 예조좌랑 사헌부 감찰 경상도사 이조정 랑 헌납 장령 집의	必烱3子 유고집
강준흠 (浚欽)	1768-1818	百源	三溟	1794(정조18) 정시문과	삼사 승정원 동부승지겸경연참찬관	世靖長子
강시영 (時永)	1788-1868	汝良	星沙	1820(순조25) 문과	3사 승정원 양관제학 이조판서 우찬성 서장관 정사 3회 연경 諡문헌공	浚欽長子
강문영 (文永)	1810-1877	孝思 (宇熙)	謙山	1852(철종3) 식년시 생원장원	순릉참봉 화순현감 (有 文集)	景欽系子 生父哲欽 杭의현손
강난형 (蘭馨)	1813- ?	芳叔	海蒼	1848(헌종14) 증광문과	삼사(대사간, 대사헌) 좌부승지 도승지 대사성 이조참의 한성부판윤 황해도관찰사 형조판서 진향정사	岳欽孫子 魯泳子 (生父文欽)
강국형 (國馨)	1837-1870	光輔		1859(철종10) 증광문과	응교(조졸)	浚欽孫子 時永次子
강문형 (文馨)	1831-1895	德輔	蘭圃	1869(고종6) 정시문과	승지 서장관(연경) 이(예)조참판 일본시찰단원	浚欽孫子 基永長子
강우형 (友馨)	미상		小溟	1874(고종11) 증광문과	삼사 승지 궁내부특진관(정2품)	浚欽孫子 羲永(浚欽 次子)次子
강경희 (敬熙)	1858-1922	聖一	有堂	1885(고종22) 증광문과	삼사 승지 부제학 贊議(종2품)	生父文馨 晩馨系子 浚欽曾孫
문과 급제자(소과 장원 5인 포함)						38인

	무과급제자(휘 홍의 후손)					5인	
강홍심(弘深)	미상	輔忠		무과	先達(선달)		士壽孫子(父 維)
강홍섭(弘涉)	미상	輔孝		무과	先達(선달)		士壽孫子(父 維)
강윤(玧)	미상			무과	先達(선달)		祖父 維 父 弘涵
강위(瑋)	미상			무과	先達(선달)		祖父 維 父 弘深
강증(璔)	미상			무과	主簿(주부)		祖父 維 父 弘涉
	무과급제자(휘 택의 후손)					1인	
강홍신(弘愼)	未詳(미상)			무과	사제감 첨정		士孚公 系子 績4子
	무과급제자(휘 온의 후손)					3인	
강민(珉)	1640-1683	君玉		1667(현종8) 무과	장원서 별제 사헌부감찰		弘益 4子
강석망(碩望)	1656-1723	遠甫		1690(숙종16) 무과	가선대부(종2품) 초산부사		璘次子
강심(㯟)	1707-1747	季普	梅墅(매서)	1746(영조22) 무과	先達 未仕宦中 卒		碩厚4子
	무과 급제자					총 9인	
	문.무과 급제자					총 47인	

13세 선조별(澔·澤·溫·鴻) 급제자 현황

世(세)	성명(諱)	號(호)	父(諱)	급제년	비고
●진사공 강 澤(택) 등제자(문과)					
19	강 杭(항)	市北	碩耆	1726(영조2)	지중추부사 入耆社
21	강世鷹(응)	磊菴(뇌암)	必玉	1780(정조4)	장령 사간 경성판관
21	강世綸(륜)	芝園	必岳	1783(정조7)	장령 대사간 병조참판
21	강世揆(규)	競菴(경암)	必炯	1786(정조10)	헌납 집의
21	강世白(백)	皓隣(호린)	必岳	1792(정조16) 도산응제장원 1794(정조18)	지평 응교
23	강文永	謙山	경흠	1852(철종3)	화순현감 (杭의 현손)
문과 등제자 (6인)					
진사공 강 澤(택) 등제자(무과)					
16	강弘愼		績(士孚系 子) 4子	무과 등제	사재감 첨정
문.무과 등제자 총 (7인)					
●사인공 강 溫(온) 등제자(문과)					
13	강온(溫)	淸臺	永叔	1525(중종20)	청요직역임 사인 문신정시3회 장원
14	강사안 (士安)	(字)順之	澔 (生父)溫	1542(중종37)	정랑 진산부원군 澔(系子)
14	강사상 (士尙)	月浦	溫	1546(명종원년)	右相정정공진산부원군
14	강사필 (士弼)	笑庵	溫	1555(명종10)	入湖堂도승지 관찰사
15	강신 (紳)	東皐	士安 (生父士尙)	1567(명종22)	식년진사장원

15	강서(緖)	蘭谷	士尙	1569(선조2)	좌승지 인천부사
15	강신(紳)	東皐	士安 (生父士尙)	1577(선조10)	문과장원 좌찬성 판중추부사 평난공신 진흥군 入耆社
15	강연(綖)	菁川	士弼	1590(선조23)	좌승지도승지원종훈(사필)
16	강홍립 (弘立)	耐村	紳	1597(선조30)	한성우윤 형참 진령군 5도 도원수
16	강홍중 (弘重)	道村	綖(연)	1606(선조39)	승지 동지사 강원감사 일본 통신부사 (사필)
17	강전(瑔)		弘重	1633(인조11)	한성부서윤 파주목사
18	강석빈 (碩賓)	(字)渭師	頊(욱)	1662(현종3)	참판 대사성 도승지 晉善君 (사필)
18	강석구 (碩耈)	(字)渭望	급(玖)	1663(현종4)	사간집의장연부사재임시 남한보간행참여 (사필)
19	강영(模)	子敏	碩老	1696(숙종22)	문과장원 병조정랑 판관 영남도사 (사필)
20	강필보 (必輔)	啓周	櫟(력)	1710(숙종36)	좌랑감찰평안도사 (사상. 진창군)
20	강필경 (必慶)	獻窩 (헌와)	檍(억)	1713(숙종39)	예문관응교 분무원종훈1등
19	강박(樸)	菊圃	碩蕃 (生父碩勛)	1715(숙종41)	절일제시장원, 식년문과 전시을과6인 홍주목사 (入系嗣)
20	강필신 (必愼)	慕軒	模(영)	1718(숙종44)	정언장령 서천군수 진주목사 원종훈1등공신 (이인좌난)
20	강필구 (必龜)	畦隱 (휴은)	후(樺)	1722(경종2)	예조.병조좌랑 현감 수 동지중추부사
19	강백(栢)	愚谷	碩周	1726(영조2)	정시문과장원한성우윤겸 동지의금부사 도총부부총관

20	강必文	質卿	植(식)	1731(영조7)	정시문과 정자 주서
20	강必履	耕讀子	楮(전)	1747(영조23)	승지 대사간 순천 동래부사
20	강必敎	(字)幼方	檇(취) (生父楮)	1750(영조26)	전시진사시장원 전의 정산 현감 수 통정대부 첨추사
20	강必勉	敬庵	楷(해)	1753(영조29)	식년시생원장원 隱遁(은둔)
22	강浚欽	三溟	世靖	1793(정조17)	고부사 서장관 수안군수 동부승지
23	강時永	星沙	浚欽	1820(순조25)	사은사서장관 한성판윤 형조판서 동지사정사 대사헌 진하정사 예조판서공조판서 우찬성 문헌공 입기당
24	강蘭馨	海蒼	魯永	1843(헌종9)	도승지 관동,해서관찰사 형조판서 진향사
24	강國馨	(字)光輔	時永	1852(철종10)	주서 응교
24	강文馨	蘭圃	基永	1869(고종6)	승지 이조참판 경기관찰사 서장관 일본시찰단
24	강友馨	小溟	羲永	1874(고종11)	삼사승지판서봉상시제조 궁내부특진관(정2품)
25	강敬熙	有堂	晚馨 (生父文馨)	1885(고종22)	삼사승지 부제학 찬의(종2품)
문과 등제자 (31명)					

			사인공 강 溫(온) 등제자(무과)		
17	강 珉(민)	(字)君玉	弘益 祖父 統	1667(현종8)	무과 장원서별제 사헌부감찰
18	강碩望	(字)遠甫	璘(인) 祖父弘益	1690(숙종16)	무과 초산부사 가선대부(종2품)
19	강 橘(심)	梅墅 (매서)	碩厚 祖父弘益	1747(영조23)	무과 사환을 시작하기 전 사망
			무과 등제자 (3명)		
			문.무과 등제자 총 (34명)		

			●참봉공 강 鴻(홍) 등제자(무과)		
16	강弘深	(字)輔忠	維(유) 祖父士壽	무과	先達(선달) (증조 鴻 고조 永叔)
16	강弘涉	(字)輔孝	維(유) 祖父士壽	무과	先達(선달) (증조 鴻 고조 永叔)
17	강 玧(윤)		弘涵(함) 祖父維	무과	先達(선달) (증조 士壽 고조 鴻)
17	강 瑋(위)		弘深(심) 祖父維	무과	先達(선달) (증조 士壽 고조 鴻)
17	강 璯(증)		弘涉(섭) 祖父維	무과	주부 (증조 士壽 고조 鴻)
			무과 등제자 (5명)		
			대사간공 종중 문.무과 총 급제자(대사간공 포함) 47명		

대사간공(訶)의 후손(세계도)

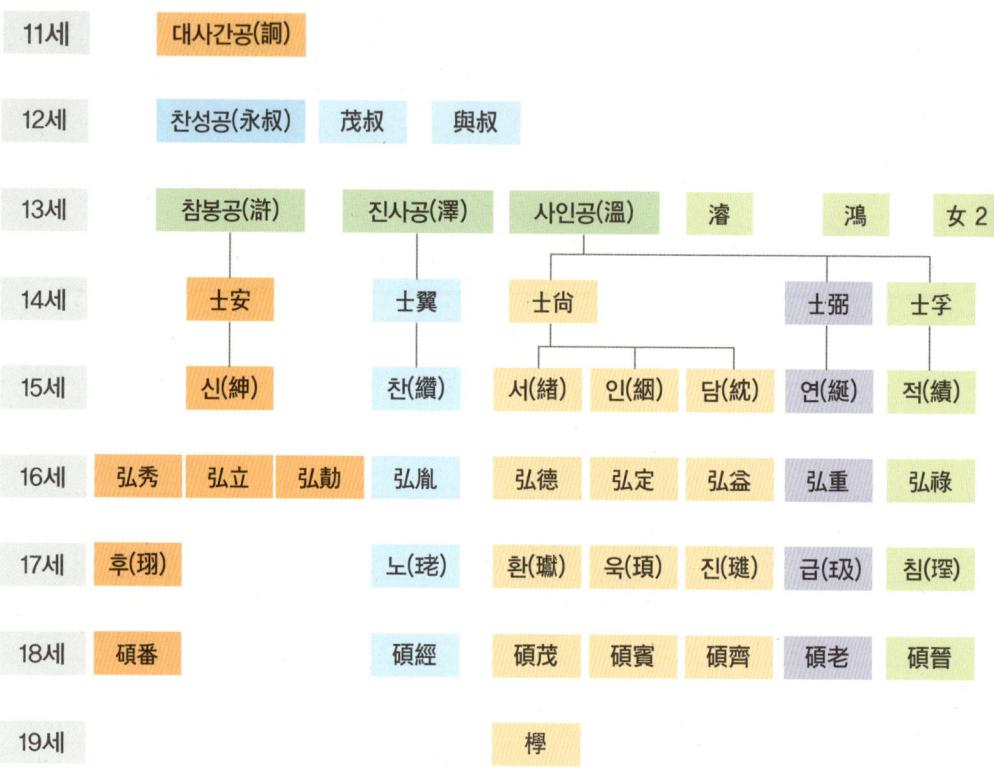

찬성공의 장자(長子) 참봉공 강호(許)의 후손(종계)

- 14세 (1) 진산부원군 강사안(士安)
- 15세 (2) 진흥군 강 신(紳)
- 16세 (3) 승지공 강홍수(弘秀)
         (4) 진령군 강홍립(弘立)
         (5) 서윤공 강홍적(弘勣)
- 17세 (6) 진사공 강 후(珝)
- 18세 (7) 참의공 강석번(碩番)

(1) 14세 진산부원군(晉山府院君) 강사안(士安)

1523년(중종, 계미)에 출생하고, 1552년(명종, 임자)에 향년 30세로 별세하였다. 생부는 온(溫). 자(字)는 순지(順之)이며, 1540년(경자) 18세에 진사 시 입격, 1542년(임인) 20세에 문과에 등제하고, 한림 주서, 병조정랑 등을 역임하고, 1552년(임자) 정월 18일 작고하니 증순충보조공신 보국숭록대부영의정 진산부원군(贈純忠補祚功臣 輔國崇祿大夫 領議政 晉山府院君)에 추증되었다.

배위는 증 정경부인 풍천임씨이다. 묘소는 상주 이안면 양범리 내동 선영에 상하분으로 모시다.

(2) 15세 진흥군 강신(紳)

진흥군 강 신(姜紳)은 1543년(중종, 계묘)에 출생, 1615년(광해군7, 을묘) 음(陰) 12월 23일 향년 73세로 작고하였다. 나라에서는 추충분 의평난공신 대광보국숭록대부 의정부 영의정 겸 영경연사 홍문관사 예문관사 춘추관사 관상감사 세자사 진흥부원군(推忠奮義平難功臣 大匡輔國崇祿大夫 議政府 領議政 兼 領經筵事 弘文館事 藝文館事 春秋館事 觀象監事 世子師 晉興府院君)으로 추증하였으며, 의간(毅簡)을 시호(諡號)로 하사하였다.

자는 면경(勉卿), 호는 동고(東皐), 애련재(愛蓮齋)이며, 1567년(명종말년, 정묘) 진사시에 장원(首席) 합격, 1577년(선조10, 정축) 별시문과(別試文科)에서도 갑과(甲科)로 장원하였다. 1589년(선조22, 기축) 의정부 검상(檢詳, 정5품), 사인(정4품)이 되었고, 그해 발생한 정여립의 모반사건을 평정하고 옥사가 마무리되면서 공은 평난공신 3등에 오르며 진흥군(晉興君)에 봉해졌다. 1590년(선조23, 경인)에 승정원 동부승지, 홍문관 부제학이 되었으며, 동년 8월에 추충분의평난공신(推忠奮義平難功臣)에 책훈되었다.

1591년(선조24, 신묘)에 내간상(內艱喪)을 당하여 관직을 사퇴하고 시묘(侍墓)하던 중, 다음해인 1592년(선조25, 임진) 4월 13일 왜적이 조선을 침입하며 임진란을 일으키자, 조정에서는 공에게 복귀 명령과 함께 병조참의(兵曹參議) 교지가 내려졌으며, 공은 사퇴하고자 하였으나 조정은 허락하지 않은 가운데, 공은 시묘 중이던 상주 일원의 친족들을 모두 상경하게 하고 서울의 가족들과 함께 문중 전 권속(全眷屬) 일백여 인(百餘人)을 이끌고, 이미 임종 전에 신감(神鑑)을 하여 미래를 예언한 백씨[승지공, 휘(諱) 서(緖)]의 간곡한 유계(遺戒)에 따라 강원도 이천(伊川) 땅으로 피난하였다.

가족들과 강원도에 피난 중이던 공에게 선조는 강원도 관찰사를 겸직으로 제수하게 되니, 공은 이 지역을 침입하는 왜적을 물리쳐 공을 세웠을 뿐만 아니라, 관원들을 직분에 충실하게 하고 백성들은 생업에 종사하도록 지역을 잘 관리하였다.

진흥군 휘 신(紳)은 이 공으로 가선대부 병조참판(嘉善大夫 兵曹參判)으로 승진 하였으며, 강원도 관찰사를 겸직하였다. 1594년(선조27, 갑오)에 승정원 동부승지, 그리고 승문원 제조(提調)를 겸직하였으며, 동년

9월에 병조참판, 동년 11월에 도승지가 되었다. 1595년(선조28, 을미) 형조참판, 동년 6월에 가의대부(종2품 상계) 겸 진흥군(嘉義大夫 兼 晉興君)으로 승(陞) 품계(品階)되었다.

1596년(선조29, 병신) 접대도감, 병조참판, 병조참판 겸 서북면 순검사, 도성수선임(都城修繕任), 접대도감 등을 역임하였으며, 1597년(선조30, 정유)에는 사간원 대사간, 호조참판 겸 접대도감, 참찬관(參贊官), 세자우빈객, 이조참판, 이조참판 겸 동지춘추관사를 지냈다.

공은 오랜 기간 접대도감을 겸임하면서 당상관으로서 명나라 원군의 장관들과 분주히 교류하며 연락과 접대를 통해 이들 모두로부터 환심을 받았다고 한다. 공은 동년(1597년) 대사헌, 이조참판이 되었고, 1598년(선조31, 무술) 예조참판, 호조참판, 1599년(선조32, 기해) 형조참판, 1601년(선조34, 신축) 영흥부사, 1602년(선조35, 임인) 자헌대부(資憲大夫, 정2품)로 승차(陞差)하며 경기감사가 되었으며, 1605년(선조38, 을사) 호성원종(扈聖原從) 공신의 공으로 정헌대부((正憲大夫, 정2품 상계)가 되었고, 동년 7월 우참찬 겸 지의금부사(知義禁府事)가 되었다.

1609년(광해군원년, 기유) 우참찬, 1610년(광해군2, 경술) 좌참찬, 1612년(광해군4, 임자) 봄, 입기사(入耆社, 耆社에 들어가심) 및 참맹(參盟) 회원이 되었으며, 숭정대부판중추부사 겸 지춘추관사(崇政大夫判中樞府事 兼 知春秋館事)가 되었다. 부조사당(不祧 祠堂)을 명받았고, 사우(祠宇)는 경북 상주군 상주읍 신봉리 봉대에 있다. 선조 말인 1595년(선조28) 음 정월 2일부터 광해군 초(1613년, 광해군5년 음 12월)까지 18년 동안 공이 보고 들은 정계동정(政界動靜)을 일기 식으로 기록한 『진흥군일기(晉興君日記)』가 유전(遺傳)되고 있다.

배위는 정경부인 동래정씨(1542년 임인~1621년 신유).

(3) 16세(十六世) 승지공(承旨公) 강홍수(姜弘秀)

1563년(명종, 계해)에 출생하고, 1593년(선조, 계사) 1월 9일에 작고하였다. 진흥군 신(紳)의 장자(長子)이다. 자(字)는 군실(君實)이며, 서사(筮仕)로 동복현감(同福縣監)을 역임하였다. 임진왜란에 참전하였고, 원종훈(原從勳)에 기록되었으며 좌승지(左承旨)로 추증되었다.

배위는 증(贈) 숙부인 능성구씨(1561년 신유~1614년 갑인).

(4) 16세(十六世) 진녕군(晉寧君) 강홍립(姜弘立)

자(字)는 군신(君信), 호는 내촌(耐村)이다.

평난공신으로서 의정부(議政府) 좌참찬(左參贊)이며 숭정대부 판중추부사 겸 지춘추관사(崇政大夫 判中樞府事 兼 知春秋館事), 시호 의간공(毅簡公)으로, 대광보국숭록대부의정부영의정 겸 영경연사 홍문관사 예문관사 춘추관사 관상감사 세자사 진흥부원군(推忠奮義平難功臣 大匡輔國崇祿大夫 議政府 領議政 兼 領經筵事 弘文館事藝文館事春秋館事觀象監事 世子師 晉興府院君)에 추증된 휘(諱) 신(紳)의 차자(次子)로서, 1570년(선조7, 경오)에 출생하였다. 성장기 때부터 신체적 조건이나 학업의 이해도와 진척 수준이 남과 달랐으며, 유생임에도 무예에 뛰어난 기량을 갖추어 문무(文武)를 겸비하였다.

1589년(선조22, 기축) 20세에 진사에 입격하였고, 음사(蔭仕)로 도사(都事)에 이르렀으며, 1597년(선조30, 정유)에 알성문과(謁聖文科)에 을과(乙科)로 급제하였다. 같은 해(1597년) 예문관 봉교(奉敎), 시강원(侍講院) 설서(說書), 1598년 예문관 검열(檢閱), 1599년 함경도 도사, 1601년 성균관 전적(典籍), 공조정랑, 1602년 사헌부 장령, 홍문관 수찬, 1604년 홍문관 교리, 성균관 사예(司藝) 등을 거쳐, 1605년 도원수 한준겸의 종사관이 되었다.

1606년(병오) 어전통사(御前通事), 예조정랑, 홍문관 부교리, 성균관 직강(直講)이 되었으며, 1607년 내자사정(內資寺正), 홍문관 수찬, 1608년 세자시강원 보덕(世子侍講院 輔德) 등 선조 말까지 동반(東班)의 여러 관직을 두루 역임하였다.

광해 즉위년인 1609년(광해 원년, 기유)에 주청사(奏淸使) 정사(正使) 이덕형과 함께 서장관(書狀官)으로 명나라에 다녀왔다. 광해주(光海主)는 임란으로 인하여 쇠잔해진 국력에 따른 국내 정세의 불안정과 명(明)·여진 등의 국제정세의 변화에 대한 대처에 적절한 인재를 발굴하고자 하였으며, 이항복과 이덕형 등에게 마땅한 인재를 천거토록 하니, 문무를 겸비하였고, 시국에 대한 올바른 견해와 과단성을 지녔으며, 임기응변에 능하고 현명한 전략을 세울 수 있는 적임자로 공을 천거하였다.

공은 1609년 6월 한성부 우윤에 임명되었고, 동년 10월 함경도 남도 병마절도사에 배명되었다. 1610년 황주목사, 1611년(신해) 수원부사, 차견사(差遣使) 겸 방어사, 1614년 순검사(巡檢使)를 역임하였다. 1618년(무오) 4월 진녕군(晉寧君)에 봉해졌으며, 동년 윤4월에 5도(五道) 도원수(都元帥)가 되었고, 동년 7월 형조참판이 되었다. 같은 해(1618년) 명나라가 요동을 침략한 후금을 토벌하는 전쟁에 지원군을 요청하자 조정에서는 지원병을 보내기로 하였으며, 공은 5도 도원수(都元帥)가 되었다.

다음해인 1619년(광해11, 기미) 공은 부원수 평안병사 김응서와 함께 13,000명의 지원부대를 이끌고 명군(明軍)을 돕기 위해 참전하게 되었다. 그러나 당초 광해군과 이이첨 등은 더욱 강성해지는 후금과의 관계를 염려하여 도원수인 공에게 "조선은 대의명분상 어쩔 수 없이 출병하는 것이며, 후금과 적대할 의도가 없으니 적당한 시기를 보아 향배(向背)를 잘 택하라."는 밀지를 사전에 은밀하게 내렸다.

이것은 명나라와 원수가 될 수 없어 출병하는 것뿐이며, 후금에게는 도전할 의사가 없으니, 적당한 시기에 투항하라는 의사표시였다. 이와 같은 왕의 밀지는 인조반정으로 광해군이 폐위될 때, 김대비(金大妃)의 교서에서 밝혀짐으로써 확인된 바 있으며, 공의 부대에서 종군한 장수인 이민환(李民寏)의 종군기록인 『책중일기(柵中日記)』에서도 "조선이 출병한 것은 부득이한 사정 때문이다."라는 내용을 후금에 전달하였다고 기록하고 있는 것을 통해서도 확인되고 있다.

1619년, 조선의 지원군은 명의 유정(劉綎) 도독과 연합한 작전에서 8천 명에 가까운 병사를 잃고, 후금에 투항하게 되었다. 후금에서는 얼마 후 공을 포함하여 조선의 장수 10여 명을 볼모로 잡은 뒤, 나머지 군사들은 모두 조선으로 돌려보냈다. 그리고 광해군에게는 "조선이 출병한 것은 부득이한 일이었다는 것을 알고 있으며, 분명히 후금과 조선은 아무 틈도 없으며, 조선의 장수 10여 명을 잡아둔 것은 오직 조선 국왕의 체면을 위해서이다."라는 국서가 전해졌다.

이처럼 당시의 후금은 조선의 입장을 잘 이해하고 있었으며, 조선에 대하여 화호(和好)를 청해 오기도 하였다. 그러나 조선 조정의 일부 대신들은 명나라와 화친하는 것만을 능사로 알고 후금과의 화호(和好)를 반대하고 후금에 항복한 강홍립 도원수의 가족들을 처벌할 것을 주장하기도 하였다.

1627년(인조5), 후금이 정묘호란으로 조선을 침공하자 임금과 조정은 강화도로 피신하였으며, 이때 후금 군대와 함께 입국한 도원수 강홍립 장군은 후금과 조선과의 강화를 주선하여 후금의 군대가 곧바로 철수하도록 하는 데 기여하였다. 그러나 국내에 머물게 된 도원수는 조정으로부터 역신으로 몰려 관직을 삭탈(削奪)당하였으며, 같은 해 7월 27일 작고하였다. 그 후 인조는 모두 복관작(復官爵)하도록 명하였다.

배위는 정부인 전주황씨, 묘소는 서울 관악구 난곡 진주강씨 선영 자좌(子坐)이다.

(5) 16세(十六世) 서윤공(庶尹公) 강홍적(姜弘勣)

진흥군 휘 신(紳)의 3자(三子)이며, 자는 군무(君懋), 호는 난은(蘭隱)이다. 1580년(선조, 庚辰) 4월 3일 출생, 1626년(인조, 병인) 4월 8일 향년 46세로 작고하였다. 1609년(광해군1, 기유) 진사시(증광시 생원 2등)에 합격하였고, 1610년(경술) 의금부도사, 1611년(신해) 세자익위사(世子翊衛司) 부솔(副率), 1612년(임자) 좌익위, 1613년(계축) 공조, 형조 좌랑, 1614년(갑인) 호조좌랑, 1615년(을묘) 양천현감, 1618년(무오) 금성군수, 1623년(계해) 중추부경력, 1624년(갑자) 이괄의 난 평정 이후, 원종훈(原從勳)에 선정되었고, 한성부 서윤(庶尹)이 되었다.

  1625년(을축) 가평군수를 역임하였고 다음해인 1626년(인조, 병인) 4월 8일 향년 46세로 작고하였다. 배위는 숙인 남양홍씨이며, 묘소는 서울 관악구 신림동 난곡 선영 유좌(酉坐)이다.

(6) 17세(十七世) 진사공(進士公) 강후(姜珝)

  승지공 홍수(弘秀)의 아들이며, 생부는 홍적(弘勣)이다. 1602년(선조, 임인)에 출생하였고, 1628년(무진)에 작고하였다. 자는 숙옥(叔玉)이며, 1624년(갑자)에 진사에 합격하였으며, 사복시정(司僕寺正)에 추증되었다. 배위는 증 숙인 남양홍씨(?~1644년 갑진)이다. 묘소는 서울 관악구 신림동 난곡선영 병좌(丙坐)이다.

(7) 18세(十八世) 참의공(參議公) 강석번(姜碩番)

  승지공 홍수(弘秀)의 손자(孫子)이며, 진사공 후(珝)의 아들(子)이다. 생부는 원주공 침(琛)이며, 1657년(효종, 정유)에 출생하고, 1717년(정유) 1월 30일에 작고하였다. 자(字)는 성보(盛甫)이며, 이조참의(吏曹參議)에 추증되었다. 배위는 증(贈) 숙부인 용인이씨(1655년 을미~?)이며, 묘소는 서울 관악구 신림동 난곡선영 묘좌(卯坐)이다.

찬성공의 차자(次子) 진사공 강택(澤)의 후손들

- 14세 (1) 사용공 강사익(士翼)
- 15세 (2) 학생공 강 찬(纘)
- 16세 (3) 승지공 강홍윤(弘胤)
- 17세 (4) 학생공 강 노(珞)
  - (5) 학생공 강 명(珆)
  - (6) 학생공 강 규(珪)
  - (7) 참판공 강 균(玧)
- 18세 (8) 학생공 강석경(碩經)
  - (9) 판서공 강석기(碩耆)

(1) 14세 사용공(司勇公) 강사익(士翼)

자는 익지(翼之)이며 생졸연도는 기록이 없다. 전력(展力) 부위(副尉) 사용(司勇)을 역임하였다. 배위는 문화류씨이고, 묘소는 상주 낙동면 물량리 건좌(乾坐)이며. 조비(祖妣) 익산이씨 부(父) 목사 정양지묘(貞陽之墓) 남(南) 30보에 있으며, 외손으로서 익산이씨의 묘소를 관리하며 향사하였다.

(2) 15세 학생공(學生公) 강찬(纘)

자(字)는 백술(伯述)이며 사용공(휘 사익)의 아들이다. 정확한 생졸(生卒) 연도를 알 수 없다. 배위는 상산황씨이며, 묘소는 상주 낙동면 물량리 유좌(酉坐) 합폄(合窆). 선외조(先外祖) 익산이씨 목사공(牧使公) 정양지묘(貞陽之墓) 남(南) 계하(階下)이며, 상석(床石)이 전해지며, 8세 방손 우찬성(右贊成) 시영(時永)이 상석(床石) 표서(表書)하였다.

(3) 16세 승지공(承旨公) 강홍윤(弘胤)

1609년(기유)에 태어나 1664년(갑진)에 별세하였다. 학생공 강찬(纘)의 아들이며, 생부는 구봉공(龜峯公) 적(績)이다. 자(字)는 경휴(景休), 호(號)는 야일당(野逸堂)이다. 좌승지(左承旨) 겸 경연참찬관(經筵參贊官) 수찬관(修撰官)에 추증되었다.

배위는 증 숙부인 성주이씨와 증 숙부인 전의이씨이며, 묘소는 문경 가은읍 저음리 산 1번지 을좌(乙坐)에 합폄(合窆)하였고, 전의이씨의 묘소는 상주 이안면 양범리 내동 壬坐(임좌)이다.

(4) 17세 학생공(學生公) 강노(珞)

1627년(인조, 정묘)에 태어나 1691년(신미)에 별세하였다. 휘 홍윤(弘胤)의 장자(長子)이며, 자(字)는 배경(裵卿)이다. 진보현감 진(璡), 규(珪), 석경(碩經) 등과 함께 추원재(追遠齋)를 건립하였다. 배위는 진보이씨(1627년~ ?)이며, 묘소는 문경 가은읍 저음리 산 1번지 선고 묘하 을좌(乙坐)이다.

(5) 17세 학생공(學生公) 강명(珆)

1636년(인조, 병자)에 태어나 1709년(을축)에 74세로 별세하였다. 자(字)는 미경(美卿)이다. 배위는 한양조씨(? ~1654년)이며 휘 석경(碩經)을 생육(生育)하였고, 배위 광산김씨(? ~1701년)는 휘(諱) 석사(碩師) 석정(碩楨) 등을 생육(生育)하였다. 묘소는 상주 낙동면 물량리 산 66 나각산 건좌(乾坐)이다.

(6) 17세 학생공(學生公) 강규(珪)

1646년(인조, 병술)에 태어나 1710년(경인)에 65세로 별세하였다. 자(字)는 신경(信卿)이다. 진보현감 휘(諱) 진(璡), 노(珞), 석경(碩經) 등과 추원재(追遠齋)를 건립하였다. 배위는 의령남씨이며, 묘소는 상주 송현 자좌(子坐)이다.

(7) 17세 참판공(參判公) 강균(玽)

1652년(효종, 임진)에 태어나 1725년(을사)에 74세로 별세하였다. 자(字)는 헌경(獻卿), 호는 소리정(素履亭)이다. 가선대부 호조참판에 추증되었다. 배위는 증(贈) 정부인 정선전씨(旌善全氏)(1654년~1720년)이다. 묘소는 상주 모동면 판계산 병좌(丙坐)이며, 현손 병조참판 세륜(세륜)이 묘갈명을 찬(撰)하고, 현손 참봉 세언이 전(篆), 5대손 생원 철흠(哲欽)이 서(書)하였다.

(8) 18세 학생공(學生公) 강석경(碩經)

1654년(효종, 갑오)에 태어나 1705년(숙종, 을유)에 52세로 별세하였다. 사용공(司勇公) 휘(諱) 사익(士翼)의 현손이며, 노(珞)의 계자이다. 생부는 명(珞)이며, 자(字)는 대수(大受)이다. 종숙(從叔) 진보현감 진(璡), 부(父) 노(珞), 숙부(叔父) 규(珪) 등과 추원재(追遠齋)를 건립하였다. 배위는 진성이씨이며, 묘소는 상주 이안면 양범리 내동 해좌(亥坐) 쌍분으로 안장하였다.

(9) 18세 판서공(判書公) 강석기(碩耆)

1684년(숙종, 갑자)에 태어나 1707년(숙종, 정해)에 24세로 별세하였다. 균(均)의 5자(五子)이며, 자(字)는 문수(文叟)이다. 아들 항(杭)이 귀(貴)하게 되어 정헌대부 호조판서 겸 지의금부사 5위도총부 도총관에 추증되었다. 배위는 증 정부인 영천최씨이며, 묘소는 상주 모동면 판계산 병좌(丙坐) 합부하였다.

찬성공의 삼자(三子) 사인공 강온(溫)의 후손들

- 14세 (1) 정정공 강사상(士尙)
- 15세 (2) 승지공 강서(緖)
  - (3) 진창군 강인(絪)
  - (4) 여산공 강담(紞)
- 16세 (5) 찬성공 강홍덕(弘德)
  - (6) 승지공 강홍정(弘定)
  - (7) 신계공 강홍익(弘益)
- 17세 (8) 통덕랑공 강환(瓛)
  - (9) 진남군 강욱(頊)
  - (10) 진보공 강진(瑨)
  - (11) 연기공 강인(璘)
  - (12) 원주공 강침(琛)
  - (13) 감찰공 강민(珉)
  - (14) 목사공 강언(琂)
- 18세 (15) 봉사공 강석무(碩茂)
  - (16) 진선군 강석빈(碩賓)
  - (17) 첨지중추부사공 강석제(碩齊)
  - (18) 첨지중추부사공 강석후(碩厚)
  - (19) 부사공 강석망(碩望)
  - (20) 진사공 강석준 (碩俊)
  - (21) 목천공 강석태(碩泰)
  - (22) 통덕랑공 강석행(碩行)
- 19세 (23) 통덕랑공 강학(欅)
  - (24) 유정공 강취(檇)

(25) 진사공 강전(㙉)
(26) 진사공 강숙(㙜)
(27) 통덕랑공 강휘(㫉)

(1) 14세 정정공(貞靖公) 강사상(士尙)

정정공 강사상은 1519년(중종14)에 태어나 1581년(선조14)에 세상을 떠난 조선조의 문신이며, 사인공(溫)의 장자(長子)이다. 자는 상지, 호는 월포, 시호는 정정공(貞靖公)이다. 공은 1543년(중종3) 24세에 사마시에 합격하여 진사가 되었고, 1547년(28세)에 식년 문과에 병과로 급제하여 예문관 검열에 등용되었으며, 어머니 상사(喪事)로 3년상(喪)을 마친 후인 1549년에 예문관 봉교, 성균관 전적, 홍문관 부수찬에 이어, 1552년 사간원 정언, 헌납, 1555년에 의정부 사인, 홍문관 응교, 전한(典翰), 직제학, 부제학을 역임하였다. 1557년(명종12) 승정원 동부승지, 우부승지, 좌부승지, 우승지, 예조참의를 거쳐 홍문관 부제학이 되었으며, 1559년(명종14)에 도승지가 되었다. 1561년(명종16)에는 성절사(聖節使)로 명나라에 다녀왔다.

같은 해, 1561년에 형조참판이 되었고, 1562년에는 사헌부 대사헌으로 승진하였다. 1563년에는 부제학, 도승지, 사간원 대사간, 대사헌 등을 역임한 후, 1565년에 경상도 관찰사, 1566년에 동지중추부사, 1567년에 예조참판, 사헌부 대사헌이 되었다. 1568년(선조 원년) 선조 즉위 후, 대사헌이 되어 실록청 동지관사(實錄廳 同知館事)로 명종실록 편찬에 참여하였으며, 1570년(선조3)에 중궁고명 중청사로 명나라에 다녀왔다. 이후 성균관 대사성, 이조참판, 그리고 1573년에 임금의 특명으로 병조판서에 올랐다. 1574년(선조7) 한성부판윤을 지내고, 2년 후에는 우참찬을 지냈으며, 이조, 형조, 호조, 병조판서를 두루 거친 후 1578년(선조11년) 우의정에 올랐다. 이처럼 공은 한성부 판윤, 우참찬, 이조판서, 형조판서, 예조판서, 대사헌, 병조판서 겸 지경연(知經筵) 그리고

참찬(叅贊)을 지내며, 형조판서 3회, 예조판서 1회, 이조판서 2회, 병조판서 2회 역임하였다. 1578년에 의정부 우의정이 되었다. 1581년(선조 14)에 병환으로 영중추부사(領中樞府事)가 되었으며 1581년에 향년 63세로 작고하였다.

호성공신이 된 공의 3남 진창군(諱 綱)의 공훈으로 순충적덕보조공신 대광보국숭록대부 영의정 진천부원군(純忠積德補祚功臣 大匡輔國崇祿大夫 領議政 晋川府院君)에 추증되었고, 시호는 정정공(貞靖公)이 하사되었는데, 태상주(太常奏) 시법(諡法)에 "청백(淸白)하고 수절(守節)하였으니 정(貞)이요, 공기(恭己)하고 선언(鮮言)하니 정(靖)이라함이 마땅하니 정정(貞靖)이 옳다"고 교지(敎旨)하였다.

이경석이 撰(찬)한 묘갈명에 의하면 공께서는 성균관 유생으로 있을 때 모든 유생보다도 뛰어나서 그의 장래가 기대되었다고 한다. 특히 공은 조정에 출사한 뒤로는 사람 사귀는 것을 조심하였으며, 늘 학문하기를 좋아하여 '강목', '대학연의' 등을 즐겨 읽었고, 경연에서 공의 강의하는 목소리는 의록이 밝고 간결하였다고 한다. 공께서 경상도 관찰사로 있을 때, 도산서원의 퇴계 이황, 덕산에 있는 남명 조식을 찾아가 만나기도 하였는데, 공이 얼마나 학문을 좋아했는지를 짐작하게 하는 대목이다.

배위는 정경부인 파평윤씨(1523년 계미~1607년 정미)이며, 묘소는 서울 관악구 신림동 난곡선영 신좌(申坐)에 쌍분으로 안장하였다.

※정정공의 신도비는 현재 서울시 관악구 난곡동 107-2호(난곡)에 있는 선영에 있는데, 400여 년 동안 이어 내려오는 중요한 유물로서 1997년 12월 31일자로 서울시 유형문화재 제104호로 지정되었다.

(2) 15세 승지공(承旨公) 강서(絳)

자는 원경(遠卿), 호는 난곡(蘭谷)이다. 우의정 정정공(諱 士尙)의 장자(長子)로, 1538년(중종, 무술)에 출생하였다. 1564년 사마양시(司馬兩

試)에 합격하였고, 1568년 음보(蔭補)로 유곡찰방(幽谷察訪)이 되었으며, 1569년 알성문과(謁聖文科)에 병과로 급제하여 승문원에 선입(選入)되었으나, 병환으로 7년 동안 출사하지 못하였다. 1576년에 성균관 전적(典籍)이 된 후, 형조, 공조, 예조, 병조의 좌랑을 두루 역임하였으며, 이후 사간원 정언, 홍문관 수찬(修撰), 사헌부 지평(持平)을 역임하였고, 성균관 직강(直講), 홍문관 교리, 부응교, 사간, 성균관 사예(司藝), 사헌부 장령을 맡았다. 1581년 외간상(外艱喪, 아버지 貞靖公 士尙의 喪)을 마친 후, 1584년 다시 사헌부 장령이 되었다가, 수원부사로 출재(出宰)하였다. 1586년 남양부사를 배수한 뒤, 조정으로 돌아와 승정원 동부승지, 우부승지, 우승지, 좌승지를 역임하였다. 1588년 인천부사로 출재(出宰)하였고, 1589년 소임을 마치고 돌아온 후에 병환으로 작고하니 향년 52세였다. 아들 홍덕(弘德)이 원종훈(原從勳)에 참여(叅與)함에 따라 영의정(領議政)으로 추증되었다. 공께서는 감식(鑑識)으로 세상에 이름이 높았다.

(3) 15세(十五世) 진창군(晋昌君) 강인(絪)

자(字)는 인경(仁卿), 호(號)는 시암(是庵)이다. 1555년(명종, 을묘)에 출생하였고, 1589년 진사시에 입격하였다.

학행(學行)으로 왕자사부(王子師傅)에 천거되었으며, 이후 세자익위사(世子翊衛司) 위솔(衛率)이 되었다. 임진왜란 발발 후 파천 시에 공은 동궁(東宮)의 요속(僚屬)을 따라 피난길을 동행하였으며, 행재소(行在所)에 이르러 공조좌랑에 배명(拜命)되었다.

이후 영유(永柔)현령과 선천군수를 역임하였다. 이때 공은 무너진 제방을 수리하고 저수지를 구축하여 논농사에 저수지의 수리를 활용하도록 함으로써 풍년이 들게 하였기에 백성들의 송덕이 자자하므로 관찰사가 이를 조정에 알려 포상할 것을 청하니 공은 통정대부(通政大夫)로 품계가 상승하였다.

1605년(선조38, 을사) 호성훈(扈聖勳) 3등에 책록되어 가선대부(嘉善大夫)와 진창군(晋昌君)에 봉해졌다. 그리고 홍주목사에 서배(敍拜)되었다. 1607년(선조40, 정미) 조내간상(遭內艱喪)으로 3년 여묘(廬墓)를 마친 후 상주목사가 되었다. 광해군이 즉위하자 공은 과거 광해군의 사부(師傅)였던 구정(舊情)으로 왕의 특명에 따라 가의대부(嘉義大夫)와 참록위성공(參錄衛聖功) 2등이 되었다.
　광해군의 대비폐비(大妃廢妃) 시(時)에 공께서는 정청불참(庭請不叅)하고 대비의 처소인 서궁(西宮)을 매번 독배(獨拜)하였는데, 대비의 생신일이며 정초 문안에 이르기까지 거르는 일이 없었기에 대비는 늘 마음속에 가탄(嘉歎)하였다고 한다. 인조 반정이후 공은 거사에 참여하지는 않았으나 강릉부사로 특별히 제수되었다.
　공은 1627년(인조5, 정묘) 한성우윤 겸 오위도총부 부총관에 체배(遞拜)되었으며, 그해 겨울 정묘호란 시 인조가 강화도(江都)로 출행할 때, 공은 호가강도(扈駕江都)하였으며, 강화사(講和使)로 차사(差使)되어 적진을 왕래하며 강화협상을 체결하였으며 또한 누루하치의 금 연호 사용을 권하자 이를 단연코 거절하였다.
　공은 1634년(인조12, 갑술) 11월 23일 작고하였다. 자헌대부 의정부 좌참찬 겸 지의금부사 오위도총부 도총관(資憲大夫 議政府左參贊 兼 知義禁府事 五衛都摠府 都摠管)으로 추증되었으며, 1676년(숙종2, 병진) 숙종은 호성공신(扈聖功臣)으로 부조묘(不祧廟)를 명하였다.
　배위는 정부인(貞夫人) 함양박씨, 정부인(貞夫人) 나주정씨이며, 묘소는 서울 관악구 신림동 난곡선영 해좌(亥坐)에 3위 합부로 안장하였다.

(4) 15세(十五世) 여산공(礪山公) 강담(䄷)

자는 문경(文卿), 호는 난곡(蘭谷)이다. 1559년(명종, 기미)에 태어났다. 1588년(선조, 무자) 서사(筮仕)로 사산감역(四山監役), 사축서 별제(司畜署 別提), 의금부도사(義禁府都事) 등을 역임하였다. 1589년(기축년) 정여립(鄭汝立)모반사건 시 공은 사건의 전말을 추적하여 기초를 정리하니, 국문(鞫問)의 위관자인 송강 정철(宋江 鄭澈)이 그 능력을 높이 평가하였으며, 옥사가 완결된 후에는 녹평난공신(錄平難功臣) 1등에 올랐다. 임진왜란 시 체찰사 서애 유성룡(體察使 西厓 柳成龍)의 종사관으로 활약하였다. 이는 문관으로서는 가장 높은 중요 벼슬이며, 음보(蔭補)로 피선된 경우는 공이 유일하였다. 이후 세자익위사세마(世子翊衛司洗馬), 의금부도사(義禁府都事), 예빈시 직장이 되었으며, 1597년(정유년)에는 사도시 주부(司䆃寺 主簿)로 옮겼고 그해 가을 호조좌랑으로 의인왕후(懿仁王后)를 호행(扈行)하였으며, 곧 정랑(正郞)으로 승진하였다.

1600년(경자)에 익위사 익위(翊衛)를 역임하였고, 1601년(신축)에 풍덕군수를 역임하였는데, 군민들은 송덕비를 세우고 공을 선치자(善治者)의 으뜸으로 칭송하였다. 1605년(을사) 다시 익위를 지냈고, 1606년(병오) 삭령군수(朔寧郡守), 1610년(경술) 개성도사, 1611년(신해) 통천군수로 부임하여, 수리사업을 실시하였고 군민들의 칭송을 받자 조정에서는 이를 알고 공을 통정대부(通政大夫)로 승(陞) 품계(品階)하였다.

광해군 재위 말기에 정치상황이 혼란할 때 공은 오래도록 벼슬자리에서 물러나 있었으며, 1623년(계해) 인조 개옥(仁祖 改玉) 이후 단양군수, 여산군수를 지냈다. 조정에서 밀파된 어사로 하여금 지방 수령들의 정적을 살필 때, 공은 언제나 청렴한 선치자(善治者)로 평가되었다. 병인년(1626년)에 과만 체제배(瓜滿 遞除拜)하여 부호군(副護軍)이 되었고, 1630년(경자)에는 첨지중추부사(僉知中樞府事)가 되었다. 1637년(정축) 10월 1일 향년 79세로 작고하였다.

배위는 숙부인 청주한씨(1559~1602), 숙부인 연안김씨(?~1645)이다. 손자 부사(府使)침(琛, 원주공)이 조비(祖妣) 청주한씨의 갈문(碣文)을 찬(撰)하였다. 공은 숙부인 연안김씨와 사이에서 독자(獨子) 신계공 홍익(弘益)을 두었다.

묘소는 난곡 정정공 묘하(墓下) 해좌(亥坐)에 안장하였다. 후일 서울시 도시계획에 따라 1971년 7월 10일 경기도 시흥군 군자면 정왕리 백마산에 이장하였고, 재차 경기도 화성시 북양동의 선영으로 이장하여 모시었다(3위 합부, 三位合祔).

영의정 백헌(白軒) 이경석(李景奭)이 묘갈명을 찬(撰)하였으며, 호조판서 수촌(水村) 오시복(吳始復)이 서(書)하였다. 손자 부사(府使) 원주공(原州公) 침(琛)이 지문(誌文)을 찬(撰)하였다.

(5) 16세 찬성공 강홍덕(弘德)

승지공 강서의 사자(嗣子)이다. 1567년(명종, 정묘)에 출생하고 1611년(신해)에 작고하였다. 자는 처후(處厚)이다. 서사(筮仕)로 계방(桂坊), 괴산군수 등을 역임하였으며, 임진왜란 이후 원종훈(原從勳)에 선정되었고, 작고 후에 의정부 좌찬성에 추증되었다.

배위는 증(贈) 정경부인 여양진씨(1568년 무진~1582년 임오), 증(贈) 정경부인 전의이씨(1565년 을축~ 1623년 계해)이다. 묘소는 서울 관악구 신림동 난곡선영 해좌(亥坐)에 3위 合祔(합부)로 안장하였다.

(6) 16세 승지공(承旨公) 강홍정(弘定)

진창군(諱 綱)의 장자(長子)이다. 1583년(선조, 계미) 6월 22일에 출생하고, 1631년(신미) 2월 20일에 작고하였다. 자는 이정(而靜)이며, 서사(筮仕)로 통훈대부(通訓大夫) 용인현령, 통진현령, 수원진관 병마절제도위(水原鎭管兵馬節制都尉) 등의 벼슬을 역임하였다. 통정대부 승정원 좌승지 겸 경연참찬관(通政大夫 承政院 左承旨 兼 經筵參贊官)에 추증되었다.

배위는 증(贈) 숙부인 전주이씨(1583년 계미~ 1649년 기축)이며, 묘소는 서울 관악구 신림동 난곡선영 임좌(壬坐)에 합분으로 안장하였다.

(7) 16세 신계공(新溪公) 강홍익(弘益)

여산공(諱 紘)의 독자(獨子)로 여산 공께서 53세이던 1611년(신해) 10월 25일에 출생하였다. 자는 여수(汝受)이다. 1648년(무자) 음보(蔭補)로 선공감 감역(繕工監 監役)을 역임하였고, 1651년(신묘) 의금부도사, 1652년(임진) 전의현감(全義縣監)을 지냈다. 이때 목천(木川) 고을을 혁파하고 전의현(全義縣)에 속하도록 하자, 공은 두 고을(邑)을 총괄하며 너그럽고 간결하게 다스리니 백성들은 청렴한 사도(使徒)로서 공을 선치자(善治者)로는 으뜸이라 여기며 칭송하였다. 이에 조정에서도 공에게 표리일습(表裏一襲)*을 하사하여 공의 선정을 치하하였으며, 임기가 완료되었음에도 1년을 더 잉임 (仍任, 그 직의 임기가 만료되었으나 계속 그 직을 맡겨둠, 留任)하도록 명하였다.

*표리일습(表裏一襲): 겉감 옷과 안감 1벌(특별한 공로가 있는 경우 임금이 하사하였다).

이후 와서별제(瓦署 別提)를 역임하였고, 1658년(무술)에는 신계현령(新溪縣令)을 역임하였다. 공이 다스린 고을마다 백성들은 비를 세워 공의 선정을 송덕하였는데, 공 역시 백성들을 유애(遺愛)하였다. 1661년(효종, 신축)에 향년 51세로 작고하였으며, 손자 석망(碩望)이 귀(貴)하게 되자 통정대부 승정원 좌승지 경연참찬관 수찬관(通政大夫 承政院 左承旨 經筵參贊官 修撰官)으로 추증되었다.

공은 성품이 온화하고 순량(淳良)하며 단아하여, 모습과 음성을 들으면 가히 후덕한 군자임을 느낄 수 있었다고 한다.

배위는 숙부인 전주이씨(1608년 1월 9일~1676년 6월 10일, 향년 69세). 묘소는 처음엔 서울 금천 난곡선영 정정공 묘하에 모셨으나, 서울시 도시계획에 따라 이장이 불가피하여 경기도 반월 백마산으로 이장하였다가 현재는 경기도 화성시 남양읍 북양리 선영에 합분으로 안장하였다.
 아들(三男) 원주공(琛)이 지문(誌文)을 찬(撰)하였고, 재종손 대사성 석빈(碩賓)이 갈문(碣文)을 찬(撰)하였으며, 호조판서 수촌(水村) 오시복(吳始復)이 서(書)하였다.

(8) 17세 통덕랑공(通德郎公) 강환(瓛)

 찬성공 홍덕(弘德)의 자(子)이다. 자(字)는 중헌(仲獻)이며, 1601년(선조, 신축)에 출생하여, 1623년(계해) 10월 15일에 작고하였다.
 배위는 공인 연안이씨(?~1624년 갑자), 묘소는 서울 관악구 신림동 난곡선영 자좌(子坐)에 합분하여 안장하였다.

(9) 17세 진남군(晉南君) 강욱(頊)

 승지공 홍정(弘定)의 자(子), 진창군의 손자이다. 생부는 홍중(弘重)이다. 1615년(인조, 을묘) 1월 13일에 출생하고, 1673년(현종, 계축) 9월 24일에 향년 59세로 작고하였다. 자는 신백(慎伯)이다.
 1648년(인조, 무자)에 생원시 3등에 합격하였고, 1653년(계사) 의금부도사, 1655년(을미) 익위사 부솔(翊衛司 副率), 호조좌랑, 주부, 지관좌랑, 추관좌랑, 1659년(기해) 강서현령, 동관정랑, 호조정랑, 태안군수, 1665년(현종, 을사) 상주목사, 1667년(정미) 부평부사, 1668년(무신) 10월 김포군수, 1672년(임자) 그간의 선정(善政)으로 통정대부로 승차하였다. 사후에 가선대부 이조참판에 추증되고, 진남군에 수봉되었다. 5대손 준흠이 행장을 찬(撰)하였다.
 배위는 정부인 한산이씨(1612년 임자~1688년 무진)이며, 묘소는 서울 관악구 신림동 난곡선영 신좌(申坐)에 합분으로 안장하였다.

(10) 17세 진보공 강진(瑌)

진보공(1628년~1682년)은 인조 무진년(1628년) 7월 4일 출생하였고, 자(字)는 백옥(伯玉)이다. 진보공은 아버지 신계공과 어머니 증(贈) 숙부인(淑夫人) 전주이씨(호조판서 효민공 이경직의 따님) 사이의 장자(長子)로 태어났으며, 장차 5남 1녀의 맏이로써 쇠운을 염려하던 가문의 큰 행(幸)을 열었다 할 수 있다. 어린 시절 유희(遊戲)함에도 유절(有節)하니 외조(外祖) 효민공(孝敏公)께서 특히 귀애(貴愛)하셨다고 한다. 음보로 사산감역(四山監役)에 입사(入仕) 한 후 의금부도사, 사헌부 감찰, 한성부 판관을 역임하였으며, 외직으로 은율(殷栗)과 진보(眞寶) 두 현(縣)에 출재(出宰)하여 선정(善政)을 베풀었다. 공은 천성이 성효우애(誠孝友愛)하고, 인후(仁厚)한 성품으로 은율현(殷栗縣) 재임 시 대흉황이 발생하였으나 전심으로 대처하여 모두 극복하였다고 한다. 통훈대부 한성부 판관. 배위는 숙인 풍천임씨, 숙인 함양박씨.

1682년 진보현(眞寶縣)에서 임기를 수행 중에 임지에서 별세하니 향년 55세였다. 진보에서 금천 난곡 선영까지 운구하여 난곡선영의 지곡(池谷) 상유좌(上酉坐)에 모셨으며, 후일 3위 합폄(合窆)하였다. 후일 경기도 정왕리 백마산으로 이장하였다가, 현재 경기도 화성시 남양읍 북양리 선영으로 이장하여 모셨다.

공과 풍천임씨 사이에 석제(碩齊), 석훈(碩勛) 등 2남 1녀, 함양박씨와는 1남 석유(碩儒)를 두었다. 사위[壻]는 심득진, 차자(次子) 석훈(碩勛)은 숙부 강언(琂)에게 출사자(出嗣子)하였다.

(11) 17세 연기공 강인(璘)

연기공(1631년~1712년)은 인조 신미년(1631년) 8월 13일에 출생하였다. 신계공과 어머니 증(贈) 숙부인(淑夫人) 전주이씨(호조판서 효민공 이경직의 따님)의 차자(次子)로 자(字)는 중옥(仲玉)이다. 외조부 효민공은 공의 상(相)을 보고 귀인(貴人)이라 하였으며, "의용(儀容)이 괴석(魁碩)하고 성(性)이 중지각(重遲愨)하며 후성(厚誠)한 장자(長者)로 간어(簡語)하고 언무(言毋)한 채, 용일 필신 관의대(容日 必晨 盥 衣帶)하고, 좌남영(坐南榮)한 채 종일(終日) 막연(漠然)히 무욕망지(無慾望之)하니 여소인(如塑人)이더라" 하고 전해진다.

벼슬을 처음 시작한 시기는 전해지지 않고 있으나, 교지에서 첫 머리를 "현종 계축년 2월, 통훈대부 행 통례원 인의자(通訓大夫 行 通禮院 引儀者),"라고 시작하고 있으며, 이후 그 내용을 열거하자면, 숙종 임인년 9월 전생서 주부, 동년 11월 사헌부 감찰, 계유년 6월 연기현감, 병자년 5월 연기현감 이임, 다음해 정축년 4월 '현감 강후린 애민선정비' 마애비로 조성되다. 무인년 10월 내자시 주부, 기묘년 5월 사직서령, 동년 6월 종친부 전부, 숙종 경인년 11월 상의원 첨정, 동년 11월 통정대부로 승배되고, 곧 절충장군 행 용양위 부호군, 이어서 첨지중추부사(僉知中樞府事)로 서배(敍拜) 되었다.

숙종 정해년 1월, 사자(嗣子) 석후는 성대한 중뢰례(重牢禮)를 행연(行宴)하였다. 숙종 임진년 6월 26일 향년 82세로 별세하였다. 차자(次子) 석망(碩望)의 귀(貴)로 가선대부 호조참판 겸 동지의금부사 5위도총부 부총관으로 추증되었다.

배위 증(贈) 정부인(貞夫人) 전의이씨는 인조 기사년 1월 11일에 출생하여 숙종 기축년 6월 6일에 작고하니 향수 81세였다. 묘는 합부하였으며, 석후, 석망, 석재 등 3남을 두었다. 묘소는 처음엔 서울 금천 난곡선영에 합부로 안장하였으나, 후일 경기도 시흥시 반월 백마산으로 이장하였다가 현재는 경기도 화성시 남양읍 북양리 선영에 안장하였다. 묘표석 가선대부 호조참판 행 첨지중추부사. 종손(從孫) 홍문관 교리 강 박이 묘갈명을 찬하였다.

*사자(嗣子): 대를 잇는 상속자.

*장자(長者): 덕망 있고 경험 많아 세상의 이치에 바른 윗사람을 일컬음.

*중뢰례(重牢禮): 회혼례(回婚禮), 회혼을 축하하여 베푸는 잔치.

(12) 17세 원주공 강침(琛)

원주공(1634년~1693년)의 자(字)는 계헌(季獻)이며, 신계현령 증(贈) 좌승지(左承旨) 홍익(弘益)의 3자로 1634년(인조 갑술) 5월 17일에 출생하였다.

24세인 1657년(효종8, 정사)에 증광 진사시에 입격하였다. 1661년(현종2, 신미) 공이 28세 때 외간상(부친상)당하였고, 1671년(현종12)에 의금부도사에 보직되었으며, 1673년(계축) 사포서 별제(司圃署 別提), 사헌부 감찰을 하였고, 같은 해 겨울 연산현감에 제수되었다.

공은 스스로 법을 준수하고 은혜를 베풀며 많은 이들을 감화시키니 암행어사가 그 치적을 포상하였고, 읍민들은 그 덕을 암벽에 새기며 송덕하였다. 1676년(숙종2) 어머니의 환우로 관직을 내놓고 귀환하여 어머니를 살피던 중, 어머니께서 운명하였다. 1678년(숙종4, 무오) 복결(服闋)하여 장예원 사평, 영동현감을 지낸 후, 1684년(숙종10, 갑자) 공조정랑이 되었다가, 호족이 많고 이들의 텃세가 심한 향관(鄕關)으로서 서로 다툼이 심하므로 이를 해결할 능력 있는 관리를 요구하는 대구지역 방백들의 청에 따라 조정에서 공론으로 원주공을 지목하여 대구부사(판관)로 배명되었다.

공은 공명정대하게 지역민들을 감복시켰으며, 심한 흉년이 들었음에도 성심으로 고르게 진휼(賑恤)하여 백성들이 모두 칭송하였다. 이에 조정에서는 이를 포상하고 임금은 말 한필을 하사하여 은총을 표하였다. 1687년(숙종13, 정묘) 사축서 별제(司畜署 別提), 평양서윤, 1690년(숙종16, 경오) 태복시 분양사, 선혜청 랑청(宣惠廳 郎廳), 그리고 선산부사 등을 역임하였다.

1691년(숙종17, 신미) 통정대부 원주목사로 승차하였으며, 원주목사를 재임하던 1693년(숙종19, 계유) 4월 30일 향년 60세로 작고하였다. 이는 공께서 건강이 상하도록 몸과 마음을 다하여 정성스럽게 직무에 매달린 탓이었으며, 과로로 인해 병환이 발생한 것이었다. 결국 쾌차하지 못하였고, 원주의 사민(士民)들은 추사지념을 억제하지 못하고 타루비(墮淚碑)를 세워 추사(追思)하였다.
　배위 숙부인 진주류씨는 1636년 4월 7일 출생, 1695년 12월 15일 향년 60세로 작고하였다. 묘소는 난곡선영에 합좌하였으며, 1971년 6월 25일 경기 반월면 정왕리 백마산으로 이장, 이후 경기 화성시 남양읍 북양리에 이장하였다.

(13) 17세 감찰공(監察公) 강민(珉)

　신계공 홍익의 4자이며, 자는 군옥(君玉)이다. 1640년(인조, 경진)에 출생하였고, 1683년(숙종, 계해)에 작고하였다. 1667년(현종, 정미) 무과에 급제하였고, 1675년(을묘) 장원서 별제, 사헌부 감찰에 이르렀다. 배위는 숙인 나주김씨이며, 난곡 선영 하 건좌(乾坐)에 모셨다.

(14) 17세 공주목사공(公州牧使公) 강언(珺)

　신계공 휘 홍익의 5자로 자(字)는 군미(君美)이다. 1648년(인조 무자)에 출생하였고, 1713년(계사) 향년 66세로 작고하였다. 1675년(을묘) 진사시에 입격하였고, 관직이 통정대부 공주목사에 이르렀다.
　배위는 숙부인 평산신씨이며, 1650년에 출생하고 1712년에 별세하였다. 묘소는 연산 식한면 원통 임좌에 합부하였고, 손자 홍문관 교리 강박이 가장을 찬하였다.

(15) 18세 봉사공(奉事公) 강석무(碩茂)

통덕랑공 강 환(瓛)의 아들이며, 찬성공 홍덕의 손자이다. 자(字)는 무백(茂伯)이다. 1621년(인조, 신유)에 출생하고, 1665년(현종, 을사) 4월 26일에 작고하였다. 진사시에 합격하였고, 중직대부 전옥서(中直大夫 典獄署) 봉사(奉事)를 역임하였다.
배위는 숙인 광주이씨(1619년 기미~1652년 임진), 숙인 연일정씨(1629년 기사~ ?)이며, 묘소는 서울 관악구 신림동 난곡선영 해좌에 합분으로 안장하였다.

(16) 18세 진선군(晉善君) 강석빈(碩賓)

진남군(晉南君) 강 욱(頊)의 아들이며, 승지공 홍정(弘定)의 손자이다. 자(字)는 위사(渭師)이며, 1631년(신미)에 출생하고, 1691년(신미) 12월 24일 향년 61세로 작고하였다. 1654년(갑오)에 양(兩) 사마시(司馬試)에 합격하고, 1662년(임오) 증광문과에 급제하였다. 1662년부터 양사 옥서, 춘방 전랑, 사인, 전주판관, 병조정랑, 지평, 정언, 수찬, 교리, 헌납, 응교, 이조 좌랑 등을 지냈고, 1677년부터는 사인, 통정대부 광주부윤, 장예원 판결사, 호조참의, 교동수사, 가선대부 경기수사 겸 3도 통어사를 지냈으며, 진선군(晉善君)에 봉해졌다[受封]. 1690년 공조참판 도승지 대사간 대사성을 지냈다.
배위(配位) 정부인(貞夫人) 사천목씨(泗川睦氏)의 부(父)는 참의 겸선, 조(祖)는 문지사 증 영의정 충정공 서흠(敍欽), 증조(曾祖)는 이조참의이고 영의정에 추증되었다. 1656년(병신) 6월 5일 별세. 2녀(女) 생육(生育)하였으며, 서울 관악구 신림동 난곡선영 축좌(丑坐)에 안장하였다. 배위 강화최씨는 무인(戊寅)생으로, 1691년(신미)에 작고하였으며, 경기도 장단면 망현산 갑좌(甲坐)에 공과 함께 합장하였다. 현손 승지 준흠이 행장을 찬하였다.

(17) 18세 첨지중추부사공 강석제(碩齊)

공은 진보공(휘 진)의 3남 1녀의 장자이며, 자(字)는 사숙(師叔), 호(號)는 난고(蘭皐)이다. 1659년(현종 기해) 6월 24일 출생하고, 1691년(신미) 진사시에 입격하였으며, 수(壽)로 통정대부에 제배되고, 첨지중추부사(僉知中樞府事)가 되었다.

"공은 일찍부터 거업(擧業)을 폐하고 두문(杜門)하여 오직 봉선(奉先)에 성효(誠孝)하며 친족 간의 돈목(敦睦)을 돈독(敦篤)히 하시다."라는 기록이 전해지는데, 공은 어지러운 세상을 조용히 치가(治家)하고 돈족(敦族)하며 평생을 사시다가, 1742년(임술) 3월 1일 향년 84세로 별세하였다.

배위 숙부인 진주류씨는 1659년(현종 기해) 2월 2일 출생하고 1742년(임술) 1월 28일 별세하였는데, 공과 같은 해에 태어나고 같은 해에 돌아가시니 두 분 모두 향수(享壽)가 84세이다.

묘소는 처음엔 서울 금천 난곡선영에 안장하였으나, 시흥 반월면 정왕리 백마산으로 이장하였다가, 현재는 경기도 화성시 남양읍 북양리 선영에 합장으로 안장하였다.

(18) 18세(世) 첨지중추부사공 강석후(碩厚)

공은 연기공(諱 璘)의 장자이다. 1654년(효종, 갑오) 6월 24일 출생하고, 자는 덕보(德甫)이다. 24세인 1677년(정사)에 진사 3등(53인)에 입격(入格)하고, 여러 차례 의수(擬授, 관직을 내리려고 추천[擬望]하여 벼슬을 내리고자 함)하였으나 받지 않았다. 봉직랑(奉直郞, 종5품 벼슬)을 하였다가, 동년(1677년) 10월 통덕랑으로 승품계(陞品階) 하였다. 공은 부모에게 지효(至孝)하고 형제간에 우애하며 종족 간에 돈족(敦族)하였다. 영조 계축년(1733년, 옹정 11년) 12월 12일, 수(壽)로 통정대부(通政大夫)에 가자(加資)되고, 동년 12월 절충장군 첨지중추부사(僉知中樞府事)에 배명되었다. 곧 이어, 1733년 12월 첨지중추부사 행(行) 용양위 부호군, 1734년(옹정 12년) 1월 절충장군 행 용양위 부호군, 동년 4월 절충장군 행 충무위(忠武衛) 부사용(副司勇), 동년 9월 절충장군 행 중좌위 사용(司勇) 등의 교지가 내려졌다. 이후 관직을 이임하였다. 1735년(영조, 을묘) 7월 26일, 향년 82세로 별세하였다.

배위 증(贈) 숙부인(淑夫人) 연일정씨는 1654년(갑오) 5월 4일에 출생하고 1696년(병자) 4월 10일에 별세하였다. 향년 43세이며 생(生) 1남 1녀(1男1女) 하였다. 후 배위 증 숙부인 창녕성씨는 1674년(갑인) 4월 8일에 출생하고, 1732년(임자) 12월 5일 향년 59세로 별세하였다.

처음 장지는 경기 장단의 월봉산이었고, 종질 통정대부 함종부사 박(樸, 국포공, 증 이참, 진릉군)이 지명(誌銘)을 찬(撰)하였다. 7대 방손 휘 교희가 1913년(계축) 난곡 망성동으로 3위 합부 이장하였고, 1971년 6월 25일, 경기 시흥군 반월면 정왕리 백마산 선영으로, 1989년 3월 15일, 경기 화성군 남양읍 북양리로 재차 이장하였다.

*옹정(擁正): 청나라 5대 황제, 옹정제(擁正帝, 강희제의 4남, 생(生) 강희17년(1678)~졸(卒) 1735년, 1722년(강희 61년)에 황제 즉위, 1722년(옹정 1년)~1735년(옹정 13년), 13년간 통치.

(19) 18세(世) 부사공 강석망(碩望)

연기공 강린(璘)의 次子(차자)이다. 1656년(효종 丙申)에 출생하였고, 字(자)는 遠甫(원보)이다. 1690년(숙종, 경오) 무과에 급제하였으며, 嘉善大夫(종2품) 楚山府使(초산부사)를 역임하던 중, 1723년(계묘) 1월 9일 임지에서 향년 68세로 作故(작고)하였다.

配位(배위)는 貞夫人(정부인) 固城(고성) 李氏(부사 李夏相의 따님)

묘소는 고양 松山(송산)에 合祔(합부)하였다.

(20) 18세(世) 진사공 강석준(碩俊)

공은 원주공(諱 琛)의 4남 1녀의 장자이며, 자는 낙보(樂甫)이다. 1655년(효종 을미) 2월 3일에 출생하고, 1719년(숙종 기해) 7월 3일 향년 65세로 별세하였다. 1699년 증광 진사시에 입격하고, 선대의 음덕으로 통덕랑에 이르렀다.

배위는 공인(恭人) 사천목씨(泗川睦氏)이며 1656년(병신) 9월 18일 출생하고, 1719년(기해) 8월 13일 향년 64세로 별세하였다. 처음 묘소는 합부하여 충청도 아산군 동오리에 안장하였으나, 난곡 망성동으로 이장하였다. 1971년 6월 25일 경기 반월읍 정왕리로 재차 이장하였고, 현재는 경기 화성시 남양읍 북양리 선영에 안장하였다. 생육(生育) 1녀(女) 하였기에 후사가 없으니, 종질(從姪) 진보공의 장자(諱 碩齊)의 차자(次子) 휘 전(檪)을 입계(入系) 후사(後嗣)하였다.

(21) 18세(世) 목천공(木川公) 강석태(碩泰)

공은 원주공(諱 琛)의 4남1녀의 셋째 아들이며, 자는 형보(亨甫)이다. 1659년(효종 기해) 8월 26일에 출생하고, 1693년(계유) 증광 진사시에 입격하였다. 영릉참봉, 목천군수, 진산군수를 역임하였으며, 수(壽)로 가선대부 동지중추부사(同知中樞府事)에 승차(陞差)하였다. 입기사(入耆社)의 별은전(別恩典)을 받았으며, 1744년(갑자) 10월 8일 향년 86세로 작고하였다.

배위 증(贈) 정부인(貞夫人) 양주조씨(楊州趙氏)는 1661년(신축) 6월 11일 출생하고, 1732년(임자) 3월 14일 향년 72세로 작고하였다.

처음 묘소는 합부하여 해미 오곡리에 안장하였으나, 난곡 망성동으로 이장하였다. 1971년(신해) 6월 25일 경기 반월읍 정왕리로 재차 이장하였고, 현재는 경기 화성시 남양읍 북양리 선영에 안장하였다.

(22) 18세(世) 통덕랑공(通德郎公) 강석행(碩行)

공은 원주공(諱 琛)의 4남1녀의 넷째아들이며, 자는 도보(道甫)이다. 1664년(현종 갑진) 9월 7일 출생하였고, 통덕랑을 지냈으며, 1733년(계축) 6월 1일 향년 70세로 작고하였다.

배위 공인(恭人) 전주류씨(全州柳氏)는 1563년(현종 계묘) 10월 6일 출생하고 1722년(임인) 5월 11일 향년 60세로 작고하였다. 경기도 화성시 남양읍 북양리 선영에 합장으로 안장하였다.

(23) 19세(十九世) 통덕랑공 강학(樗)

진선군(諱 碩賓)의 차자(次子)이며, 자는 중문(仲文)이다. 1762년(현종, 임인) 출생하고 1727년(정미) 9월 10일 작고하였다.

배위는 진주류씨(晉州柳氏, 1662년 임인~1721년 신축)이며, 묘소는 서울 관악구 신림동 난곡선영 임좌(壬坐)에 합부로 안장하였다.

(24) 19세(世) 유정공(柳汀公) 강취(橋)

유정공의 자(字)는 자운(子雲), 호는 유정(柳汀)이다. 1686년(숙종 병인) 4월 3일 출생하였다. 1720년(숙종, 경자) 초장(初場, 2월 10일)과 종장(終場, 2월 12일) 사마양시(司馬兩試)에 생원 3등(9인) 과 진사 3등(30인)으로 입격하였다. 이후 공에게 첫 관직(筮仕)을 여러 차례 내리고자 (擬望)하였으나 공은 이를 받아들이지 않고, 조용히 스스로를 지키며 두문사사(杜門謝事)하며 오직 양친봉선(養親奉先)하면서 학문과 거업(擧業)에 뜻을 변함없이 유지하였다. 1727년(영조, 정미) 문과 정시에 응시하였을 때, 공의 시권(試券, 글장)이 제일로 뽑혔으나, 서법(書法)에 위격(違格, 일정한 격식에 맞지 않음)이 발견되어 제외되었고, 다음해인

1728년(무신), 평난설과(平亂設科)로 춘당대(春塘臺) 별시(別試)에 응시하였다. 이때도 공의 46시권(四六試券)은 시관(試官)이 뽑은 최종 4권(四卷) 중 제일이었다. 그러나 3試官이 상(上, 영조)에게 "방금 선정한 시권 중, 46권서(卷序)가 제일 아름답다."고 주품(奏稟, 상께 아뢰다)하니, "이번 과에서는 46으로 반드시 뽑지 않으려 한다."라고 답하므로 시관들은 공의 시권을 제외한 3인만을 뽑아 급제자를 발표하였다. 그러나 임금이 시권을 올리라 명하여 공의 46권서(卷序)를 보시더니 "이 시권을 내치지 말라."하며, 오히려 등선자를 내치라 명하였으나, 이미 입격자를 발표한 뒤라 때는 늦은 것이었다. 공은 이처럼 문과시험에서 연이어 두 번에 걸쳐 최종 선자로, 한 번은 최고 우수자로 시험관들에 의해 선정되었으나 최종 결정자인 임금(영조)에 의해 낙방하는 불운을 겪었다.

공은 매우 안타까운 심정이었으나 거업을 폐할 생각은 아니었다. 그러나 1732년 (영조 임자) 계모 창녕성씨의 내간상을 당하였고, 탈복(脫服)한 지 수개월 후인 1735년(을묘) 7월 26일 외간상 [아버지 휘(諱) 석후(碩厚)의 상]을 당하니 3년 상을 마친, 1737년(정사) 재차 과거시험을 준비할 수도 없어, 거업(擧業)을 그만 두고 마음을 비우고 있던 중, '남한보' 간행 이후 다시 수보해야 할 시점이라 공은 문중의 간곡한 청에 따라 종사(宗事)에 전심전력하여, 7~8년 만에 초보(初譜)를 완성하였으나 발간을 보지 못하고 운명하였다.

공은 1751년 (영조 신미) 12월 15일 향년 66세로 별세하였다. 이 초보(初譜)는 후일 임오보(청주보)로 출간되었다.

배위 공인(恭人) 풍천노씨는 1683년(계해) 8월 17일 출생하고 1766년(병술) 12월 12일 향년 84세로 작고하였다. 공의 후사(後嗣)가 없으니 공의 재당질(再堂姪) 휘 필교(必教)를 계사자(繼嗣子)하였다. 묘소는 처음엔 경기도 장단의 선영에 모셨으나, 난곡 망성동으로 이장하여 쌍분으로 모셨고, 1971년 정왕리로 이장 시에 합좌하였으며, 현재는 화성시 남양 북양리 선영에 모셨다. 사자(嗣子) 필교(必教, 정산공)는 공에 대한 가장(家狀)을 지었다[述家狀].

*서사(筮仕) 첫 관직을 시작함.

*의망(擬望) 3망(三望)의 후보자를 추천하는 일.

*거업(擧業) 과거에 응시하는 일.

*사마양시(司馬兩試)하다. 생원, 진사 시험에 모두 응시하여 입격(합격)하다.

(25) 19세(世) 진사공 강전(橏)

공은 종숙(從叔) 진사공 석준[碩俊, 원주공 휘(諱) 침(琛)의 長子]의 사자(嗣子)로 입계(入系)하였다. 생부는 진보공의 장자 석제(碩齊)이다. 1681년(숙종 신유) 10월 19일 출생하였고, 자는 군선(君善), 호는 도은(陶隱)이다. 1710년(경인)에 진사에 입격하였고, 문음(門蔭)으로 통덕랑을 지냈다. 공은 만년에 서울에서 충남 당진으로 세거지를 이사한 후 도예를 즐기며 보냈고, 1743년(영조 계해) 1월 9일 향년 63세로 별세하였다. 족보에는 "공은 만년에 불락(不樂) 경화(京華)*하여 당진의 도산촌(陶山村)으로 옮기어 우거(寓居)하다."라고 기록되어 있다.

배위는 공인(恭人) 남원윤씨이며 1681년(신유) 11월 1일 출생하여, 1751년(신미) 12월 24일 향년 71세로 별세하였다. 처음엔 묘소를 난곡 망성동 원주공 묘좌(墓左)에 모셨으나, 후손(교희)에 의해 충남 당진 구룡리 선영으로 이장하였다. 2남3녀를 두었고, 장자는 동래부사, 대사간을 지낸 동래부사공 휘 필리(必履)이며, 차자는 정산현감을 지내고 통정대부 첨지중추부사인 정산공 필교(必敎)이다.

*경화(京華) 번화한 대도시 서울

(26) 19세(世) 진사공 강숙(橚)

공은 목천공(碩泰)의 1남2녀의 독자(獨子)이며, 1699년(숙종 기묘)에 출생하였다. 자(字)는 자건(子建)이며, 1725년(을사) 진사 시험에 입격하였다. 배위는 공인(恭人) 부여서씨이다. 묘소는 난곡 망성동에 합좌로 모셨다가, 1971년 6월 25일 경기 군자면 정왕리 선영으로 이장하였고, 현재는 화성시 남양면 북양리 선영에 안장하였다.

(27) 19세(世) 통덕랑공 강휘(橿)

공은 통덕랑공(석행)의 사자(嗣子)이다. 생부(生父)는 석제(진보공의 장자)이며, 휘(橿)는 4남 중 넷째로 1696년(숙종 병자) 출생하였다. 배위는 공인(恭人) 전주이씨이다. 묘소는 난곡 망성동 원주공 묘좌(墓左), 동래공의 우하(右下)에 모셨다가, 경기 시흥군 정왕리 선영으로 이장, 현재는 경기 화성시 남양 북양리 선영에 안장하였다.

사인공(강온)의 3자 소암공 강사필(士弼)과 후손들

- 14세 (1) 소암공(笑庵公) 강사필(士弼)
- 15세 (2) 승지공 강연(綖)
- 16세 (3) 참봉공 강홍량(弘亮)
  - (4) 도촌공 강홍중(弘重)
- 17세 (5) 자정공(資正公) 강찬(瓚)
  - (6) 함흥공 강급(玖)
  - (7) 파주공 강전(㻇)
  - (8) 생원공 강무(珷)
- 18세 (9) 부사공 강석노(碩老)
  - (10) 부사공 강석구(碩耈)
  - (11) 부사공 강석신(碩臣)
  - (12) 부사공 강석량(碩良)
  - (13) 별제공 강석주(碩周)

(1) 14세(十四世) 소암공(笑庵公) 강사필(士弼)

소암공은 사인공 강온(溫)의 삼자(三子)이다. 자는 경유(景猶), 호는 소암(笑庵)으로 용문(龍門) 조욱(趙昱)의 문인이다. 1526년(중종, 병술) 출생하고 1576년(병자) 11월 19일에 별세하였다.

1546년(병오) 진사시에 동생 사부(士孚)와 동반 입격하였고, 1555년(명종, 을묘)에 문과에 등제하였다. 예문관 검열, 응교, 홍문관 정자, 입(入) 호당(湖堂), 저작, 박사, 수찬, 교리, 직제학, 부제학, 승문원 정자, 부제조, 사헌부 장령, 집의, 사간원 대사간, 성균관 대사성, 의정부 검상, 사인, 이조좌랑, 이조정랑, 이조참의, 병조참지(參知), 병조참의, 예조참의, 형조참의, 승정원 동부승지, 좌승지, 도승지, 1560년(명종, 경신) 서장관, 1572년(임신) 동지사. 외직으로 1566년(병인) 청홍도 관찰사, 1568년(무진) 경주부윤, 1574년(선조, 갑술) 관동관찰사 등을 역임하였다.

장자(長子) 연(綖)이 호성원종훈에 오르자, 이조참판(吏曹參判)에 추증되었다.

배위는 증(贈) 정부인(貞夫人) 동래정씨(1526년 병술~1597년 정유)이며, 묘소는 경기도 고양시 용보원 대자리 자좌(子坐) 쌍분으로 안장하였다.

(2) 15세(十五世) 승지공 강연(綖)

소암공 강사필(士弼)의 장자이며, 자는 정경(正卿), 호는 청천(菁川)이다. 1552년(명종, 임자)에 출생하고 1614년(갑인) 10월 10일 별세하였다.

음사(蔭仕)로 장원별제, 1590년(경인) 기린(麒麟) 찰방(察訪)을 역임하였고, 등제 후 예문관 봉교, 사간원 정언, 병조좌랑, 사헌부 지평, 사간원 헌납, 사헌부 장령, 성균관 사성, 동지정사, 좌·우승지, 인천부사, 영천군수, 첨지중추부사 등을 역임하였다. 호성원종공신에 녹훈되었으며, 사후에 자헌대부 이조판서 겸 대제학에 추증되었다.

배위는 증(贈) 정부인(貞夫人) 남양홍씨(1552년 임자 생~1594년 갑오 4월 9일 졸)이며, 2남4녀를 생육(生育)하였고, 증 정부인 온양정씨는 1녀를 생육하였다. 묘소는 경기도 고양시 용보원 대자리 간좌(艮坐)에 3위 합부하였다.

(3) 16세(十六世) 참봉공 강홍량(弘亮)

승지공 강연(綖)의 장자로, 자는 명보(明甫)이다. 장릉참봉을 역임하였다. 1571년(명종, 신미) 출생하고, 1607년(정미) 향년 37세로 별세하였다.

배위는 원주원씨, 완산이씨(1576년~1614년)이며, 묘소는 경기도 고양시 용보원 대자리 선조고 묘 좌하(左下) 자좌(子坐)에 안장하였다.

(4) 16세(十六世) 도촌공 강홍중(弘重)

승지공 강연(綖)의 차자(次子)로, 자는 재보(在甫), 호는 도촌(道村)이다. 1577년(선조, 정축) 출생하고, 1642년(임오) 향년 66세로 별세하였다.

1603년(계묘) 생원시 입격, 1606년(병오) 문과 급제하였다. 승정원 주서 겸 설서, 예조, 호조, 형조, 병조 좌랑, 평안도사, 병조정랑, 정언, 문학, 장령(불취), 필선, 전적 등을 지냈다. 1622년(인조, 계해) 남양부사, 옥당(승문원) 판교(判校), 1624년(인조2, 갑인) 3월 일본 회답사 부사로 일본을 다녀왔으며, 통신사 방문록 『동사록(東槎錄)』을 남겼다. 이후 군자감정(軍資監正), 통정대부 陞 품계. 홍주목사, 형조참의, 우승지, 병조참의, 좌승지, 1632년(임신) 인목대비 승하 시 특명 장빈렴(掌殯殮). 가선대부 동지중추부사 승진. 연안부사, 도총관, 청송부사, 동지중추부사 의금부사 성천 부사 등을 역임하였다.

1642년 임오 9월 18일 향년 66세로 별세하니 임금께서 예관을 파견하여 조의를 표하고 제례를 돕게 하였다(遣禮官致祭弔). 이조판서 겸 대제학에 추증되었다.

배위는 증(贈) 정부인 파평윤씨(1580년~1674년)이며, 배위 김해김씨(생육 1남 2녀)는 병자호란 시 심양에서 순절하였다. 묘소는 경기도 고양시 용보원 대자리 자좌(子坐) 쌍분으로 안장하였다.

(5) 17세(十七世) 자정공(資正公) 강찬(瓚)

참봉공 홍량(弘亮)의 장자이며, 자는 규삼(奎三), 호는 초정(草亭)이다. 관이 군자정(軍資正)에 이르렀다. 임진왜란 시 적의 내습을 목격하고 분개함을 참지 못하여 적 수십 인을 무찌른 뒤(殺 數十人), 적에게 피화되었다. 초곡(草谷) 세덕사(世德祠)에 봉안되었으며, 매년 정월 14일 향사를 모시고 있다.

배위는 숙인 순흥안씨이며, 묘소는 선산군 옥성면 초곡 신내산 유좌(酉坐)에 쌍분으로 안장하였으며, 묘표비가 있다.

(6) 17세(十七世) 함흥공(咸興公) 강급(皈)

도촌공 홍중(弘重)의 장자(長子)이며, 자는 원헌(元獻)이다. 1602년(선조, 임인) 7월 15일 출생하고, 1666년(인조, 병오) 7월 14일 향년 65세로 별세하였다.

1641년에 선공감역(繕工監役), 상의원 별제, 함열(咸悅)현감, 양지현감, 함흥판관 등을 역임하였다. 1645년(인조, 을유) 효충분의병기결책녕국(效忠奮義炳幾決策寧國) 원종훈에 녹훈(錄勳)되었으며, 1666년 별세 후 영의정에 추증되었다.

배위는 증 정경부인 동래정씨이며, 묘소는 충주 신의곡면 추동 후 간좌(艮坐)에 안장하였다가, 1986년 1월, 경기도 파주군 광탄면 신산리 내화산 산 48번지 신좌(申坐)에 이장하였다.

(7) 17세(十七世) 파주공 강전(琠)

도촌공 홍중(弘重)의 차자(次子)이며, 자는 중사(仲泗)이다. 1607년(선조, 정미) 출생하여 1676년(병진) 별세하였다. 1633년(계유) 생원시에 장원으로 입격하였고, 계방(桂坊, 세자익위사), 파주목사를 역임하였다.

배위는 숙부인 청주한씨이며, 1608년에 출생하여 1677년 별세하였다. 묘소는 경기도 파주군 광탄면 옹암(瓮巖) 해좌(亥坐)에 합부로 안장하였고, 제학(提學) 송파(松坡) 이서우가 묘갈명을 찬(撰)하였다.

(8) 17세(十七世) 생원공 강무(斌)

 도촌공 홍중(弘重)의 4자(四子)이며, 자는 경원(景源)이다. 1658년(효종, 무술) 출생하고 1716년(병신) 별세하였다. 1696년(숙종, 병자) 생원시에 입격하였고, 성균관 생원이다.
 배위는 남양홍씨이며, 1658년에 출생하고 1716년에 별세하였다. 묘소는 경기도 고양시 용보원 자좌(子坐)에 쌍분으로 안장하였으나 실전하였다.

(9) 18세(十八世) 부사공 강석노(碩老)

 함흥공 급(玏)의 장자(長子)이며, 도촌공 강홍중의 장손(長孫)으로 자는 위수(渭叟)이다. 1627년(인조, 정묘) 출생하고 1694년(숙종, 갑술) 별세하였다. 1652년(임진) 생원시에 입격 후, 경안도 찰방, 선공감 직장, 장흥고 주부, 의금부 도사, 장례원 사평, 군자감정, 한성부 2판관, 금오랑, 지방 외직으로 진보현감, 진위현령, 김포군수, 강화경력, 안악군수, 순흥부사를 지냈다. 좌승지에 추증되었다.
 진주강씨 최초의 족보 [남한보] 편찬작업을 시작하였다(1661년). 그 후 1681년 제씨 무주부사 강석구가 이어받아 족제 강석범, 족질 강진, 강침, 족손 강필주 등과 1685년 발간을 완료하였다.
 배위는 숙부인 해주최씨, 숙부인 창녕성씨이며, 묘소는 충주 신의곡면 추동 후 함흥공 묘하 간좌(艮坐)에 3위 합부로 안장하였으나 실전하여, 1986년 경기도 파주군 광탄면 신산리 내화산 산 48번지 선영 하 신좌(申坐)에 이장하였다.

(10) 18세(十八世) 부사공 강석구(碩耉)

 함흥공 급(玏)의 차자(次子)로 자(字)는 위망(渭望)이다. 1632년(인조,

임신) 출생하고 1690년(경오) 향년 59세로 별세하였다. 1654년(갑오) 생원시에 입격하였고, 1663년(현종, 계묘) 식년 문과에 등제하였다. 1675년(을묘) 사헌부 장령, 집의, 사간원 사간을 역임하였고, 서산군수, 무주부사, 장연부사, 순천부사 등을 지냈다.

백씨(伯氏)강석노가 발간을 진행하다 중단한 진주강씨 최초의 족보 [남한보] 발간을 계속 추진하여 장연부사 재직 시 발간을 완료하였다.

배위는 숙인 안동권씨이며 1634년 출생하고, 1717년 향년 84세로 별세하였다. 묘소는 서울 신림동 난곡선영원 경좌(庚坐)에 합부하여 안장하였으나 실전하였다.

(11) 18세(十八世) 부사공 강석신(碩臣)

파주공 전(琠)의 사자(嗣子)이다. 생부는 욱(頊)이며, 자는 위거(渭擧)이다. 1639년(인조, 기묘) 출생하고 1700년(경진) 향년 62세로 별세하였다. 1654년(갑오) 생원시에 입격하고 외직으로 4개 읍(邑)의 수령(守令)과 청송부사를 지냈다.

배위는 숙인 동복오씨이며 1634년 출생하고, 1717년 향년 86세로 별세하였다. 묘소는 경기 파주군 광탄면 옹암 선영 원 해좌(亥坐)에 합부하였다.

(12) 18세(十八世) 부사공 강석량(碩良)

파주공 전(琠)의 차자(次子)로 자는 위상(渭尙)이다. 관은 서사(筮仕)로 첨지중추부사(僉知中樞府事)에 이르렀고, 호조참판에 추증되었다.

배위는 증 정부인 창원황씨이며, 묘소는 경기 파주군 광탄면 옹암 선영원 자좌(子坐)에 합부하였다.

(13) 18세(十八世) 별제공 강석주(碩周)

생원공 무(珷)의 사자(嗣子)이다. 1675년(숙종, 을묘) 출생하고, 1733년 향년 59세로 별세하였다. 관이 조지서(造紙署) 별제에 이르렀다.
묘소는 경기 고양시 벽제면 대자하리 용보원 유좌(酉坐)에 안장하였으며, 배위는 숙인 삭녕최씨이며, 묘소는 공주 신상면 녹천리 우음실 경좌(庚坐)에 안장하였다.

사인공(강온)의 4자 왕자사부공 강사부(士孚)와 후손들

- 14세 (1) 사부공 강사부(士孚)
- 15세 (2) 구봉공 강적(績)
- 16세 (3) 학생공 강홍록(弘祿)
- 17세 (4) 학생공 강침(琛)
- 18세 (5) 학생공 강석진(碩晉)

(1) 14세 사부공(師傅公) 강사부(士孚)

1529년(중종, 기축) 출생하고, 1556년(병진) 향년 28세로 별세하였다. 사인공 온(溫)의 사자(四子)로 자(字)는 백침(伯忱)이다. 1546년(병오) 진사시에 여숙(與叔), 소암공(士弼)과 동방(同榜) 입격하였으며, 1552년 24세 이후 학행(學行)으로 왕자사부(王子師傅)로 여러 번 추천되었으나 불취하였다.

배위는 영인(令人) 경주정씨(1527년 생~1549년 졸)이며, 향년 23세로 별세하였고, 배위 영인(令人) 상산김씨(1532년 생~1601년 졸)는 향년 70세였다. 묘소는 상주 이안면 양범리 내동에 합부하였으며, 영인 상산김씨는 상주군 중동면 오리 지곡 자좌(子坐)에 안장하였다.

(2) 15세 구봉공(龜峯公) 강적(績)

1561년(신유) 출생하고, 1620년(경신) 향년 60세로 별세하였다. 사부공의 사자(嗣子)이다. 생부는 사익(士翼)이며, 자(字)는 중성(仲成), 호는 구봉(龜峯)이다. 관(官)은 절충장군 용양위 부호군에 이르렀다.

배위는 숙부인 상산김씨이며, 1561년(신유) 태어나고 1621년(신유) 별세하였다. 묘소는 의성군 단밀면 팔등리 오좌(午坐)에 합부(合祔)하였다.

(3) 16세 학생공(學生公) 강홍록(弘祿)

 1601년(선조, 신축) 출생하고, 1648년(무자) 향년 48세로 별세하였다. 적(績)의 다섯 아들 중 장자(長子)로, 자(字)는 언신(彦申)이다.
 배위는 풍양조씨이며, 1596년(병신) 태어나고 1655년(을미) 별세하였다. 묘소는 의성군 단밀면 팔등리 선고 묘하에 합부(合祔)하였다.

(4) 17세 학생공(學生公) 강침(琛)

 1631년(인조, 신미) 태어나 1658년(효종, 무술) 별세하였다. 향년 28세. 사부공(士孚)의 증손으로 입계(入系)하였으며 자(字)는 회경(晦卿), 생부는 홍윤(弘胤)이다.
 묘소는 양범리 선영 월록(越麓) 손좌(巽坐)에 안장하였고, 배위는 의성김씨(義城金氏)이며, 1627년 출생하고 1684년 별세하였다. 묘소는 상주 내서 안양촌 동록(東麓) 자좌(子坐)에 안장하였다.

(5) 18세 학생공(學生公) 강석진(碩晉)

 1649년(기축) 태어나 1710년(경인) 별세하였다. 향년 62세. 자는 문여(文輿)이다.
 배위는 의성김씨(義城金氏). (1648년 생~1727년 졸). 묘소는 상주군 중동면 오리촌 후(後) 유좌(酉坐)에 상하분(上下墳)으로 안장하였다.

제4장

대사간공 종중의 발전과 개관

사우(祠宇) 봉강서원(鳳崗書院)

봉강서원(전경)

　사우(祠宇)는 '조상의 신주를 모신 집'이란 뜻이다. 1817년(순조 정축) 대사간공[휘 형(詗)]과 대사간공의 고조부인 박사공 7세(七世) 고려 절신 보문각 대제학 통계공[휘 회중(淮仲)]을 봉향(奉享)하기 위하여 대사간공의 사손(嗣孫)인 홍문관 응교(應敎) 21세 강세백(世白)이 주관하여 경북 상주 봉대에 '경덕사(景德祠)'로 창건하였다.

　1827년(순조 정해)에 23세 주영(冑永)이 현재의 위치인 봉두리에 강당(講堂)을 중건하고 사우(祠宇)를 이건(移建)하였으며, 이때 세마(洗馬) 필효(必孝)[법전(法田) 휘(諱) 안복(安福) 후손(後孫)]가 경덕사기(景德祠

봉강서원(정문)

記)를 찬(撰)하였다.

 조선 후기 1868년(고종 무진)에 흥선대원군의 서원 철폐령으로 폐쇄되었다가, 1964년(갑진) 다시 사당을 복원하였으며, 영남지역 유림(儒林)들이 향사(享祀)를 주재 봉향(奉享)하였고, 1977년 '옥동서원(玉洞書院)'에서 향론(鄕論)에 의해 서원(書院)으로 승격시키기로 결정함에 따라 '봉강서원(鳳崗書院)'으로 편액(扁額)되었다. 봉강서원기(鳳崗書院記)는 인주인(仁州人) 장병규가 찬(撰)하였다.

 경기도 고양시 관산동에는 그동안 실전되었던 통계공의 묘소를 회복한 뒤 그곳에 '경덕재(景德齋)'를 건립하였다.

봉강서원 연혁

 순조 정축년(1817) 사손(嗣孫)인 홍문관응교(弘文館應敎) 세백(世白)의 주간(主幹)으로 상주(尙州) 봉대(鳳坮)에 경덕사(景德祠)를 창건하여 절신(節臣) 고려보문각대제학(高麗寶文閣大提學) 통계(通溪) 강선생[姜先

生, 휘(諱) 회중(淮仲)]을 봉향(奉享)하고, 연산군에게 독계(獨啓) 충간(忠諫)하다가 참화(慘禍)를 당한 대사간(大司諫) 강공[姜公, 휘(諱) 형(詗)]을 배향(配享)하다.

순조 정해년(1827) 응교(應敎)공의 손(孫) 주영(冑永)이 합족구재(合族鳩財)하여 현 위치[봉두리(鳳頭里)]에 강당(講堂)을 중건(重建), 사우(祠宇)를 이건(移建)하였으며 기문(記文)은 세마(洗馬) 필효[必孝, 법전(法田) 휘(諱) 안복후(安福后)]가 찬(撰)하였다.

고종 무진년(1868) 흥선대원군(興宣大院君)의 집정(執政) 당시 폐철령(廢撤令)에 의하여 훼철(毁撤)되고 위패(位牌)를 강당 후원(後苑)에 매장(埋藏)하고 설단봉향(設壇奉享)하다.

갑진년(1964) 도남서원(道南書院) 회중(會中)에서 복원론(復元論)이 준발(峻發)되어 사당(祠堂)을 복원(復元)하고 위패(位牌)를 봉안(奉安) 향사(享祀)하다.

을묘년(1975) 옥동서원(玉洞書院)에서 향론(鄕論)으로 승원(陞院)이 공의(公議)되어 정사년(1977) 봉강서원(鳳岡書院)으로 편액(扁額)하고 기문(記文)은 인주인(仁州人) 장병규(張炳逵)가 찬(撰)하다.

갑자년(1984) 서원(書院) 중건사(重建事)가 발의(發意)되고, 을축년(1985) 7월 봉강서원(鳳岡書院) 중건(重建) 추진위원회(推進委員會)가 발족(發足)하여 기사년(1989) 말 사우(祠宇) 내외(內外) 삼문(三門) 강당(講堂) 전사청(典祀廳)을 중건(重建)하고 기문은 신미년(1991) 진성인(眞城人) 이원영(李源榮)이 찬(撰)하였다.

*경덕사기 원문과 번역문, 봉강서원기 원문과 번역문, 봉강서원 중건기 원문과 번역문은 이 책의 말미에 있는 부록2에 수록되어 있다.

선산김씨 정려(旌閭)

정려(旌閭)는 충신, 효자, 열녀(烈女) 등을 표창하기 위하여 거주 지역에 旌門(정문)을 세우는 것을 말한다. 연산군 재위 10년 1504년(갑자)에 대사간공과 세 아들(영숙, 무숙, 여숙)이 같은 날 피화(被禍)하였고, 그전 무오년(1498년)에는 사위[허반(許磐)]가 화를 당하였기에 온 집안이 화를 입은 멸문지경에서 대사간공의 배위(配位) 선산김씨는 뒷수습을 큰자부(子婦) 익산이씨에게 맡기고 절의(節義)를 따르기 위해 식음을 폐하고 자진하니, 갑자년(1504) 11월 25일 혈출배(血出背, 등에서 피가 터져 나옴)로 세상을 떠났다.

중종개옥 이후(1507) 임금은 선산김씨의 절의를 기리는 정려를 하사하였다. 당초에는 서울 성서 밖 대거동 종택 부근에 세웠으나, 뒷날 후손 강세백(姜世白)이 현재의 상주 봉대로 이건하였고, 현재 봉강서원 앞에 전해지고 있다.

성명	구분	내용	비고
선산김씨	열녀(烈女)	갑자사화 자진 출혈배(出血背) 대사간공 배위 진산군수공 선산 김승경과 순흥안씨의 딸	연산군일기 신증동국여지승람 기록 전(傳)

봉시호(封諡號)와 봉군(封君)

시호(諡號)는 왕과 왕비를 비롯하여 벼슬한 사람이나 학력이 높은 선비들이 사후(死後)에 그의 행적에 따라 국왕으로부터 받는 이름이다. 조선 초기에는 벼슬의 경우 실직(實職)으로 정2품 이상의 문무관과 공신에게만 주어졌으나 후대로 내려오며 대상이 완화 확대되었다. 왕으로부터 시호를 하사받은 대사간공 종중의 선조들은 다음과 같다.

세(世)	성명	봉시호(封諡號)·봉군(封君)	주요 관직	비고
14	강사상(士尙)	貞靖公(정정공) 진천부원군	우의정 영중추부사	溫 長子
14	강사안(士安)	진산부원군	정랑 증 영의정	溫 次子
15	강신(紳)	의간공(毅簡公) 진흥부원군	선무원종공신1등 증영의정	士尙 次子
15	강인(絪)	진창군	호성공신3등	士尙 3子
16	강홍립(弘立)	진령군	형조참판 한성우윤 도원수	紳 次子
17	강욱(頊)	진남군	음 목사 증 이조참의	
18	강석빈(碩賓)	진선군	대사성 도승지	
19	강박(樸)	진릉군(晉陵君)	홍주목사 증 이조참판	
20	강필악(必岳)	진은군(晉恩君)	동지중추부사 증 이조참의	
23	강시영(時永)	문헌공(文憲公)	좌찬성 (호 성사)	

불천위사당(不遷位祠堂)과 부조묘(不祧墓)

불천위(不遷位)는 큰 공훈이 있는 사람으로서 신주를 묻지 않고 사당에 영구히 두며 제사를 모시는 것이 허락된 신위를 말하며, 불천지위(不遷之位)의 줄임 말이다. 부조묘(不祧廟)는 불천위를 모시는 사당을 말한다. 나라에서 정한 국불천위와 유림에서 정한 유림불천위(또는 사불천위)가 있고 국불천위가 보다 권위 있는 것으로 인정되고 있다. 대사간공 후손 중에 진흥군(강신)과 진창군(강인)이 부조묘로 허락되었으며 진흥군 사당이 현존하고 있다.

세(世)	성명(諱)	생졸년	호(號)	시호(諡號)	주요관직	비고
15	강 신	1543-1615	東皐	의간공	좌찬성 판중추부사	入耆老所 선무원종공신1등
15	강 인	1555-1634	是庵	진창군	가선대부 홍주목사 가의대부 강릉부사 한성우윤 겸 오위도총부부총관	호성공신3등 참록위성공 2등

진흥군 사당

　진흥군 사당은 진흥군 강신을 배향하는 불천위 사당이다. 진흥군 강신(紳)의 자(字)는 면경(勉卿), 호(號)는 동고(東皐), 애련재(愛蓮齋)이다.

　소과, 문과 장원급제하고, 삼사, 은대 등 각 부처 요직을 역임하였으며, 기축옥사사건(정여립모반사건)을 처결하여 평난공신으로 공훈되고 진흥군에 수봉(授封)되었다. 진흥군은 임진란 발발 이후 병조참의를 제수(除授)받고, 강원감사를 겸임하며 강원도 지역에서는 왜군을 철저히 축출하여 혁혁한 무공을 올림으로써 그 공으로 강원감사직을 겸임하면서 병조참판에 승차하게 되었다.

　진흥군은 선조조 17년 간, 강원감사 이후 가선대부(嘉善大夫)로 승차(陞差)한 후 각 조의 참판을 12회 역임하였다(병조참판 4회, 이조참판 3회, 형조참판 2회, 호조참판 2회 예조참판 1회). 또한 이 기간 동안 동부승지 겸 승문원제조, 도승지를 역임하였고, 대사간, 대사헌을 역임하기도 하였다.

　진흥군 강신은 1605년(선조38) 7월 의정부 우참찬 겸 지의금도사(知義禁府事), 1609년(광해 원년) 8월 우참찬, 1611년(광해3년) 11월 의정부 좌참찬 등을 제배한 후, 1612년(광해4년) 봄, 입기사(入耆社, 정2품 이상 문관으로 70세 이상인 사람이 들 수 있는 경로소)하였으며, 참맹[參盟, 광국공신 19원(員), 평난공신 22원(員)의 연합모임]을 구성하자 가입되었다.

　그리고 숭정대부(崇政大夫, 종1품하로 二床品)로 승배(陞拜)하여 판중추부사 겸 지의금부사를 지냈다. 1615년(광해7년) 12월 23일 향년 73세로 운명하였으며 부음(訃音)으로 다음과 같이 증직(贈職)되었다.

　"증 추충분의평난공신 대광보국숭록대부 의정부 영의정 겸 영경연 홍

진흥군 부조묘 사당

문관 예문관 춘추관 관상감사 세자사 진흥부원군 시(諡)의간공."

  나라에서는 부조지전(不祧之典, 나라에 큰 공훈이 있는 자의 신주를 영원히 사당에 모시게 한 특전)을 명했으며, 관모(官帽)에 관복(官服)을 갖춰 입고 교의(交椅)에 앉은 전신상을 충훈부화원(忠勳府畫員)에서 영정(影幀)으로 작(作)하여 하사하였다. 종손이 상주로 내려가면서 진흥군 사당을 새로 지어 신주와 영정을 모셔 놓고 향사 중이었으나, 현재 종중 사정으로 영정은 원본이 아닌 모사본을 봉안하고 있다.

기로소(耆老所)

 기로소(耆老所)는 치사기로소(致仕耆老所)를 줄여 부르는 명칭이며, 왕과 조정원로의 친목과 연회 등을 주관하며 군신이 함께 참여하는 특성으로 관부서열 1위의 기관이었다. 기로소에 들기 위한 조건은 실직(實職)의 정경(正卿) 이상을 지낸 70세 이상의 문신들로 이들을 기로소 당상이라 불렀다. 입소(入所)하는 조건이 엄격하여 문과등제 출신이 아니면 불가하였는데, 정경(正卿)이상을 지내야 하고 장수해야 하며 문과에 급제하여야 했기 때문에 과거급제를 하지 않고 음보로 정경이 된 경우에 특별한 경우가 아니면 입소할 수 없었다. 조선 중기에 미수 허목이 예외로 입소할 수 있었지만 나중에 제명되기도 하였다. 기로소에는 왕도 입소하였는데, 숙종은 59세, 영조와 고종은 51세에 가입한 것으로 기록이 전해진다. 대사간공 종중에서는 다음의 선조들이 기로소(耆老所)에 입기사(入耆社)하였다.

세(世)	성명(諱)	생졸년	호(號)	주요관직	비고
15	강신(紳)	1543-1615	東皐	좌찬성 판중추부사	士安 (生父士尙) 宗系子
18	강석태 (碩泰)	1659-1744		목천군수 진산군수 수 가선대부 동지중추부사	원주공 琛 3子
19	강항(杭)	1702-1787	市北	정헌대부 지중추부사	碩耆 子 진사공(諱 澤) 후손
23	강시영	1788-1868	星沙	양관제학 이조판서 우찬성	浚欽 子 진창군 후손

수직(壽職)

유교적 경로사상에 입각하여 장수한 인물에게 벼슬을 내리는 것으로 매년 초 각도(各道)의 관찰사가 여러 읍의 호적에서 80세 이상 노인을 선발하여 벼슬을 내렸으며, 지방관의 부친은 70세 이상만 되면 벼슬을 내렸다. 다음은 대사간공의 후손들 중 수직을 받은 선조들이다.

성명	生卒(생졸)년	관직	壽(수)	비고
강린(璘)	1631~1712	수 통정대부 첨지중추부사	82	연기현감.상의원첨정. 회혼례
강석제(碩齊)	1659~1742	수 통정대부 첨지중추부사	84	1691진사
강석후(碩厚)	1654~1735	수 통정대부 첨지중추부사	82	1677진사3등 절충장군중좌위
강석태(碩泰)	1659~1744	수 가선대부 동지중추부사	86	1693증광진사 목천군수 진산군수 入耆社
강석란(碩蘭)	미상	수 자헌대부 행 동지중추부사	82	字 于蘭 공조참의
강걸(杰)	미상	수 가선대부	91	字 泰祚
강백(栢)	1690~1777	수 통정대부	88	1714진사1등 1727정시별시 문과 갑과등제 한성우윤
강항(杭)	1702~1787	수 정헌대부 지중추부사	86	1726문과 좌랑司直回榜賜詩 入耆社(입기사)
강필신(必愼)	1687~1756	수 통정대부 첨지중추부사	70	1713생원 1718식년문과 정자 주서 전적 청주목사
강필구(必龜)	1684~1763	수 가선대부 동지중추부사	80	1722정시문과 전적 좌랑

이름	생몰	관직	향년	비고
강필달(必達)	미상	수 통정대부 첨지중추부사	88	父 杰 祖父 碩蘭
강필교(必敎)	1722~1798	수 통정대부 첨지중추부사	77	1780진사장원 전의정산현감
강세연(世連)	1704-?	수 가선대부 동지중추부사	?	號 醉庵 父 必恒 祖父 楦 曾祖 碩老
강세동(世東)	1714-1795	수 가선대부 동지중추부사	82	1747진사 용안현감 父 必文 祖父 植 曾祖 碩老
강세남(世南)	1717-1791	수 통정대부 첨지중추부사	75	진사(무자년) 참봉 父 必命 祖父 植 曾祖 碩老
강세문(世文)	1719-1806 (확인 필요)	수 통정대부 첨지중추부사	88	宣略將軍 行용양위부호군 [조부익(代)父 必壽]
강세정(世靖)	1743-1818	수 통정대부 첨지중추부사 (1812)	76	1783진사 선공감봉사 의금부 도사 사옹원주부 회덕현감
강검흠(儉欽)	1725-?	수 통정대부 첨지중추부사	?	父 世連 祖父 必恒 曾祖 楦
강윤흠(允欽)	1745-1833	수 통정대부 첨지중추부사	89	(祖父 必壽, 父 世文)
강의영(儀永)	1797-1895	수 동지중추부사	79	父 宗欽 祖父 世善 *상세확인필요
강은흠(殷欽)	1816-1893	수 통정대부	78	父 世元 參奉 *상세확인필요
강보영(輔永)	1817-1886	수 통정대부 첨지중추부사	70	父 雲會 祖父 世貞 曾祖父 必履
강화영(華永)	1821-1907	수 통정대부	87	父 龜欽 祖父 世迪 *상세확인필요
강벽(碧)	1819-1903	수 통정대부	85	옥동서원장 宗系 胄永 次子

현관(顯官)과 현조(顯祖)*

*현관(顯官)은 높은 벼슬 또는 그런 자리, 현조(顯祖)는 이름이 높이 드러난 조상을 일컫는다.

현관은 정3품 당상관 이상의 관직을 담당한 고위급의 관료를 말한다. 다음과 같이 대사간공 종중의 현관(顯官)인 선조들을 정리하였다.

정승(政丞)

정정공 강사상은 선조(宣祖)조에 정승(우의정)을 지냈다.

정승은 조선시대 의정부의 3정승으로 재상(宰相), 총리(總理)에 해당하는 최고위직 또는 그 지위에 해당하는 사람을 말한다. 고려시대에는 문하시중(門下侍中), 후기엔 시중(侍中). 중찬(中贊)으로 바뀐 이름이다. 3정승은 영의정, 좌의정, 우의정과 동일 급(級)의 원임(原任)대신들과 구분하여 '시임(時任)대신'이라 하였다.

우의정(右議政)은 정1품의 의정부 관직으로 '대광보국숭록대부(大匡輔國崇祿大夫)'이며, 영경연사(領經筵事)와 감춘추관사(監春秋館事)를 겸하였으며, 우상(右相)이라 하고 삼정승 중 세 번째에 해당한다.

우의정은 판병조사를 겸하며 무관 인사와 병권을 다루는 병조의 업무에 개입하며, 병조, 형조, 공조의 업무를 관리·감독한다. 우의정은 현대로 치면 대법원장의 위상으로 헌법재판소장과 중앙선거관리위원회 위

세(世)	성명(諱)	생졸(生卒)년	관직	시기	비고
14	강사상	1519~1581	우의정	1578년 (戊寅)	大匡輔國崇祿大夫(대광보국숭록대부)겸領經筵事(영경연사), 監春秋館事(감춘추관사)

원장의 위상과 국회의 국방위원회 위원장을 겸직한 것으로 볼 수 있다.

영중추부사(領中樞府事)와 판중추부사(判中樞府事)

강사상(姜士尙)은 우의정(右議政)을 지내는 중 병환을 이유로 수차례 사직을 원했으나 받아들여지지 않았다. 결국 병환이 중(重)해지자 선조는 1581년(신사)에 정승의 자리를 면하게 하고 '영중추부사(領中樞府事)'로 체배(遞拜)하였다.

영중추부사(領中樞府事)는 정1품 관직으로 중추부(中樞府)의 영사(領事), 즉 최고 책임자로서 '영중추(領中樞)' 또는 '영부사(領府事)'로 약칭되기도 하였다. 조선시대의 중추부는 서반(西班)의 최고관부로 편제되어 있었으나 일정하게 소관 사무는 없었고, 의정부와 6조의 고위직을 지낸 문관들을 예우하는 명예직으로 활용되었다. 영중추부사는 의정(議政)을 역임한 원로대신을 임명하는데 정원은 1인이었다.

강신(姜紳)은 광해군 4년인 1612년(임자) 입기사(入耆社) 및 참맹(參盟)하였으며 '숭정대부(崇政大夫) 판중추부사(判中樞府事) 겸 지춘추관사(知春秋館事)'가 되었다. 판중추부사(判中樞府事)는 중추부(中樞府)의 종1품 관직이며, 중추부(中樞府)는 특정하게 관장하는 일은 없었으며 문무 당상관을 대우하는 기관이었다. 그러나 실제로는 순장(巡將)으로서 행순(行巡)의 임무나 관찰사, 병마절도사로 겸임되는 등 실질적인 기능을 갖기도 하였다.

세(世)	성명(諱)	생졸(生卒)년	관직	시기	비고
14	강사상	1519~1581	영중추부사 (정1품)	1581년 (선조 신사)	시(諡) 정정공(貞靖公)
15	강 신	1543~1615	판중추부사 (종1품)	1610년 (경술)	숭정대부(崇政大夫) 판중추부사(判中樞府事) 겸 지춘추관사(知春秋館事) 시(諡) 의간공(懿簡公)

좌·우참찬(左右參贊), 우찬성(右贊成)

정정공 강사상(姜士尙)은 의정부의 우참찬, 좌참찬, 진흥군 강신(姜紳)은 우참찬을 거쳐 좌참찬, 문헌공 강시영(姜時永)은 우찬성을 역임하였다.

정정공 강사상은 의정부에서 검상, 사인, 우참찬, 좌참찬을 지냈고 우의정에 이르렀다. 진흥군 강신은 12회에 걸쳐 참판을 지낸 이후, 우참찬을 거쳐 좌참찬, 그리고 판중추부사가 되었다. 1605년(선조38 을사) 정헌대부(正憲大夫) 의정부 우참찬(右參贊) 겸 지의금부사(知義禁府事)가 되었으며, 광해군 즉위 원년 1609년(기유)에 다시 우참찬에 재배(再拜)되었다가, 1610년(광해2 경술)에 좌참찬이 되었다. 문헌공 강시영(姜時永)은 이조판서를 지낸 이후 우찬성(右贊成)을 역임하였다.

좌참찬(左參贊)은 조선시대 의정부의 정2품 관직이다. 경국대전에 따르면 좌찬성, 우찬성과 함께 3정승을 보필하는 역할을 수행하였다. 우참찬과 함께 이공(貳公)이라고도 한다. 6조의 판서, 우참찬이 종1품 판중추부사 우찬성에 승진하기 위해서는 좌참찬을 거쳐야 했다.

참찬(參贊)은 재주와 식견을 두루 갖춘 명망 있는 인물이 임명되었다. 그 지위는 의정부의 성쇠에 따라 등락하였는데, 세종조에서 단종조까지는 이조, 병조판서의 상위에 찬성이나 참찬이 판이조사 또는 판병조사를 겸직하여 문선(文選)과 무선(武選), 병정(兵政) 등을 맡아 이조, 병조를 지휘하는 실질적인 기능을 가진 요직이었지만, 조선 중기 이후에는 비변사 중심의 국정운영으로 의정부 기능이 축소되면서, 품계 자체는 육조 판서보다 높았으나 권한은 종2품 이상이 겸임하는 비변사의 장이나 비변사제조(備邊司提調)보다 못하기도 하였다.

우찬성은 의정부 종1품 관직으로, 좌찬성, 좌참찬, 우참찬과 함께 3의정(議政)을 보좌하며 국정에 참여한다. 3의정 유고 시 그 임무를 대행한다. 우찬성은 좌찬성과 함께 세자시강원이사(世子侍講院貳師), 예빈시제조(禮賓寺提調)를 겸하였다.

세(世)	성명(諱)	생졸(生卒)년	관직	비고
14	강사상	1519~1581	우참찬 좌참찬	시(諡) 정정공(貞靖公)
15	강 신	1543~1615	좌참찬 (1610년 庚戌)	시(諡) 의간공(懿簡公)
23	강시영	1788-1868	좌참찬(1864, 1865년) 판의금부사(1866, 고종3) 우찬성(1868, 고종5)	증시(贈諡) 문헌공(文憲公)

판서(判書)

대사간공 종중의 후손들 중 정정공 강사상, 문헌공 강시영, 강난형 등이 판서를 역임하였다. 정정공 강사상은 1573년(선조6) 병조판서에 승진한 이후 1578년(선조11년) 우의정에 오를 때까지 형조(刑曹), 이조(吏曹), 형조, 예조(禮曹), 이조, 형조, 병조(兵曹)판서 등 10회의 판서 직을 역임하였다.

판서(判書)는 조선의 정2품 당상 관직이며, 행정을 맡아보는 주요 관서인 육조(六曹)의 우두머리 관직이다. 1405년(태종5) 1월에 기존의 정3품 전서(典書)를 정2품 판서로 개편하면서 성립되었다. 고려와 명나라의 육부의 상서와 같은 역할이며, 대한민국의 장관에 해당한다.

보통 정2품 품계에서 임명되지만 정2품 이상(정1품, 종1품 등)의 관리가 판서에 임명되는 경우도 있는데, 이때는 판서 직책 앞에 '행이조판서', '행병조판서'처럼 행(行)자를 덧붙였다. 만약 정2품보다 낮은 품계의 관원이 임명된다면, 수(守)자를 붙여 '수이조판서', '수예조판서' 등으로 부르게 된다. 6조판서 가운데 가장 영예롭게 여겼던 이조판서를 역임할 경우에는 삼정승(영의정, 좌의정, 우의정을 지칭)에 오를 가능성이 높았다.

세(世)	성명(諱)	생졸(生卒)년	관직	비고
14	강사상 (姜士尙)	1519~1581	병조판서(1573년 선조6) 형조판서 이조판서 예조판서	1573년(선조6)~ 1578년(선조11) 병조판서(2배) 형조판서(3배) 이조판서(4배) 예조판서
23	강시영 (姜時永)	1788-1868	형조판서(1848, 헌종14) 예조판서(1859, 철종10) 공조판서(1862, 1865) 이조판서(1865, 고종2)	
23	강난형 (姜蘭馨)	1813~?	형조판서(1873년 고종)	

한성부(漢城府) 판윤(判尹)과 좌(左)·우윤(右尹)

한성부(漢城府)는 조선왕조의 수도인 한성의 행정구역 또는 조선왕조의 수도를 관할하는 관청이다. 한성부 판윤(判尹)은 한성부를 다스리는, 오늘날 서울특별시장에 해당하는 정2품 판서(判書)급의 중요관직이다. 자헌대부 이상의 품계로서 도성의 행정과 사법, 치안 업무를 관장하였다.

6조의 판서, 좌참찬, 우참찬과 함께 9경(卿)이라 부른다. 종2품 좌윤(左尹)과 우윤(右尹), 종4품 서윤(庶尹) 등의 관원을 두고 있었다.

한성부의 좌윤(左尹)과 우윤(右尹)은 한성부의 종2품 관직으로 오늘날의 차관급에 해당한다. 판윤을 보좌하는 역할을 맡았으며, 지금으로 치면 서울특별시 행정부시장 또는 정무부시장에 해당하는 직책이다. 다음과 같이 대사간공 종중의 선조들이 한성부 판윤과 한성부 좌·우윤을 역임하였다.

한성부(漢城府) 판윤(判尹)

世(세)	성명(휘)	관직	世(세)	성명(휘)	관직
14	강사상	한성부 판윤 1573년(계유)	23	강시영	한성부 판윤 1848(헌종14) 1850(철종1) 1852(철종3) 1865(고종2)
24	강난형 (姜蘭馨)	한성부 판윤 1875~1877			

한성부(漢城府) 좌·우윤(左·右尹)

世(세)	성명(휘)	관직	世(세)	성명(휘)	관직
15	강인 (姜絪)	한성부 우윤 1627년(정묘)	16	강홍립	한성부 우윤 1609년(기유)
19	강백 (姜栢)	한성부 우윤 1769년(己丑)	23	강시영	한성부 우윤 1842년(임인) 한성부 좌윤 1846, 1847년

참판(參判)

　참판(參判)은 조선시대의 종2품 당상관직으로 각 조(曹)의 수장인 판서(判書)를 보좌하는 역할을 수행하며, 각 조(曹)의 예하 기관을 감독하는 제조(提調)의 업무를 겸했다. 자헌대부(資憲大夫, 정2품)로 승진하려면 각조의 참판(參判)직을 한 번이라도 역임해야 한다. 오늘날의 각 부처 차관에 해당한다. 대사간공 종중의 후손들 중 참판을 거친 선조(先祖)들은 다음과 같다.

世(세)	성명(휘)	관직	世(세)	성명(휘)	관직
14	강사상	형조참판(1561) 예조참판(재배) 병조참판 이조참판 호조참판 이조참판	15	강 신	병조참판(1593) 병조참판(1594) 형조참판(1595) 병조참판(1596) 호조참판(1597) 이조참판(1597) 이조참판(1597) 예조참판(1598) 호조참판(1598) 형조참판(1599)
16	강홍립	형조참판(1618)	18	강석빈	공조참판(1690)
21	강세륜	병조참판	23	강시영	병조참판(1842) 예조참판(1843) 병조참판(1843)
24	강문형	이조참판(1887) 이조참판(1888) 이조참판(1893)	24	강난형	이조참판(고종5)

6조(六曹) 참의(參議)

6조(六曹) 참의(參議)는 정3품의 관직으로 오늘날 중앙관청의 국장급 고위관리에 해당한다. 조선시대 6조는 국가의 정무를 나누어 맡아보던 6개의 행정기관이며, 이조, 호조, 예조, 병조, 형조, 공조 등을 총칭하는 것이다. 6부(部), 6관(官)으로도 불렸다. 6조의 기능은 왕권 및 통치구조와 밀접하게 연결되어 있으며 국정을 담당하는 국가운영의 중심기구라고 할 수 있다. 다음은 대사간공 종중의 선조들 중 6조 참의를 보임했던 선조들이다.

世(세)	성명(諱)	관직	世(세)	성명(諱)	관직
14	강사상	예조참의 병조참의	14	강사필	이조참의 예조참의 형조참의
15	강 신	병조참의	16	강홍중	형조참의 병조참의
18	강석빈	호조참의	18	강석란	공조참의
20	강필리	호조참의 병조참의	24	강난형	이조참의

승정원(承政院) 승지(承旨)

승정원은 왕명(王命)의 출납(出納)을 관장하는 관청이며, 정원(政院), 후원(喉院), 은대(銀臺), 대언사(代言司)라고도 하였다. 왕명 출납이라는 법제적인 임무 외에도 군기(軍機)를 관장하거나 조(曹)의 대신을 제약하고 조(曹)의 일을 주도하는 영향력을 발휘하기도 하는 강력한 기구였다. 도승지(都承旨), 좌·우(左右)승지, 좌·우부승지(副承旨), 동부승지(同副承旨)가 각각 1명씩이며 정3품이고, 2명의 주서(注書)는 정7품이다. 대사간공 종중의 많은 선조들이 승정원에서 관직을 수행하였는데, 다음과 같다.

世(세)	성명(諱)	관직	시기	世(세)	성명(諱)	관직	시기
14	강사상	동부승지 우부승지 좌부승지 우승지 도승지 도승지	명종 (1557~ 1561)	14	강사필	동부승지 좌승지 도승지	명종

15	강서(緖)	동부승지 우부승지 우승지 좌승지	선조	15	강신(紳)	동부승지 도승지	선조
15	강연(綖)	우승지 좌승지	선조	16	강홍중	우승지 좌승지	인조
18	강석빈	도승지	숙종	20	강필리	동부승지 우부승지 좌부승지 우승지	영조
22	강준흠	동부승지	순조 1828	23	강시영	동부승지 좌부승지 좌승지 우승지	헌종
24	강난형	좌부승지	고종	24	강문형	우부승지 예방승지	고종

사간원(司諫院) 대사간(大司諫)

사간원(司諫院)은 간쟁(諫諍)과 논박(論駁)에 관한 일을 관장하는 기관이다. 대사간 1명(정3품), 사간 1명(종3품), 헌납(獻納) 1명(정5품), 정언(正言) 2명(정6품) 등으로 구성하여 직을 수행한다. 대사간은 대간(大諫) 또는 간장(諫長)으로 부르기도 하였다.

대사간은 문과 출신의 명망 있는 인물이 아니면 임명될 수 없었다. 사헌부의 대사헌(大司憲)과 함께 언론과 규찰을 주도하는 중책이므로 여러 가지 특권이 주어졌고 승진도 빨랐으며, 왕권을 견제하고 독재자의 출현을 방지하며 관기(官紀)를 바로잡기 위한 핵심적인 양반의 관료직이었다.

대사간공 종중에서 대사간 직을 수행한 선조들은 다음과 같다.

世(세)	성명(휘)	관직	시기	비고
11	강 형	대사간	연산군	
14	강사상	대사간(2)	명종, 선조	2배(拜)
14	강사필	대사간(2)	명종	2배(拜)
15	강 신	대사간(2)	선조	2배(拜)
18	강석빈	대사간	숙종	
20	강필리	대사간	영조	
21	강세륜	대사간	헌종(1835)	
24	강난형	대사간	철종(1860~1861) 고종	3배(拜)

사헌부(司憲府) 대사헌(大司憲)

사헌부(司憲府)는 관리들의 비리를 감찰하는 기구이다. 다시 말해 백관을 사찰하고, 풍속을 바로잡으며, 원통하고 억울한 일을 풀어주며, 외람되고 거짓된 행위를 금하는 등의 일을 관장하는 기관이다. 상대(霜臺), 오대(烏臺), 백부(柏府)라고도 하였으며, 그 속사(屬司)로 감찰방(監察房)이 부속되어 있다.

사헌부는 또한 사간원과 함께 대표적인 언론기관이었다. 따라서 '언론양사(兩司)'라고 하였는데, 정치(政治)의 시비에 대한 언론 활동, 백관에 대한 규찰, 탄핵과 시정(時政)에 대한 직무를 수행하였다. 간쟁(諫諍)은 사간원만이 할 수 있었으나 실제로는 사헌부도 왕의 언행이 잘못되었을 때 이를 바로잡기 위한 언론활동이 허용되었다. 주요 관헌들은 대사헌(大司憲) 1명(종2품), 집의(執義) 1명(종3품), 장령(掌令) 2명(정4품), 지평(持平) 2명(정5품), 감찰(監察) 24명(정6품) 등이다. 다음과 같이 사헌부의 대사헌을 역임한 대사간공 종중의 선조들을 정리하였다.

世(세)	성명(휘)	관직	시기	비고
14	강사상	대사헌	1561(명종16)	5배(拜)
15	강 신	대사헌	선조	
23	강시영	대사헌	철종(4년-14년)	10배(拜)
24	강난형	대사헌	고종(1876)	11배(拜)

사간원(司諫院)과 사헌부의 아장(亞長)

사간원과 사헌부의 제2인자를 '아장(亞長)'이라 하였는데, 사간원의 '사간(司諫, 종3품)'과 사헌부의 '집의(執義, 종3품)'를 부르는 별칭이었다. 다른 관직에는 아장이란 별칭이 없으며, 사헌부와 사간원에만 이런 별칭이 있는 것은 집의와 사간의 직책이 중요하였기 때문이다.

대사헌은 오늘날 대법원장에 해당하며, 집의는 대법원의 부원장 격이다. 또한 대사간은 오늘날 검찰총장에 해당하므로 사간은 대검 차장에 해당하는 관직이라 할 수 있다. 다음과 같이 대사간공 종중에서 아장을 역임한 선조들을 정리하였다.

구분	世(세)	성명(휘)	관직
사헌부 집의(執義)	13	강온(溫)	집의
	14	강사필	집의
	18	강석구(耉)	집의
	21	강세규(撰)	집의

구분	世(세)	성명(휘)	관직
사간원 사간(司諫)	18	강석구(耉)	사간
	21	강세응(膺)	사간
	22	강준흠	사간

대관(臺官)과 대장(臺長)

사헌부의 대사헌 이하 지평(정5품)까지의 사헌부 소속관원을 '대관(臺官)'이라 하였다. 즉 집의(執義, 종3품), 장령(掌令, 정4품), 지평(持平, 정5품) 등을 말한다. 또한 장령(정4품), 지평(정5품)을 '대장(臺長)'이라 하였다. 이 대관 직은 '청환직(淸宦職)'으로 문과 급제자 중에서 청렴 강직하며 시류에 흔들리지 않고 옳다고 믿는 바에 대해서는 뜻을 굽히지 않고 직언할 수 있는 사람을 선발하여 보임하였다.

다음은 '대장(臺長)'직을 수행한 대사간공 종중의 선조들이다. 집의를 역임한 선조는 앞에서 제시하였기에 제외하였다.

구분	世(세)	성명(휘)	관직	비고
사헌부 대장 장령(掌令) 지평(持平)	11	강형	지평, 장령	
	13	강온	지평	
	14	강사필	장령	
	15	강서	장령, 지평	
	15	강신	장령, 지평	
	15	강연	지평	
	16	강홍립	장령, 지평	
	16	강홍중	장령	불취
	18	강석구(碩耉)	장령	
	20	강필신	장령	
	21	강세백	장령, 지평	
	21	강세륜(綸)	장령	
	21	강세응(膺)	장령, 지평	
	21	강세규(揆)	장령	
	22	강준흠	지평	

성균관(成均館) 대사성(大司成)과 사성(司成)

성균관은 유생(儒生)을 교회(敎誨)하는 일을 관장하며, 속사(屬司)로는 정록청(正錄廳)이 부속되어 있고, 중학(中學), 동학(東學), 남학(南學), 서학(西學)이 예속되어 있다. 명륜당(明倫堂)은 서울의 성균관이나 지방의 각 향교에 부설되어 유학을 가르치던 유교 건축물인 강학당(講學堂)을 말하며, 성균관의 유생들이 이곳에서 글을 배우고 익혔으며 왕이 직접 유생들에게 강시(講試)한 곳이다. 명륜당(明倫堂)은 문묘(文廟) 북쪽, 존경각(尊經閣)은 명륜당 동쪽, 향관청(享官廳)은 명륜당 북쪽에 있었다. 명륜당 북쪽은 송림이 울창하여 벽송정(碧松亭)이라 하였다.*

*신증동국여지승람(한국고전번역원 번역) 중에서 발췌 요약.

지사(知事) 1명이고 동지사(同知事) 2명인데, 모두 다른 관원으로 겸임케 하고, 대사성(大司成) 1명(정3품), 사성(司成) 2명(종3품), 사예(司藝) 3명(정4품), 직강(直講) 4명(정5품), 전적(典籍) 13명(정6품), 박사(博士) 3명(정7품), 학정(學正) 3명(정8품), 학록(學錄) 3명(정9품), 학유(學諭) 3명(종9품)이다. 대사간공 종중에서 성균관 대사성과 사성을 역임한 선조는 다음과 같다.

世(세)	성명(휘)	관직	시기	비고
14	강사상	대사성	명종	
14	강사필	대사성	명종	
15	강서	사성	선조	
15	강연	사성	선조	
18	강석빈	대사성	숙종	1690
21	강세륜	대사성	헌종	1835
24	강난형	대사성	고종	

관찰사(觀察使)와 부윤(府尹)

관찰사는 전국 8도(道)마다 1명씩 둔 종2품의 문관 직이다. 감사(監司), 도백(道伯), 방백(方伯), 외헌(外憲), 도선생(道先生) 등으로 불리었다. 처음엔 '도관찰출척사'였다가 1466년 관찰사로 변경하였다. 관찰사는 국왕의 특명을 받은 사신(使臣)으로, 지방관에 대한 규찰과 지방장관의 2가지 기능을 수행하였다.

관찰사는 도의 장관으로서 관할 지역에 대해 경찰권, 사법권, 징세권 등을 행사하였으며, 도내를 지속적으로 순력하며 1년에 두 차례 지방수령과 모든 외관들의 직무 성적을 평가, 보고하였다. 중앙의 사헌부는 내헌(內憲), 관찰사는 외헌(外憲)으로 부른다.

부윤(府尹)은 종2품 문관의 외직(外職)이며 조선시대 지방관청인 부(府)의 우두머리로서 관찰사와 동격인 부(府)의 장관직이다. 전라도의 전주부, 경상도의 경주부, 함경도의 영흥부(후에 감영을 함흥부로 옮기고 영흥대도호부로 강등), 경기도의 광주, 평안도의 평양부와 의주부를 두었다. 대사간공 종중의 선조들 중 관찰사(부윤)를 역임한 인물들은 다음과 같다.

世(세)	성명(諱)	생졸(生卒)년	관직(년도)	비고
14	강사상(士尙)	1519~1581	경상도 관찰사	
14	강사필(士弼)	1526~1576	충청도(청홍도) 관찰사 경주부윤 강원도 관찰사	(1566년, 병인) (1568년, 무진) (1574년, 갑술)
15	강신(紳)	1543~1615	강원도 관찰사 영흥부사	(1592년, 임진) (신축)
16	강홍중(弘重)	1577~1642	강원도관찰사	
18	강석빈(碩賓)	1631~1691	광주부윤(廣州府尹)	관찰사와 동격 (종2품)
23	강시영(時永)	1788~1868	충청도 관찰사	1843~1845 (3배)

24	강난형 (蘭馨)	1813~?	강원도 관찰사 황해도 관찰사	황해감사 (1879~1880)
24	강문형 (文馨)	1831~1895	경기도 관찰사	

호당(湖堂)

호당은 '독서당'으로 부르기도 하는데, 국가의 중요한 인재를 양성하기 위하여 건립한 전문독서연구기관을 말한다. 입호당(入湖堂)한 선조는 14세 소암공 강사필이다.

世(세)	성명(휘)	생졸년	자(字) 호(號)	내용	비고
14	강사필 (士弼)	1526~1576	자(字) 경유(景猶) 호(號) 소암(笑庵)	1555(명종10)문과등제 입(入) 호당(湖堂)	온(溫) 3자

한림(翰林)과 팔한림(八翰林)

한림(翰林)은 조선시대 예문관의 정9품 관직인 '검열(檢閱)'의 별칭으로 정원은 4인이다. 봉교(奉敎) 이하를 한림(翰林)이라 하였는데, 봉교(奉敎, 정7품) 2인, 대교(待敎, 정8품) 2인 등과 함께 팔한림(八翰林)으로 불렀다.

춘추관의 기사관을 겸하는 사관이며 사한관(史翰官)의 직임(職任)을 겸하여 평소에 사초(史草)를 기록해 두었다가 실록을 편찬할 때 납입(納入)하는 책임을 진다. 8한림은 사필(史筆)을 중시하므로 제수하는 방식이 일반관원과 다른데, 처음 제수할 때 의정부가 이조, 홍문관, 춘추관, 예문관과 같이 문과 출신자들 중에서「통감」,「좌전」기타 여러 역사서의 구술시험을 거쳐 선발하였다. 왕의 측근에서 사실(史實)을 기록하고 왕명을 대필하는 등 권좌에 가까이 있었으며, 승지와 더불어

근시(近侍)로 지칭되었다. 하급 관직이었으나 조선시대의 대표적인 청요직(淸要職)으로 선망을 받았다. 대사간공 후손 중 한림에 속한 선조들은 다음과 같다.

世(세)	성명(휘)	생졸년	자(字)	호(號)	내용	비고
13	강온	1496~1533	수연(粹然)	청대(淸臺)	예문관 검열 봉교	찬성공 3자
14	강사상	1519~1581	상지(尙之)	월포(月浦)	예문관 검열 봉교	온(溫) 장자
14	강사안	1523~1552	순지(順之)		한림(검열) 대교 봉교	온(溫) 차자
14	강사필	1526~1576	경유(景猶)	소암(笑庵)	예문관 검열	온(溫) 3자
15	강연	1552~1614	정경(正卿)	청천(菁川)	예문관 봉교	사필(士弼) 장자
16	강홍립	1570~1627	군신(君信)	내촌(耐村)	예문관 검열	신(紳) 차자

홍문관(弘文館)

홍문관(弘文館)은 옥당(玉堂), 옥서(玉署) 등으로 불리었고, 옛날 집현전(集賢殿)이며 장서각(藏書閣)이 있다. 유학 진흥과 인재 양성을 담당하는 중요기구이다. 궁중의 경적(經籍, 경서 서적)과 경연(經筵)의 관리, 문한의 처리와 왕의 자문에 응하는 일을 담당하였다. 영사(領事) 1명, 대제학(大提學) 1명(정2품), 제학(提學) 1명(종2품)이며, 이상은 다 다른 관원으로 겸하게 한다. 부제학(副提學)과 직제학(直提學)이 각각 1명으로 모두 정3품이고, 전한(典翰)이 1명(종3품), 응교(應敎) 1명(정4품), 부응교(副應敎) 1명(종4품), 교리(校理) 2명(정5품), 부교리(副校

理) 2명(종5품), 수찬(修撰) 2명(정6품), 부수찬(副修撰) 2명(종6품), 박사(博士) 1명(정7품), 저작(著作) 1명(정8품), 정자(正字) 2명(정9품)으로 구성하였다. 홍문관에서 전한(종3품)이상 역임한 대사간공 종중 선조들은 다음과 같다.

世(세)	성명(諱)	관직	시기	世(세)	성명(諱)	관직	시기
14	강사상	전한 직제학 부제학	명종	14	강사필	직제학 부제학	명종
15	강신(紳)	전한 부제학	선조	23	강시영	제학	고종
25	강경희	부제학	고종				

외교사절

대사간공 종중에는 유독 외교사절로서 명(明). 청(淸). 일본(日本) 등에 사신으로 다녀온 선조들이 많았다. 정정공 강사상(姜士尙)은 특히 외교적 수완이 뛰어나 역사적으로도 외교적 성과가 높은 문신으로 기

世(세)	성명(諱)	使行名	담당	시기	당시관직	비고
14	강사상	聖節使	正使	1561(명종16)	대사헌	
		遠接使	正使	1568(선조원년)	예조참판	皇帝遣使 卽位誥命
		奏請使	正使	1570(선조3)	병조참판	中宮殿 誥命
14	강사필	冬至使	書狀官	1560(명종)		경신
		冬至使	正使	1572(선조)		임신

15	강 연	冬至使	正使	1609(광해1)	성균관사성	
16	강홍립	陳奏使	書狀官	1609(광해1)	예조좌랑	
16	강홍중	日통신사	副使	1624(인조2)	승문원판교	관백축하
18	강석빈	謝恩使	副使	1691(숙종)	대사성	
22	강준흠	告訃使	書狀官	1805(순조5)	교리	정순왕후
23	강시영	謝恩使	書狀官	1829(순조29)		
		冬至使	正使	1848(헌종14)	형조판서	
		進賀使	正使	1853(철종4)	대사헌	
24	강난형	陳慰兼 進香使	正使	1875(고종12)	지의금부사	淸國穆宗
24	강문형	回還進賀兼 謝恩使	書狀官	1872(고종9)		
		신사유람단 (일본시찰)		1881(고종18)		

록되어 있다. 다음과 같이 외교사절로 활약한 선조들을 정리하였다.

공신(功臣)과 원종훈(原從勳) 녹훈(錄勳) 선조

'공신(功臣)'은 국가나 왕실을 위해 공을 세운 사람에게 주는 칭호 또는 그 칭호를 받은 사람을 말한다. 공신은 종묘 배향 공신과 일반 공신으로 나뉘는데, 일반 공신은 전쟁이나 반란. 반정을 통해 공신이 된 경우이다. 그리고 '원종공신(原從功臣)'은 '정공신(正功臣)'에 이어 녹훈되었고, 그 범위와 규모가 정공신에 비해 매우 컸다. 따라서 원종(原從)공신은 음서(蔭敍), 사면(赦免), 특진(特進) 등의 특전을 받았으나 정공

세(世)	성명(諱)	공신명	공신훈(구분)	비고
14	강사상 정정공 (貞靖公)	補祚功臣 (보조공신)	純忠積德幷義補祚功臣(1등) 純忠積德補祚功臣(2등) (진창군 훈공 추증) 純忠補助功臣(3등)	증직된 공신 칭호추증
14	강사안 (晉山府院君)	補祚功臣 (보조공신)	純忠補祚功臣(3등)	증직된 공신 칭호추증
15	강신(紳) 진흥군 (晉興君)	平亂功臣 (평난공신)	推忠奮義炳幾協策平難功臣(3등) 推忠奮義協策平難功臣(3등) 推忠奮義平難功臣(行職)(3등)	기축옥사 (정여립의 난)
		宣武原從功臣 (선무원종공신)	宣武原從功臣(선무원종공신) (行職)(1등)	임진왜란
15	강인(絪) 진창군 (晉昌君)	扈聖功臣 (호성공신)	忠勤貞亮竭誠効節協策 扈聖功臣(1등) 忠勤貞亮竭誠協策扈聖功臣(2등) 忠勤貞亮竭誠扈聖功臣(行職)(3등)	임진왜란
		衛聖功臣 (위성공신)	參錄 衛聖功臣(2등)	임진왜란 광해군수행 (광해군책봉)
16	강홍립 진령군 (晉寧君)	翼社功臣 (익사공신)	効忠奮義炳幾決策翼社功臣(3등) 効忠奮義決策翼社功臣(3등) 効忠奮義翼社功臣(行職)(3등)	광해군 즉위년 (1613)
16	강홍덕	宣武原從功臣 (선무원종공신)	宣武原從功臣(선무원종공신) (行職)(1등)	임진왜란

신들에 비해 특전이 크지 않았다. 대사간공 종중에서 정공신 녹훈을 받은 선조들은 185쪽의 표와 같고, 원종공신훈록(原從功臣勳錄)에 오른 선조들은 다음과 같다.

世(세)	성명(諱)	공신명	공신훈(구분)	비고
15	강담(紞)	平亂原從功臣	平亂原從功臣 1등 勳錄	기축옥사 (정여립 모반사건)
15	강연(綖)	扈聖原從功臣	扈聖原從功臣 훈록	임진왜란
16	강홍수	原從功臣	原從功臣 勳錄	임진왜란
16	강홍적	호종原從功臣	原從功臣 勳錄	이괄의 난
16	강홍덕	宣武原從功臣	原從功臣1등 勳錄	임진왜란
17	강급	寧國原從功臣	効忠奮義炳幾決策寧國 原從功臣 勳錄	인조 심기원역모
20	강필신 (姜必愼)	原從功臣	原從功臣1등 勳錄	이인좌의 난
20	강필경 (姜必慶)	분무原從功臣	분무原從功臣1등 錄勳	이인좌의 난

옥동서원장(玉洞書院長)

서원은 그 지역의 학자나 충신으로 명성이 있는 분들의 위패를 모셔놓고 제사를 모시면서, 학생들을 모집하여 학문을 가르치는 곳이다. 지방 고을의 젊은 학생들을 가르치는 오늘날의 학교와 같은 곳인데, 나라에서 운영하는 학교는 향교(鄕校)이며, 서원은 지방에서 경비를 내어 운영하는 오늘날의 사립학교라고 할 수 있다. 상주에는 14개의 서원이 있으며, '옥동서원(玉洞書院)'은 그 중의 하나이다.

'옥동서원(玉洞書院)'은 경북 상주시 모동면 수봉리에 있으며, 2015년 11월 10일 사적 제532호로 지정되었다. 여말선초(麗末鮮初)의 명신 방촌 황희(1363~1452)의 학문과 덕행을 추모하기 위해 세운 서원이다. 1518년 횡당(黌堂)을 세워 영정을 모신 것이 효시이다. 1580년 백옥동 영당을 건립, 신주를 모시고 배향하였으며, 1714년 서원으로 승격된 후(전식, 황효헌, 황뉴를 추가 배향), 1789년 조정으로부터 현재의 명칭인 '옥동서원(玉洞書院)'으로 사액(賜額)을 받았다. 옥동서원은 1871년 흥선대원군의 서원철폐령에도 훼손되지 않아 현재까지 원형이 잘 보존되고 있으며, 네 분의 향사(享祀, 제사)가 전승되고 있다.

진주강씨 대사간공 종중의 꽤 많은 선조들이 옥동서원장(玉洞書院長)을 맡아 운영하며 선비의 고장 상주 지역의 젊은 인재들을 훌륭하게 키워내는 데 크게 기여하였다. 진주강씨 대동보 기록을 근거로 파악한 결과, 옥동서원장(玉洞書院長)을 지낸 대사간 종중의 선조들은 모두 19분이었다. 다음은 옥동서원장을 지낸 선조들이다.

世(세)	성명(諱)	생졸년	자(字)	호(號)	내용	비고
19	강선 (柹)	1700~1775	而達		옥동서원장(1768)	曾祖 弘胤 父 碩遇
20	강필장 (必章)	1722~1798	希晦		옥동서원장(1796)	통덕랑 柹 長子
21	강세모 (世謨)	?	宗謨	坐隱	옥동서원장(1808)	父 必章 祖父 柹
21	강세흥 (世興)	1745~1826	聖來	芝堂	옥동서원장(무인)	父 必炯 祖父 현

22	강철흠 (哲欽)	1778~1856	稚養	渾齋	옥동서원장(1837) 옥동서원장(1845)		1810 생원 父 世緯 有 遺稿
22	강대흠 (大欽)	1769~1836 (?)	聖化		옥동서원장(을묘)		祖父 必恭 父 世質
22	강명흠 (命欽)	1802~1859	日明	梅畸	옥동서원장(1854)		柳尋春門人 有 遺稿
23	강시영 (始永)	1797~1873	可初	素庵	옥동서원장(1858)		大欽 次子 有 遺稿
23	강주영 (周永)	1795~1853	宗一	鳳下	옥동서원장(경술)		有 遺稿
24	강벽(稫)	1819~1903	蒔甫	悟叟	옥동서원장(1884)		壽通政大夫
24	강계형 (桂馨)	1827~?			옥동서원장(1895)		1855 진사 父 選永
24	강남형 (楠馨)	1839~1917	章叔		옥동서원장(1897)		父 建永 祖父 哲欽 曾祖 世緯
24	강승형 (昇馨)	1861~1934	景日		옥동서원장(1929)		曾祖 世揆
25	강정희 (正熙)	1836~1913	孟德	半山	옥동서원장(1899)		有 遺集
25	강운희 (運熙)	1839~1910	允張	碧梧	옥동서원장(1902)		有 遺稿
25	강봉희 (鳳熙)	1846~1923	漢五		옥동서원장(을묘)		父 穆馨 生父 秀馨
25	강래희 (來熙)	1871~1947	泰卿		옥동서원장(정축)		厚陵參奉 父 林馨 生父 郁馨
25	강환(煥)	1900~1985	聖文		옥동서원장(무오) 옥동서원장(기미)		父 魯馨
26	강신일 (信逸)	1885~1960	禮光		옥동서원장(1955)		祖父 稷(측) 父 達熙

제5장
대사간공 종중의 주요 유산

선산김씨 정려각

1506년(중종2년 병인)에 정려(旌閭)한 정문(旌門)의 현액(懸額)이 현존한다.

선산김씨의 정려문(旌閭門)은 처음에는 서울 성서(城西), 한성부(漢城府) 서소문(西小門) 밖 대거동 통계공(通溪公) 종손가(宗孫家) 대문에 홍살문과 현판(懸板)이 함께 게현(揭懸) 보존되다가 12대 종손 진릉군(晋陵君), 즉 국포공(菊圃公) 휘(諱) 박(樸)의 계자(系子) 진은군(晋恩君) 평와공(萍窩公) 휘(諱) 필악(必岳)이 상주 봉대(鳳垈, 현 상주시 신봉동) 자택으로 정문(旌門)을 이건(移建)한 후 현재는 봉강서원(鳳崗書院) 오른쪽에 정문만 이건(移建) 보전(保全)되고 있다.

烈女貞夫人善山金氏旌閭門
(慶北 尙州市 新鳳2洞(鳳垈)鳳崗書院側)

양범리 선영과 추원재(追遠齋)

　상주시 이안면 양범리는 익산이씨 할머니가 서울을 벗어나 상주로 피난하던 중 부군인 찬성공의 묘소를 쓰고 정착하기로 한 첫 지역으로 현재 찬성공과 익산이씨 할머니의 묘소를 비롯하여 총 25위(位)의 선조님을 모신 상주의 진주강씨 '양범리 선영'이 있는 곳이다.
　'양범리 선영'에 찬성공을 안장하게 된 배경에 대해서는 이미 언급하였거니와 현실에서는 믿기 어려운 놀라운 계시가 있었던 묘역이라 할 수 있다. 또한 양범리에 찬성공을 안장한 후 이곳에서 가까운 '유곡현(幽谷縣) 입석리(立石里)'에 새로운 세거지를 마련함으로써 멸문지경에 이른 대사간공 가문의 부흥을 기약할 수 있게 되었으니, 「양범리」와 더불어 「입석리」는 잊을 수 없는 특별한 곳이 아닐 수 없다.
　그리고 어린 유고자녀들 또한 어머니의 뜻과 어린 나이임에도 잊을 수 없는 끔찍한 기억을 극복하며 열과 성심을 다하여 학문에 열중하고 멸문할 뻔한 가문을 다시 일으키겠다는 결심과 다짐을 반복하며 정진한 훌륭한 정신을 소유한 선조들께서 성장한 곳이다.
　서울 성서(城西) 밖 종가(宗家)와 집성촌을 이룬 '대거동(大車洞동)' 세거지와 더불어 결코 잊거나 소홀히 해서는 안 될 성지와도 같은 곳이라 할 수 있으니, 현재의 우리 후손들도 이를 반드시 기억하며 그에 따른 마음의 경건함을 가져야 할 것이다.

양범리 선영

　진주강씨 박사공 12세 찬성공과 정경부인 익산이씨의 묘소를 비롯하여 후손 23위(位), 총 25위(位)의 선조들께서 안장되어 있는 진주강씨 대사간공파 종중의 선영이 있는 곳이다.

상주시 이안면 지도

　이안면 양범리는 전(前)에는 상서면(上西面)이었으나 행정구역이 개편되면서 이안면(利安面) 양범1리(良凡一里)로 변경되었고, 이안면소재지 마을이 되었다. 조선조 중기에는 함창(咸昌) '양범(良範)'으로 불리었고, 그 후 '양범리(良凡里)'로 바뀌었는데, 바뀐 시기는 알 수 없다고 한다. 이런 마을 이름의 유래는 '민심(民心)이 순박(淳朴)하다'는 뜻에서 이름이 비롯된 것으로 추정하고 있다. 면내(面內) 행정의 중심 역할을 하고 있다.

12세 찬성공(영숙)의 묘소[배위(配位) 정경부인 익산이씨 祔, 상주시 이안면 양범리 내동]

양범1리에는 여러 자연부락들이 있는데, 그중에서 '작두골'과 '묘사마'는 우리 진주강씨와 관련이 있다.

● 작두골

'작두골'은 면사무소 뒷산이 진주강씨 선산 묘지로서 와우혈(臥牛穴)이라 하여, 소가 누워있는 형상인데, 그 옆에 작두가 놓여있는 모양을 하고 있어 '작두골'이라 전래한다.

● 묘사마(묘사마을)

'묘사마'는 면사무소 뒤편에 위치하며, 진주강씨 선영 묘소가 모여 있고, 추원재(追遠齋)가 있어 많은 후손들이 매년 묘사(墓祀)를 봉향(奉享)하는 곳이라 '묘사(墓祀) 마을'이라고 전해오고 있다.

그 산봉(山峰) 끝을 청룡 끝, 즉 좌청룡(左靑龍) 우백호(右白虎)라 하며 묘사 마을 100m 앞에는 솟대(과거 급제자를 위해 마을 앞에 세운 장대)가 세워졌으므로 '솟대거리'라고 하였다.

재사(齋舍) '추원재(追遠齋)'

〈추원재(追遠齋)〉는 상주 이안면 양범리 찬성공 묘하에 건립되어 현존하고 있다. 1704년(숙종30 갑자) 6월 상순에 〈추원당(追遠堂)〉으로 건립하였다가 1830년(가정 갑자) 3월 26일 〈추원재(追遠齋)〉로 명칭을 바꾸어 중건하였다.

찬성공을 안장한 이후 200년이 지난 시점인 1704년에 재사(齋舍) 〈추원당(追遠堂)〉이 건립되었는데, 진행과정에 곡절이 있었음을 알 수 있다. 즉 '추원당기(追遠堂記)'를 살펴보면 처음에 진보현감을 지내고 계신 진보공[강 진(雖)]이 발의하여, 강 노(珞), 강 규(珪), 그리고 강 노(珞)의 사자(嗣子) 강 석경(碩經) 등이 추진하던 중 재사의 완공을 보지 못하고 진보공(강진)과 강노 공이 별세한 후 강규 공과 강석경 공께서 마무리를 한 것으로 나타나 있다.

추원당은 1704년에 건립되었는데, 진보공 강진(1628년~1682년), 강노(1627년~1691년) 두 선조께서 추진하다가 건립 이전에 별세함으로써 추진이 잠시 중단되었으나, 이후 강 규(1646년~1710년) 공과 강석경(1654년~1705년) 공께서 마무리를 하고 '추원당기' 찬술(撰述)을 신천(信川) 강습(康習)에게 부탁한 것으로 기록되어 있는데, 강석경 공은 재사를 완공한 그 다음해(1705년) 별세하였다.

그 이후 1830년에 중건을 하면서 〈추원재(追遠齋)〉로 당호(堂號)를 변경하였다. 이때의 중건기는 후손 통정대부 승정원 동부승지 겸 경연참찬관 춘추관 수찬관 지제교를 지낸 강세륜(姜世綸) 공이 撰述(찬술)하였고, 글은 현릉참봉을 지낸 통덕랑 강장흠(姜長欽) 공이 썼다.

추원재(상주시 이안면 양범1리, 경북문화재자료 제564호)

'양범리 선영'에 모신 선조님

世(세)	諱(휘)	칭호	비고	世(세)	諱(휘)	칭호	비고
12	永叔(영숙)	찬성공	壬坐	14	士孚(사부)	사부공	原坐
13	澔(호)	참봉공	癸坐	15	緪(긍)	주부공	子坐
13	澤(택)	진사공	子坐	16	弘胤(配)	숙부인 전의이씨	壬坐
13	溫(온)	사인공	癸坐	18	碩經(석경)		亥坐
13	濬(준)	진사공	艮坐	18	碩宗(석종)		乾坐
13	鴻(홍)	참봉공	原坐	19	樸(박)	국포공	壬坐
14	士安(사안)	진산부원군	原坐				

*〈추원당기〉 원문과 번역문, 〈추원재중건기〉 원문과 번역문은 이 책 말미의 부록2에 수록되어 있다.

찬성공(휘 영숙)과 익산이씨 추모비

 대사간공(강형)의 장자이며 박사공의 12세인 찬성공과 배위 익산이씨를 추모하는 추모비를 2000년 6월 13일 수립(竪立)하고 제막식을 거행하였다.
 갑자사화 때 멸문지화의 위기에서 용기와 지혜로운 결단으로 남하하여 상주 이안면 양범리에 부군(府君)의 영구를 안장한 후 선영 부근(附近)인 유곡현 입석리에 정착하여 대사간공 후손들이 회복 부흥하게 한 익산이씨의 망극한 은덕을 기리고자 종중 후손들의 헌성금으로 추모비를 건립하게 되었으며, 이를 고유(告由)하는 제의와 제막식을 거행하였다. 추모비는 추원재 앞 정원에 수립(竪立)하였다.

   *추모비의 원문과 번역문은 부록2에 수록되어 있다.

추모비

상주 세거지(世居地)

익산이씨(益山李氏)께서 부군 찬성공을 장례 모신 후 친정 부모가 계신 상주로 가지 않고 어린 유자녀들과 정착(定着)하여 시거(始居)한 곳은 양범산(良凡山) 뒤편 '유곡면(幽谷面) 입석리(立石里)'로 추정한다. 큰 아드님 참봉공(參奉公)이 사관(謝官)하고 육십 평생 내내 거주한 곳도, 입계자(入系子) 휘(諱) 사안(士安) 진산부원군(晋山府院君)이 참봉공을 문병차 내려갔다가 급서(急逝)한 곳도 입석리이다.

진사공(進士公) 휘 택(澤)께서 "진사시(進士試)에 입격(入格)하고 운명(殞命)하실 때까지 입석리에서 거주하였다."라는 기록으로 보아 짧지 않은 기간의 거주지였다고 판단된다.

'산양면(山陽面) 존도리(尊道里)' 집은 셋째아들 사인공(舍人公) 휘 온(溫)께서 성혼(成婚)하여 분가(分家)한 집이다. 사인공의 성혼 연세를 22세(1516년) 내지 전후년(前後年) 21~23세경으로 시기를 추리(推理)하며, 24세 되던 해인 1519년에 첫아들 정정공(貞靖公) 휘 사상이 탄생(誕生)하였다. 배위(配位) 정경부인(貞敬夫人) 밀양박씨(密陽朴氏)는 공(公)보다 네 살 아래다.

사인공은 30세 되던 1525년(을유)에 등제(登第)하고 그해부터 사환(仕宦)하였으니 입석리(立石里)와 존도리(尊道里)를 자주 내왕하였을 것으로 추측할 수 있다.

1525년(을유)에 셋째아들 휘 온(溫)이 문과급제(文科及第)하여 벼슬길에 올랐고, 넷째아들 휘 준(濬)이 진사시(進士試)에 입격(入格)하였으니 집안의 경사(慶事)가 겹친 것이며, 이미 6년 전에는 둘째 아들 휘 택(澤)과 셋째아들 온(溫)이 동방(同榜) 진사시(進士試)에 입격(入格)하기도 했으니, 익산이씨 할머니로서는 환희(歡喜)와 더불어 그간의 고생(苦生)한

보람을 느끼셨을 것이다.

이런 경사와 더불어 셋째아들의 문과급제로 서울로 이주하게 되면서 익산이씨께서도 서울(한양)로 가셨는지는 확인되지 않는다. 아니면 잠시라도 한(恨)많은 한양 땅을 밟아보셨는지도 알 수 없다.

비로소 셋째아들 휘 온(溫)의 대과(大科) 급제(及第)로 사환(仕宦)을 위해 서울로 이주함에 따라 서울과 상주 두 곳의 세거지(世居地)가 생기게 되었으며, 갑작스레 폐쇄되었던 서울 종택을 복원할 기회가 생긴 것은 참으로 다행스러운 일이었다.

갑자사화 당시 12세였던 장자(長子) 호(澔)는 왕고(王考, 조부)와 황고(皇考, 부친)의 설원(雪寃)으로 중종의 자손록용(子孫錄用) 승전교(承傳敎)로 제배(除拜)하게 되어 사환(仕宦) 길에 올랐는데, 연대(年代)는 알 수 없으나 연세(年歲)가 높지는 않았을 것으로 추측된다.

초배(初拜) 집경전(集慶殿) 참봉(參奉)과 복배(復拜) 제릉참봉(濟陵參奉)을 역임한 후, 그 이후론 관직을 사양(謝官)하고 함창(咸昌) 유곡면(幽谷面) 입석리(立石里) 향촌(鄉村)에서 어렵자오(漁獵自娛)하며 육십 평생을 지낸 것으로 기록되어 있다.

셋째아들 사인공 휘 온(溫)은 전술(前述)한 바와 같이 의정부 사인을 역임하던 중에 문신(文臣) 정시(庭試)를 연(連) 3차에 걸쳐 우등거괴(優等居魁, 장원)하고 가자(加資)가 될 날짜를 기다리던 중 1533년 10월, 38세에 조서(早逝)하였으니 어머니 익산이씨(益山李氏)의 슬픔은 매우 컸을 것이다.

또한 사인공의 배위(配位) 밀양박씨(密陽朴氏)는 34세의 과수(寡守)였으며, 아들 4형제[장남 사상(士尙) 15세, 차남 사안(士安) 11세-계백부후(系伯父后), 삼남 사필(士弼) 8세, 사남 사부(士孚) 5세] 모두 어린 나이였으니, 공(公)과의 사별(死別)은 하늘이 무너지고 땅이 꺼지는 슬픔을 겪게 하였을 것이다.

그러나 박씨부인(朴氏夫人) 역시 아픔과 슬픔에 싸여 있을 수만은 없었다. 이 집안이 회복부흥(恢復復興)할지 좌절(挫折)하고 말지의 기로(岐

路)였으며, 결국 나이는 젊지만, 이 집안을 꼭 일으켜 놓아야 하는 것만이, 그리고 아들 4형제를 입신출세(立身出世)하게 하고 양명(揚名)하게 하는 것만이 먼저 간 남편에 대한 보답이자 특히 시모(媤母)에 대한 효(孝)임을 깨달았다.

따라서 아들 교육에 온 정성을 다하였으며, 오직 권학(勸學)하며 면학(勉學)에 힘쓰도록 하였다. 사인공이 별세하였을 때 막내아들 사부(士孚, 師傅公)는 불과 5세였는데, 큰형님 정정공이 주신 책(冊)을 상중(喪中)에도 받아 들고 울었다 한다. 정정공(貞靖公) 4형제분은 어머니의 정성에 감복(感服)하여 뜻에 따르니 4형제분의 학문(學問)은 하나같이 일취월장(日就月將)하였다.

정정공(貞靖公) 4형제는 경쟁이나 하듯 성취(成就)한 학문(學問)을 과장(科場)에 나가 시험(試驗)하니 가장 먼저 둘째인 사안(士安, 贈領相 晋山府院君)이 1540년(중종 경자) 18세에 진사시(進士試)를 거쳐서 1542년(임인) 20세에 문과(文科)에 급제(及第)하여 사환(仕宦) 길에 오르니, 한림권점(翰林圈點)을 통과, 검열(檢閱), 주서(注書) 연륜(年輪)과 함께 천배(遷拜) 승차(陞差)할 제, 큰아들 사상(士尙)은 1543년(중종 계묘) 25세에 사마시(司馬試), 1546년(명종 병오) 28세에 등과(登科)하였다.

또한 같은 해 셋째 사필(士弼), 넷째 사부(士孚)도 동방 진사시(進士試)하였고, 이때 사부의 나이 18세였다.

박씨부인(朴氏夫人)은 아들들의 과시(科試)가 끝나는 대로 환고향(還故鄕)할 계획이었다. 박씨부인은 장한 아들 4형제를 대동(帶同)하고 '산양면(山陽面) 존도리(尊道里)' 고향 집으로 돌아올 때 후일(後日) 공경대부(公卿大夫)가 될 네 아들은 어머니를 판여(板輿)로 모시고 호위(護衛)하며 돌아오니 상산(尙山) 땅 고향 사람들은 그 효(孝)와 영광(榮光)됨을 부러워하지 않는 이가 없었다고 하였다.

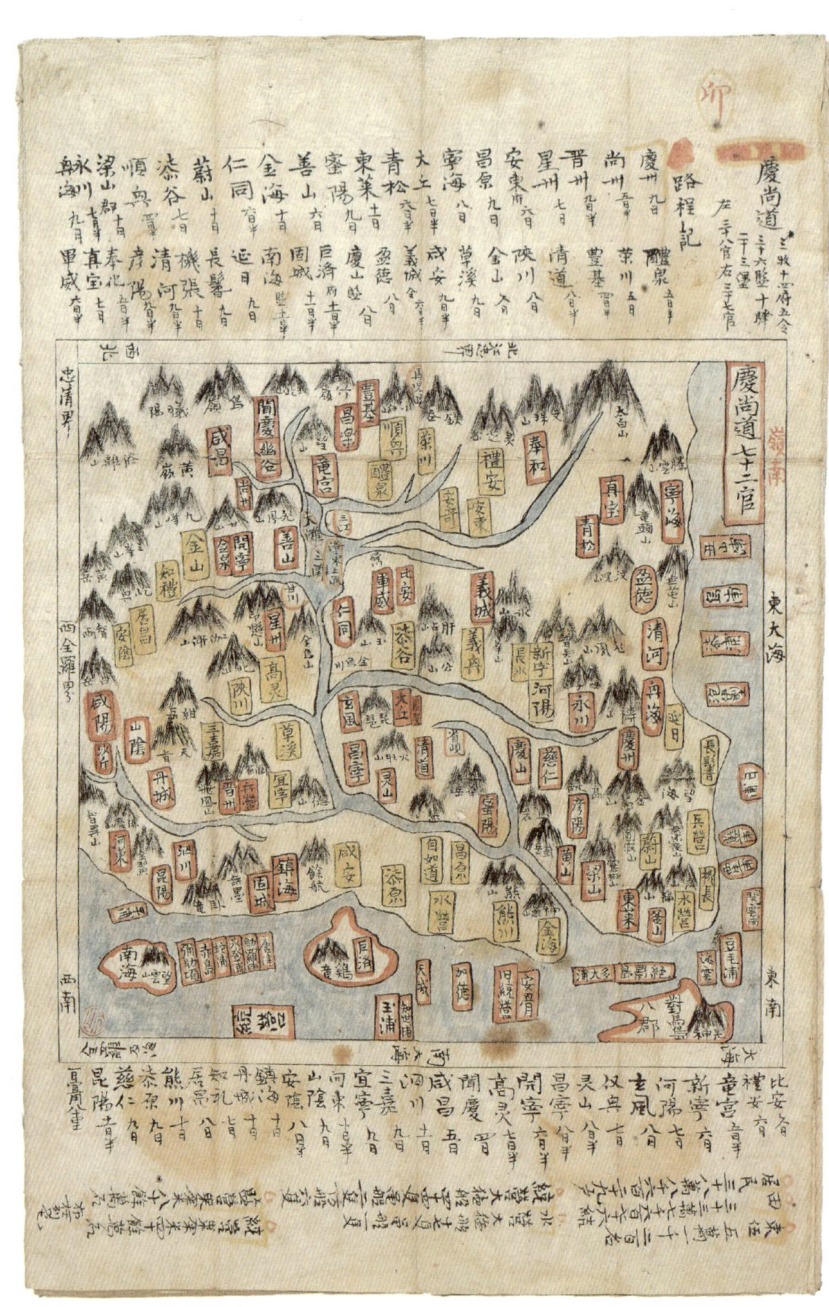

경상도 72관 지도(유곡, 함창, 상주)

유곡면 입석리와 산양면 존도리

익산이씨 할머니는 찬성공을 양범리에 안장한 후 양범산 뒤편인 '유곡면 입석리'에 정착하였으며, 이곳에서 7남매는 어린 시절을 보내며 성장하였다. 장자(長子)인 참봉공 호(澔)는 후일 제능참봉 등을 제수받아 몇 년 동안(정확한 기간은 알 수 없음) 이곳을 떠났지만, 더 이상 관직은 사양하고 다시 유곡면 입석리로 환향하여 평생을 사셨다. 차자(次子) 택(澤), 3자(三子) 온(溫), 4자(四子) 준(濬) 등이 모두 이곳에서 성장하며 학문에 정진하여 진사(進士) 시험에 입격(入格)하였다.

존도리(尊道里)는 경상북도 문경시 산양면에 있는 마을[里]이다. 삼자(三子) 온(溫)은 성혼(成婚)하여 산양면 존도리로 분가(分家)하였고, 문과에 등제한 후 서울로 사환(仕宦) 길에 나설 때까지 상주의 세거지에서 거주하였다. 사인공의 장자(長子) 정정공 역시 존도리에서 태어나 아버지 사인공을 따라 서울로 갈 때인 8세까지 이곳에 사셨다.

마을 사이로 금천이 흘러 주위에 비옥한 농경지가 형성되어 있다. 자연마을로는 교동, 봇들, 비석거리, 존도리, 추암리(秋岩里) 등이 있다. 비석거리는 상주목사 송인명의 송덕비와 진주강씨 유허비가 서 있는 곳이라 붙여진 이름이다.

존도리는 마을에 작은 다리가 여러 개 있었다고 하여 '잔두리'로 불리던 곳으로, 1914년 행정구역 개편 때 새로 붙여진 이름이다.

사인공의 유허비와 사인송

사인공은 존도리에 소나무를 식수하였는데, 이 소나무는 500년 가까이 생장하였으며, 그 소나무를 지역 주민들은 '사인송(舍人松)'이라 부르며 이 마을의 수호수(守護樹) 역할을 하였다.

문경 존도리 소나무는 높이 약 7.3m, 수관(樹冠) 폭 22m에 이르는 기이한 수형을 지닌 노거수로 2000년 10월 13일 문화재청에 의해 천연기

舍人松 前景(사인송 전경)
소재: 문경시 산양면 존도리 임22번지

념물 제425호로 지정되어 보호해 왔다. 문화재청의 천연기념물 지정 사유는 다음과 같다(문화재청 홈페이지 기록 발췌 인용).

"문경 존도리의 소나무는 수령이 500여 년으로 추정되는 소나무로 나무의 높이는 7.3m이며, 수평으로 아름다운 굴곡을 이루며 길게 뻗어나간 가지가 높이의 2배가 넘는 22.2m에 이르고 있다.

이 나무는 조선조 연산군 때 대사헌이던 강형과 그의 아들 3형제가 갑자사화 때 함께 화를 당하자 강형의 맏며느리인 익산이씨가 아들 5형제를 데리고 시신을 수습하여 인근에 묘소를 쓰고 존도리에 정착하면서 심은 나무라고 전해지고 있다.

수형이 특이하고 수령이 500여 년으로 추정되는 노거수로서 마을에서 매년 음력 정월 대보름에 마을의 평안과 풍년을 기원하는 동제를 지내는 당산목으로 학술 및 문화적 가치가 크다."

舍人松(사인송)
소재: 대전시 서구 만년동 396의 1번지 천연기념물센터

　'존도리 소나무', 즉 '사인송'은 경북 문경시 산양면 존도리 주민들이 매년 정월 보름날 별신제를 지내며 소원을 빌던 당산목이었지만, 2006년 8월 생육환경 악화로 고사(枯死)되어 천연기념물에서 해제(2006년 8월 7일 해제)된 이후 마을 주민들의 동의를 얻어 대전에 있는 천연기념물센터로 옮겨 전시하고 있다.

　지난 2009년 3월 31일 문화재청 국립문화재연구소(소장 김봉건)는 천연기념물센터 전시관 내에 전시된 '문경 존도리 소나무'의 혼을 기리고 마을 주민들의 안녕을 기원하기 위한 진혼제를 지냈는데, "경북 문경 존도리 주민 65명이 참석하여 강신-참신-초헌-아헌-종헌의 순서로 제례를 진행하였고, 마을 어르신들이 제복을 갖추어 입고 정성들여 마련한 제수 음식 앞에서 향을 올렸으며, 마을 주민들은 마을의 수호신으로 자리매김한 소나무의 진혼제에서 축문을 읊는 와중에 눈물을 흘리며 애달파하고, 제례가 끝난 이후에도 고사한 존도리 소나무를 어루만지며

사인공의 유허비

막걸리를 부으면서 발복 기원하였다."*
*문화재청 홈페이지, 『마을 주민들을 울린 존도리 소나무의 진혼제』, 2009-04-10

또한 산양면 존도1리 26번지에는 후손들인 연영(連永), 재형(載馨), 만희(萬熙) 등이 수립(竪立)한, 사인공의 유허(遺墟)를 표시하는 유허비(遺墟碑)가 건립되어 있다. 유허비란 '선현들의 자취가 남아있는 곳에 선현들을 기리기 위하여 세운 碑(비)'를 말한다.

정정공의 시(詩)*

정정공이 고향인 존도리를 떠올리며 지은 시(詩)와 장자(長子)인 승지공 휘 서(緖)가 양 사마시에 입격한 후 음서로 유곡(幽谷) 찰방(察訪)에 제수되어 부임할 때 큰아들을 위해 지은 시가 전해져 온다.

憶山陽故園(억산양고원)

鄙外田三頃(비외전삼경)
溪邊屋數椽(계변옥수연)
欲歸歸未得(욕귀귀미득)
秋思政茫然(추사정망연)

집 밖에 밭은 3경이나 펼쳐져 있고
냇가 옆의 집은 대여섯 간이나 되는데
돌아가고픈 마음이지만 갈 수 없으니
간절한 생각이나 정사에 매여 막막하네.

山陽山水夢依依(산양산수몽의의)
四十年來吾昨非(사십년래오작비)
手植數松知幾許(수식수송지기허)
如今應待主人歸(여금응대주인귀)

산양(山陽) 땅 산수(山水)는 꿈에서도 사무치며 의연한데
40년 만에 돌아왔으니 지난 일은 내 잘못이로고
손수 심고 살핀 소나무인데 얼마 만인지 알게 되고
이처럼 주인이 돌아옴을 응대하며 맞아주고 있네.

贈兒幽谷行(증아유곡행)
  -時 公之伯子 承旨公 拜 幽谷察訪 赴任(정정공이 장자인 승지 공 諱(휘) 緖(서)가 유곡찰방에 제수되어 부임할 때 쓴 시)

草荒邱壟隔南州 (초황구롱격남주)
    초목들로 거친 언덕이며 구릉으로 멀리 나뉘어진 남녘땅
風露凄然我思悠 (풍로처연아사유)
    바람이슬에 서늘하고 내 마음도 아득하기만 하도다
幸汝作官便近地 (행여작관편근지)
    다행히도 네가 仕官하게 되니 가까워지는 편이구나
歲時猶得慰松楸 (세시유득위송추)
    세월을 오히려 얻게 되었으니 松楸(송추)가 위안이로고!

做官何必計高卑 (주관하필계고비)
    仕官을 하며 어찌 꼭 높낮이를 計略(계략)할 수 있겠느냐?
萬事皆由我所爲 (만사개유아소위)
    온갖 일이 다 나로 말미암아 소행하게 될 수 있느니라!
一命猶能偏及物 (일명유능편급물)
    初仕(초사)는 더욱 힘을 다하여 보좌하고 만물에 미치게 해야 하느니
前賢遺訓豈吾欺 (전현유훈기오기)
    선현이 남긴 訓戒(훈계)를 어찌 우리가 欺罔云(기망운)할 수 있겠느냐!

*강신양,『선세추모록 其2』 35~37쪽에서 발췌 인용.

성서(城西) 서울 세거지와 애련당(愛蓮堂)

　도성(都城)의 서쪽, 즉 서소문 밖 성서(城西)는 진주강씨 집안들이 살던 서울의 세거지다. 정정공(貞靖公)의 형제분들과 그 자손들이 40여 호를 이루었다.*

　　*국포공 敍事(서사). "洛之城西卽吾宗之攸居也 我貞靖公兄弟子孫之家
　　於是者爲四十餘遂於"

　애련당(愛蓮堂)은 나의 대거동(大車洞) 옛집이다. 집 앞 연못에 蓮(연)이 자라고 있으니 붙여진 이름이다. 임진왜란으로 폐쇄되었다가 그 후 진흥군께서 화인(華人, 명나라 사신)들을 접대해야 할 때, 친하거나 덕행이 두텁고 점잖은 사신들은 데리고 와 이 제당(第堂)을 접대관(接待館)으로 사용하기도 하였는데, 명의 사신 주지번(朱之蕃)은 여러 날을 유숙하며 시(詩)를 지어 게판(揭板)하고, 서액(書額)하여 문설주에 걸어 놓기도 하였으며, 크게 이름이 나 있는 시와 유명한 액자들도 많았다.
　그러나 병자년(1636년) 호란(胡亂)으로 모두 타 없어졌으며, 그 후 연못 돈대 위에 옛 모습 그대로 중건(重建)을 하였지만 시(詩)와 액자는 망실(亡失)되었으니 애석할 따름이다.*

　　*호린 강세백, 「종택(宗宅) 애련당(愛蓮堂)」에서 인용

　성서(城西) 밖 대사간공 종택은 갑자사화로 멸문지화를 당하고 모든 재산을 몰수당한 상황에서 자부(子婦) 익산이씨께서 급히 서울을 떠나 남쪽으로 피난함으로써 자동으로 폐쇄되었다. 그러나 곧 중종반정으로 모든 권리가 회복되었으며, 셋째 손자인 청대공 휘(諱) 온(溫)이 1525년

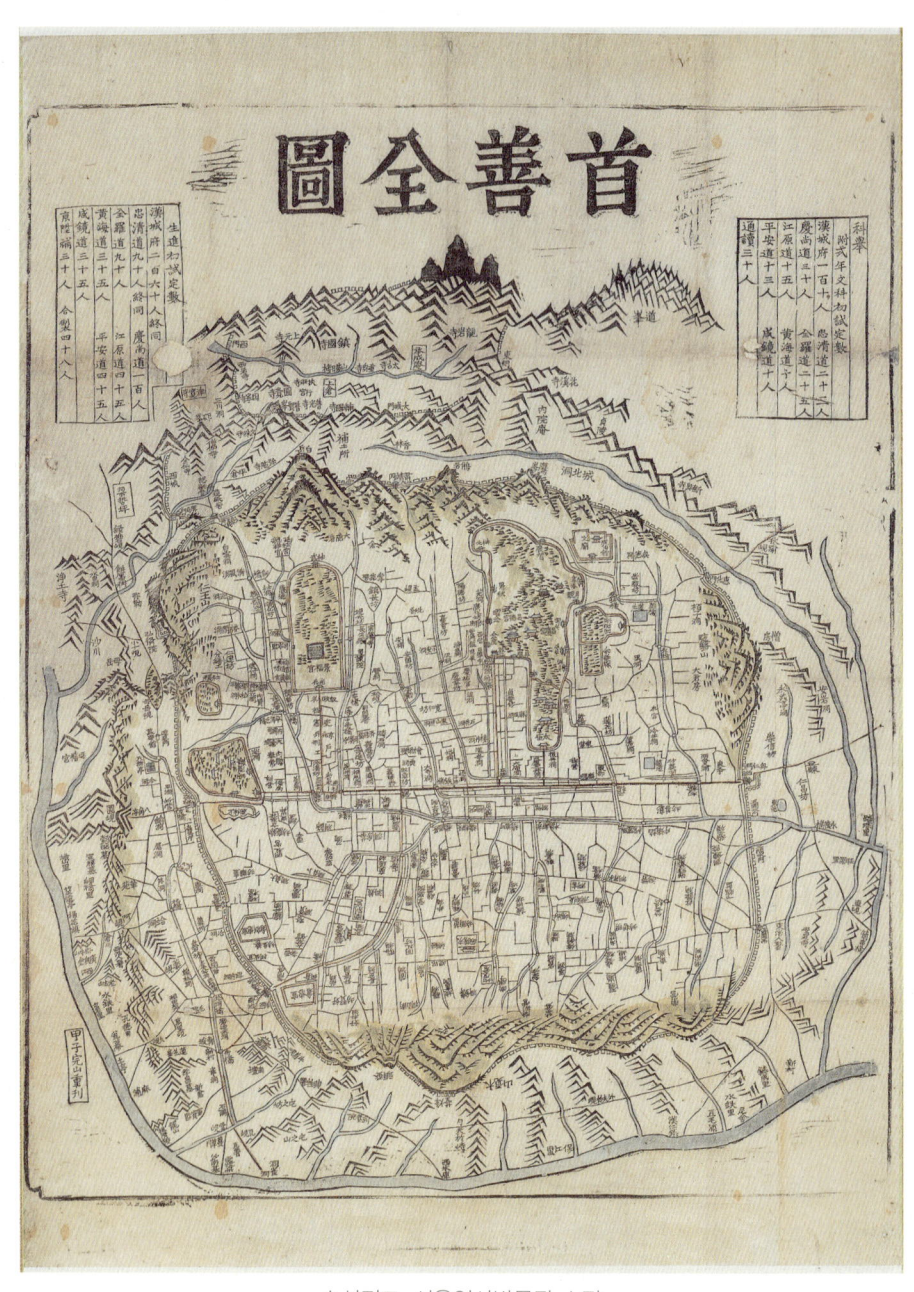

수선전도, 서울역사박물관 소장

(중종 을유) 문과에 급제하여 사환(仕宦)을 위해 상경(上京)하면서 구기(舊基)를 회복하게 되었다.

청대공은 선조의 사당이며, 조모인 선산김씨 할머니의 정문(旌門) 편액(扁額)도 게현(揭懸)함으로써 할아버지 대사간공 시절의 모습으로 회복하고자 하였다. 그러나 청대공은 8년 후인 1533년(중종 계사)에 별세하고 배위(配位)인 밀양박씨 할머니께서 네 아들(사상 士尙, 사안 士安, 사필 士弼, 사부 士孚)과 함께 종택에 살면서 아들들을 훈육 교도하며 후일을 도모하게 되었다.

청대공의 네 아들은 모두 소과, 대과에 등제(登第)하는 등 훌륭히 성장하였고, 학문의 수준도 높았다. 다만 대사간공의 종계(宗系)를 잇기 위해 청대공의 차자(次子) 진산부원군 휘 사안(士安)이 입계(入系)하였으나, 자식 없이 일찍 별세하면서 다시 정정공 휘 사상(士尙)의 차자(次子) 진흥군 휘 신(紳)이 입계하여 후사(後嗣)하였으며, 막내 사부공 휘 사부(士孚)는 어머니 밀양박씨께서 아들들의 공부와 과거 등제를 모두 보고 난 후 다시 상주 존도리로 돌아가실 때, 어머니를 따라 존도리에 내려가 어떤 관직도 마다하며 어머니와 살다가 일찍 별세하였다.

이로써 종가인 서울(한성) 세거지 성서 대거동 애련재(愛蓮齋)는 사자(嗣子) 진흥군께서 종택을 중건(重建) 수치(修治)하고 정원 앞을 넓은 연지(蓮池)로 조성한 후 연종(蓮種)을 식재하여 경관을 조경함으로써 당호를 '애련재(愛蓮齋)'라 명명(命名)하니 장안의 명소가 되었으며, 명문(名門)의 종택으로 자리 잡게 되었다.

나아가 종택을 중심으로 대거동 일대와 주위로 동기간과 일가친척들이 몰려들어 어울려 살게 되니 진주강씨 대사간공 종중의 세거지로서 번성하였다.

당시의 지도인 「수선전도(首善全圖)」, 「한성전도(漢城全圖)」 등을 살펴보면, 거동(車洞), 다시 말해 대거동(大車洞)은 성서(城西), 즉 서소문인 소의문(昭義門)을 나서서 서대문인 돈의문(敦義門) 방향으로 신교동(新橋洞)과 인접하여 넓게 펼쳐져 이어지며 고마청(雇馬廳)을 지나 서대문

한양의 고지도(서울역사박물관 소장)

(敦義門)으로 통하는 큰길에 닿아 있었다.

또한 무악현(毋岳峴)에서 발원하여 흐르는 무악천(毋岳川)을 건너는 '경교(京橋)'에 접해 있었는데, 경교를 건너면 팔각정이 있고, 이 팔각정은 선조들의 사적을 살피면 간혹 등장하는 곳이다. 개천을 따라 남대문 방향으로 내려오면 대거동, 신교동에서 개천을 건널 수 있는 '신교(新橋)'가 있으며, 건너에는 '미동(尾洞)'이 펼쳐진다. 오늘날의 '미근동', 미동초등학교가 있는 동네이다.

개천을 따라 아래로 더 내려오면, 즉 소의문(서소문)에서 나와 곧바로 나 있는 길을 따르면 '비교(圯橋)'가 있고, 이 다리를 건너면 '합동(蛤洞)'으로 이어지고 곧 '아현(阿峴)' 고갯길로 통한다.

옛 지도를 살펴보면 어렴풋이 확인할 수 있지만, 오늘날은 그간의 세월 동안 많은 변화가 있었으니 잘 이해하기는 어려울 것이다. 그리고 현재의 서소문과 남대문, 서울역 부근의 변화가 심하니 이런 옛날 지역의 모습을 상상하기는 쉽지 않다.

그러나 남대문 부근의 '연지(蓮池, 남지 南池)'가 있었던 곳으로부터 서소문에 이르는 지역에는 통정공[통계공의 백씨(伯氏)] 후손들이 모여 살았고, 서소문 부근인 대거동에는 통계공의 후손, 대사간공 후손들이 집성촌을 이루어 살았는데, 지금의 장소로 추측한다면 중앙일보 사옥 건너편, 이화여고 부근이면서 경찰청이 있는 지역일 것으로 추리해볼 수 있다. 또한 무악현에서 발원하여 이곳을 지나던 무악천은 복개(覆蓋)하였거나 현재의 도로 밑으로 숨겨졌을 테니 옛 모습을 그려보기는 어렵다. 그 외에는 현재에도 지역명이 남아있는 미동, 약현(藥峴), 아현(阿峴) 고개, 그리고 소의문(서소문), 돈의문(서대문) 터 등을 통하여 옛 지명과 함께 선조들의 세거지 위치를 상상해 볼 수는 있는 것이다.*

*강신양(2009), 『선세추모록(기2)』. 발췌요약 인용

한편 영의정을 지낸 문충공(文忠公) 백헌(白軒) '이경석(李景奭)'은 여산공 휘(諱) 담(紞)의 묘갈문을 썼는데[撰], 문충공의 선고(先考)인 우곡공(愚谷公) 첨추사 '이유간(李惟侃)'과 여산공 휘 담(紞), 그리고 바로 위의 형님인 진창군 휘 인(絪)은 함께 '연지(蓮池) 기로계회(耆老契會'를 하며 만나던 사이다. 문충공(文忠公)은 '여산공의 묘갈문(墓碣文)'에서 다음과 같이 쓰고 있다.

서성(西城) 밖 신교리(新橋里)에 진창군(晉昌君)이 살았는데, '선친(이유간, 李惟侃)'보다 몇 살 아래이고, 그 계씨(季氏)인 첨지중추부사공(僉知中樞府事公)은 선친보다 10세가 젊었다. 소시(少時) 때부터 친형제같이 사귀며 지내더니, 만년에 다시 이웃하여 동서로 대하고 사시며 만나지 않는 날이 없고, 모이지 않고 술을 안 드시는 날이 없었으니, 양가의 자제들은 시봉(侍奉) 주석(酒席)하였고 종일 시를 읊고 술을 드시며 매우

즐거워하셨다. 하략(下略)

　西城外新橋里 有晉昌君與先君齒差 其季曰 僉知公少先君十歲而 自少時俱爲 昆弟交 晩復比隣東西相對 差無日不會 不會無不飮時 兩家子弟 侍在酒所 觴咏終夕 心甚樂之*

*僉知中樞府事 姜公(諱 統) 墓表. 대광보국 숭록대부(전 영의정) 영중추부사

이경석 찬(撰). 가선대부 이조참판 겸 동지경연춘추관사 오시복 서(書).

　이를 통해 당시 우곡공 첨추사 이유간(李惟侃)과 진창군, 여산공 등의 교유와 우애의 정을 잘 알 수 있을 뿐만 아니라 우리 종중의 가세(家勢) 역시 성(盛)하고 태평한 때였음을 잘 알 수 있다.

　여산공의 묘갈문을 쓴 영중추부사 백헌공은 '연지 기로회' 때도 백씨인 호조판서 효민공(휘 경직)과 함께 선친인 우곡공 첨추사 이유간(李惟侃)을 시봉(侍奉)하였고, 그때 여산공의 독자(獨子)인 신계공(휘 홍익)도 그 계회연(契會宴)에 함께 하였다.

난곡 선영(서울시 관악구 신림동)

난곡 선영

　난곡 선영은 본래 대사간공의 장인(丈人) 진산군수공[선산김씨 휘(諱) 승경(承慶)]과 장모(丈母) 순흥안씨를 모신 곳이었으며, 1504년 갑자사화로 화를 당한 11세 대사간공[휘(諱) 형(詗)]을 장례 모신 이후 공의 증손자인 정정공을 이곳에 안장하면서부터 진주강씨 대사간공 후손을 안장하는 선영이 되었다. 500여 년 이상 보존 유지하는 중이며, 그간 난곡 선영 주변 지역이 서울시의 확장과 도시개발로 인하여 대부분 이장하게 되었고, 현재의 모습으로 유지되고 있다. 공의 장인과 장모의 묘소를 포함 총 18위의 선조가 안장되어 있다.

현재 안장되어 있는 선조

세(世)	관계	휘(諱)	칭 호	분묘	좌향
11	감사공 장자	강형(詗)	대사간공	합분	건
14	증손	강사상(士尙)	정정공	쌍분	신
15	현손	강서(緖)	승지공	합분	유
15	현손	강신(紳)	진흥군	합분	술
15	현손	강인(絪)	진창군	삼위합부	해
16	5대손	강홍수(弘秀)	승지공	합분	유
16	5대손	강홍립(弘立)	진령군		자
16	5대손	강홍적(弘勣)	서윤공	쌍분	유
16	5대손	강홍덕(弘德)	찬성공	삼위합부	해
16	5대손	강홍정(弘定)	승지공	합분	임
17	6대손	강후(珝)	진사공	쌍분	병
17	6대손	강환(瓛)	통덕랑공	합분	자
17	6대손	강욱(頊)	진남군	합분	신
18	7대손	강석번(碩蕃)	참의공	합분	묘
18	7대손	강석무(碩茂)	봉사공	합분	해
18	7대손부	泗川睦氏	진선군(강석빈)배위		축
19	8대손	강학(㰒)	통덕랑공		임
	대사간공 빙부	선산 김승경(承慶)	진산군수공	쌍분	
	대사간공 빙모	順興安氏	군수공 배위		

난곡 선영의 역사

　난곡 선영은 1504년(연산군 10년) 갑자사화로 피화(被禍)되신 대사간공[휘(諱) 형(詗)]을 장인과 장모가 안장되어 있던 이곳에 모신 이후, 증손(曾孫)인 정정공[貞靖公, 휘(諱) 사상(士尙)]부터 후손들이 묘소를 쓰면서 진주강씨의 선영이 되었다. 대사간공은 연산군의 생모 윤씨의 입주입묘에 대해, 성종의 유지와 조선의 정치이념에 위배되기 때문에 신하로서 의롭게 독계(獨啓)하였다는 이유로 아들 3형제(영숙 永叔, 무숙 茂叔, 여숙 與叔)와 함께 참화를 당하였다.
　대사간공의 배위(配位) 정부인(貞夫人) 선산김씨께서는 이미 무오사화(1498년 연산 4년) 때 화를 당한 사위(許磐)까지 5부자가 모두 참화(慘火)를 당하는 비극을 겪게 되었는데, 이런 참혹한 현실에서도 친정 부모의 산소 아래에 남편을 장사 지내고 식음을 폐(廢)하고 주야(晝夜)로 애훼(哀毁) 통곡(慟哭)하다 한 달 반 후에 출혈배(出血背)하여 돌아가시니 공과 합장되었다.

　난곡 선영의 지명은 애초에는 난곡리(蘭谷里)가 아닌 낭천리(狼川里)로 불렸다. 다시 말해 '이리가 출몰하는 동네(이리골)'라는 의미를 가지고 있었는데, 정정공을 이곳에 모신 정정공의 장자인 승지공(諱 緖)은 동네 이름이 '낭천리'인 것을 언짢게 생각하던 중, 다른 이름으로 바꾸려는 생각으로 알아보니 원래부터 낭천리가 아니라 '난고리(蘭庫里)'라는 사실을 근처에서 발견한 다른 묘비에서 알아냈으며, 난고리는 난곡의 발음이 와전된 것임을 인지하고, '난이 피는 동네'라는 의미의 난곡(蘭谷)으로 개명하기로 하였고, 또한 자신의 호를 '난곡(蘭谷)'이라 하였다.
　이를 계기로 난곡(蘭谷)이라는 지명을 갖게 되었으며, 이런 내용을 승지공께서 친히 판자(板子)에 친서로 기록하여 난곡분암(금양재)의 기둥에 걸어 두었다고 한다. 이에 대한 기록은 후손, 21세 응교 공[휘(諱) 세백(世白)]의 문집인 『진종성헌(晉宗成憲)』에 전해지고 있다.

또한 이를 계기로 이곳 난곡은 진주강씨의 선영일 뿐 아니라 후손들이 들어와 살기도 하였으며, 16세 병마도원수 내촌공[휘(諱) 홍립(弘立)]은 현재 선영에서 멀지 않은 곳(현 지명 난향동)에서 말년을 보내기도 하였다.

서울시 관악구 소재의 진주강씨 대사간공 종중의 난곡 선영은 대사간공[휘(諱) 형(詗)]과 정정공[휘(諱) 사상(士尙)], 승지공(諱 緖), 진흥군(諱 紳), 진창군(諱 絪), 진령군(諱 弘立) 등 여러 묘소와 서울특별시 유형문화재 제104-1호, 104-2호로 지정된 정정공(諱 士尙)의 신도비와 강홍립(晋寧君) 도원수의 석물 등이 있는 곳이다.

또한 문화재로 지정되지는 않았지만 대사간공(諱 詗)의 묘비 표기문은 명필 석봉(石峯) 한호(韓濩) 소서(所書) 필적이며, 지역명을 난곡으로 개명한 승지공(諱 緖)은 대유감식(大有鑑識)한 분으로서, 승지공의 묘비문은 공과 절친하였던 완평부원군(完平府院君) 오리공(梧里公) 이원익의 간청으로 이판(吏判) 겸 대제학 우복공(愚伏公) 정경세(鄭經世)가 찬(撰)하고 숭덕대부 동양위(東陽尉) 신익성(申翊聖)이 서(書)하였다. 비록 세월 탓에 비문의 글자가 마멸된 곳이 많으나, 문화재급에 이르는 귀한 유물이라 할 수 있다.

난곡 지명의 유래

현재 난곡 선영의 주소는 서울특별시 관악구 난향동(蘭香洞)으로 변경되었지만, 오랫동안 '난곡동'으로 불리었고, 지금도 난곡 입구, 난곡초등학교, 난우초등학교. 난우중학교 등의 이름으로 남아있는데, 이 '난곡'이라는 지명을 갖게 된 것은 순전히 정정공의 큰 아드님이신 승지공(諱 緖)의 노력 덕분이었다.

당초 난곡 선영이 진주강씨의 선영이 된 것은 갑자사화로 남편(대사간공)과 세 아들(永叔, 茂叔, 與叔)이 한 날에 참화를 당하자 대사간공의 배위이신 선산김씨 할머니께서 대사간공의 시신을 수습하여 친정 부모(父母) 선산김씨 군수공(郡守公 諱 承慶)과 순흥안씨의 묘소가 있는 이곳에 장례를 치르게 되면서부터이다. 또한 한 달여 후 선산김씨 할머니께서 식음을 전폐하시고 자진하여 돌아가시자 큰 며느리이신 익산이씨 할머니께서 대사간공과 합폄(合窆)하였다.

이후 증손자인 우의정 정정공께서 선조 14년(1581년) 10월 30일 돌아가시자 이곳에 예장(禮葬)하게 되니, 이후 진주강씨의 선조를 모시는 곳으로 정해지게 되었다.

당시 이곳의 지명은 '낭천리(狼川里)'로 불리었다. 이는 군수(郡守) 선산김씨(諱 承慶)와 순흥안씨의 묘 표석에 금천 낭천리(衿川 狼川里)라 새겨진 것이 판독되는 것으로도 확인할 수 있다.

이곳을 자주 왕래하던 정정공의 네 아드님은 선영의 지명인 '낭천리'의 지명 뜻과 어감에 대하여 좋은 감정을 가질 수가 없었다. 특히 큰 아드님이신 승지공께서는 '늑대골', 또는 '이리내'라 불리는 지명의 천하고 야비한 뜻에 대하여 불쾌하게 생각하던 차에 이를 개명하고자 하였다.

승지공께서는 개명의 근거를 찾고자 지역을 탐방하던 중에 근방에 있던 서너 개의 고총 묘표마다 '난고리(蘭庫里)에 장사를 지냈다(葬于 蘭庫里).'라는 말이 새겨진 것을 보고, 난고리라는 지명이 발음의 유사함으로 '낭천리(狼川里)'로 잘못 불리게 된 것임을 알게 되었고, 이를 바탕으로 '난곡리(蘭谷里)'로 개명을 시도하였다.

승지공은 이런 사실에 대하여 선조 16년(1583년) 계미 4월 하순에 다음과 같이 기록을 남겼다.

난곡리(蘭谷里) 소서(所書)

此洞俗稱狼谷(차동속칭랑곡)
每惡其鄙而改之(매오기비이개지)
無據 洞口適有古墳三四坐(무거 동구적유고분삼사좌)

其表石陰刻皆云(기표석음각개운)
葬于蘭庫里(장우난고리)
盖狼與蘭音相似而誤換也(개랑여란음상사이오환야)
庫字殊無意(고자수무의)
謂恐或谷之訛也(위공혹곡지와야)
今當作蘭谷里(금당작난곡리)
萬曆癸未孟夏下澣書云(만력계미맹하하한서운)
親書此序于(친서차서우)
衿陽齋舍柱上(금양재사주상)

得完於兵禍 其幸何言(득완어병화 기행하언)*

내용을 우리말로 옮기면 다음과 같다.

"이 동리를 속되게 낭곡리(늑대골, 이리내)라 불렀다
들을 때마다 모질고 불쾌하였고 천하고 야비하여 고치고자 하였으나 근거가 없던 차에 마침 동구 근처에 있는 오래된 묘소에서 적당한 것을 찾을 수 있었다.
그 묘소의 묘표마다 난고리에 장사를 지냈다고 하였는데
이는 랑(狼)과 난(蘭)이 서로 비슷한 음이어서 잘못 바뀐 것이라 할 수 있고 고(庫)자 역시 특별한 뜻이 없다고 할 수 있어서 곡(谷)의 음이 잘못 발음된 것이니 당장에 난곡리(蘭谷里)로 고쳐 이름 지었다.
만력 계미년(선조 16년, 1583년) 초여름(음력 4월) 하순에 쓰고 이 서문을 판자에 친서하여 금양재 재각 기둥에 달아두었다.

병화에 소실되지 않고 그대로 남아있으니, 그 얼마나 다행인 것인가."*

*응교공 21세 강세백『진종성헌(晉宗成憲)』기록

승지공께서는 이렇게 지명을 '난곡리(蘭谷里)'로 개명하였고, 또한 공의 호를 '난곡(蘭谷)'로 정했다.

*주(註): 출처
「난곡리(蘭谷里) 소서(小書)」는 승지공이 쓴 글이지만, 이것은 응교 세백(世白) 공이 편찬한 문집『진종성헌(晉宗成憲)』에 수록되어 전해지고 있으며, 이를 번역하여 탈고한 대사간공 15대손 강신양(姜信暘)의 미발표 저서『국포집 역본』에서 발췌 정리하였다.

서울시 유형문화재 지정

- 1997. 12. 31 지정
- 소재지: 서울특별시 관악구 신림동 산 107-2

난곡 선영의 〈정정공[휘(諱) 사상(士尙)]의 신도비〉는 서울특별시 유형문화재 제 104-1호, 〈강홍립[진령군(晉寧君)] 도원수의 석물(상석)〉은 104-2호로 지정되었다.

정정공 강사상(1519~1581)의 신도비는 숙종 39년(1713년)에 세

정정공 강사상(姜士尙)의 신도비 – 서울특별시 유형문화재 제 104-1호

워졌다. 선생은 1543년(중종 38년) 사마시에 합격하여 진사가 되고, 1546년(명종 1년) 식년 문과에 병과 급제하여 한림이 된 후 수많은 관직을 거쳐 우의정과 영중추부사를 지냈으며, 사후 아들 인(絪)이 호성공신에 책록되자 영의정에 추증되었다. 강홍립 도원수(1570~1627)의 조부이다. 특히 선생은 1561년에 명나라 성절사, 1568년 명나라 성절사, 사신 원접사, 1570년 명나라 주청사로 활동하는 등 외교활동에 큰 공을 세웠다. 평상시 국가의 치란은 천운에 있지 인력으로 되는 것이 아니라 하여 정파싸움에 휩쓸리지 않는 초연한 태도를 취하였다. 신도비문은 권유가 짓고 본문은 이진검이, 제목은 권규가 썼다.

 문화재명: 정정공 강사상 묘역[강사상 신도비 1기(基),
          강홍립 상석 1기(基), 토지 2.3㎡]
 지정번호: 유형문화재 제104호
 지정연월일: 1997년 12월 31일
 소재지: 관악구 난곡동 산 107-2번지

※신도비란 임금이나 고관의 평생 업적을 기록하여 비(碑)로 세우는 것이다. 이 비는 강사상의 묘소 남동쪽에 세워 선생을 기리고 있으며, 비는 높직한 사각받침돌 위로 비몸을 세우고, 지붕돌을 올린 모습이다. 조선 숙종 39년(1713)에 세웠으며, 권유가 비문을 짓고, 이진검이 글씨를 썼다. 비몸의 앞면 위쪽에 새긴 비의 이름은 권규의 글씨이다. 특히 권유가 지은 비문은 학술연구에 소중한 자료가 되고 있다.

● 도원수 강홍립(姜弘立) 장군(1570~1627) 석물

강홍립(晉寧君) 도원수의 석물(상석) - 서울특별시 유형문화재 제 104-2호

　강홍립 장군은 청나라에 구금된 지 10년 만에, 정묘호란으로 조선에 돌아온 후 1627년 돌아가셨다. 인조는 그의 관작을 회복시키도록 명하고, 상사에 필요한 물품을 제급하게 하였다.

　강홍립 장군은 1570년(선조3 경오)에 출생하여 1627년(인조 5년)에 세상을 떠났다. 자는 군신이요, 호는 내촌으로 본관은 진주이다. 우의정 사상(士尙)의 손자이며 참찬 진흥군 신(紳)의 아들이다. 1589년(선조 22년)에 진사가 되고 1597년에 알성문과로 급제하여 설서, 검열을 거쳐 1605년(선조38년)에 도원수 한준겸의 종사관이 되었고, 같은 해 진진사의 서장관으로 명나라에 갔다.

　1608년(광해군 원년)에 임해군을 처리한 공으로 보덕(輔德)의 벼슬을 얻었고, 진주사의 서장관으로 명나라에 갔다. 1609년 7월 한성부 우윤, 10월에는 함경남도 병마절도사를 제수받았다. 1610년 남병사, 황주부사, 1611년 수원부사를 지내고, 1614년(광해군 7년)에 순검사(巡檢使)를 역임했다. 1618년 아버지의 공신 호를 계승하여 진녕군(晉寧君)에 봉해졌으며, 동년 윤4월 5도 도원수, 동년 7월 형조참판이 되었다.

※1618년(광해군 11년) 윤4월 23일 명나라가 요동 반도를 침범한 후금을 토벌할 때 조선에 원병을 청하자, 보국숭록대부, 5도도원수(五道都元帥)가 되어 군사를 거느리고 요동으로 출정했다.

1619년 3월 사르후 전투에서 대패한 후, 고립된 군사 5천 명을 살리고자 후금에 투항하였다.

그는 일찍이 광해군의 밀지를 받고 명-후금과의 싸움에 출전, 후금에 거짓 투항함으로써 광해군의 중립 외교를 성사시켰다. 5월 15일 조선 조정에서는 그의 관직(부윤)을 삭제했고, 가족을 구금하라고 광해군에게 청했으나 들어주지 않았다.

출정 전 광해군은 강홍립에게 비밀지령을 내려, 후금과 몰래 교류를 하고, 심하(深河)의 싸움에서 오랑캐의 진중에서 먼저 통사를 부르자 강홍립이 때맞추어 투항한 것이다. 또한 정응정을 풀어서 조선에 소식을 알렸다. (위키백과 일부 발췌 정리)

남양선영(경기도 화성시 북양동)

남양선영 전경

　남양 북양동 선영(경기도 화성시 남양읍 북양동 소재)은 15세 여산공[휘(諱) 담(紞)]을 위시하여, 공의 독자(獨子) 신계공[휘 홍익(弘益)], 그리고 17세 진보공[휘 진(璡)], 연기공[휘 린(璘)], 원주공[휘 침(琛)] 등 총 17위의 선조들이 안장되어 있는 곳이다.
　당초 서울시 관악구 신림동 진주강씨 난곡과 망성동 선영에 모셔져 있었으나, 서울시의 도시개발계획에 따라 난곡선영의 일부와 망성동 일대가 서울시에 수용됨으로써 이장(移葬)이 불가피하였다.
　결국 1968년(무신)과 1971년(신해)에 여의치 않은 사정으로 인하여 2차례에 걸쳐 일부의 선조들은 화장으로 모시게 되었으며, 1971년 6월 25일과 7월 10일 현재 모시는 선조들은 경기도 시흥시 반월면 정왕리 소재 백마산으로 이장하였다.

　그 후 정왕리 선영도 시화호 개발사업 등 지역개발계획으로 이장할 수밖에 없는 처지가 되어 재차 1989년(기사) 3월 15일 현재의 경기도 화성시 남양읍 북양동으로 이장하여 모시고 있다.

　남양선영 안장선조

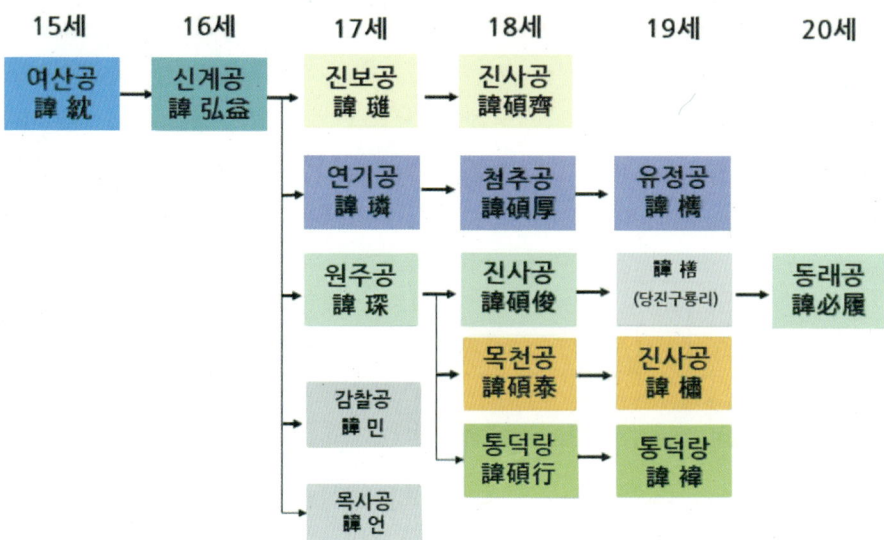

제6장
대사간공 종중의 돈목과 학문 활동

종계(宗契) 활동

　대사간공 종중은 가문의 일가친척들을 중심으로 향우회 성격의 계회(契會)를 구성하여 모임을 가졌다. 이 계회는 단지 친목과 우애 증진만을 위한 것이 아니라 계비(契費)로 곡식 등을 모아 서로 구휼(救恤)과 부조(扶助)를 도모하기도 하였다. 이러한 내용은 21세 강세백의 『진종성헌(晉宗成憲)』에 비교적 상세하게 기록되어 전해지고 있는데, 「성서종계첩」과 「영남종계첩」 등이 이와 관련된 기록이다.*

*강세백, 『진종성헌』 권8, 「성서종계첩」, 「영남종계첩」, 「戊戌宗賑錄(무술종진록)」
「戊午宗賑錄(무오종진록)」에 관련 기록이 정리되어 있다.

　서울 성서(城西)와 상주(尙州)는 대사간공 종중의 두 세거지(世居地)였으며, 이 세거지는 삶의 터전이면서 정치적. 학문적 기반이 되는 지역으로서 특히 학문을 위한 교류와 소통의 구심점 역할을 하였다. 따라서 서울과 상주에서는 각각 이와 관련된 다양한 회동과 활동이 있었다. 이것은 집안 내에서 뿐만 아니라 정치적, 학문적 철학을 공유하는 외부 모임에도 적용이 되었다. 서울에서는 '영남동도회'를 구성하여 상주지역 출신 사환자(仕宦者)들 간의 교류가 있었으며, 상주에서는 영남 남인으로 지칭되는 상주지역의 학자 문인들이 참여하는 시사활동이 활발하게 지속되었고, 이런 활동에서 대사간공 종중 선조들이 주축이 되었다. 이런 활동은 17세기부터 시작하여 19세기까지 꽤 오랫동안 유지되었다.*

*방현아, 『지원 강세륜의 시문학 연구』, 문학박사학위 논문, 성균관대학교, 2020.
김주부, 『상주지역시사조직과 진주강씨 문중의 시학전통』, 「강사문화」 7집,
(사)강사기념사업회, 2021.

성서종계첩(城西宗契帖)

호린공(皓隣公) 강세백은 자신의 저서 『진종성헌(晉宗成憲)』에서 「성서종계첩(城西宗契帖) 서사(敍事)」를 통해 성서종계에 대하여 기록을 남기고 있다. 다음은 그 번역 내용이다.

敍事(서사)

도성의 서쪽, 성서(城西)는 우리 집안들이 오래 살던 곳이다. 정정공의 형제분들과 그 자손들의 집이 40여 호를 이루어 살았다. 숙종8년(1682) 임술 연간(年間)에 계(契)를 결성하여 운영함으로써 집안간의 윤기(倫紀)를 더욱 돈독히 하였는데, 어느 해에 폐지되었는지는 알 수가 없으나, 지금은① '대종계(大宗契)', 즉 공목공 이하 여러 종족(宗族)이 춘추로 길일을 택하여 모임을 갖고 있으니, 이 역시 '성서지계(城西之契)'를 이어가는 승사(勝事)가 아닐 수 없다.②

① 이 「敍事(서사)」를 쓰는 시점
② 강신양, 『선세추모록 기2』, 성광인쇄, 2009. p411 번역문 재인용

그리고 그 후 호린공의 부친 진은군 강필악(姜必岳)께서 서울 종택에서의 삶을 정리하고 상주로 이주함에 따라 더 이상 성서계에 참여할 수 없었으며, 더 이상 성서계에 대한 상세 내용을 알 수 없다고 호린공은 기록하고 있다.

국포공은 1735년(영조11 을묘) 3월 경자일 당시의 종계의 모습을 그린 시(詩)와 시서(詩序)를 다음과 같이 남겼다.

국포공 시서록(詩序錄)

"영조11년 1735년(을묘) 3월 경자일에 종숙부 첨추사(僉樞事)공① 댁(宅)에 일가들이 모여 수(脩) 계사(稧事)를 하였다. 첨추공의 연세는 82세, 종부(從父) 진사공②과 진산공③이 77세인데 모두 강녕하시고 연세가 높으시니 주석(主席)에 계시는데, 홍안(紅顔) 백발(白髮)로 우러러 보이니 도화(圖畵)와 같았다. 두상(豆觴)의 술잔을 주고받으며 웃고 이야기하며 즐겁게 화합(和合)하였는데, 우리 일가들이 그간에 이루지 못했던 일을 이제 시작한 것이라 하겠다. 서로 함께 자탄(咨歎)하는 시를 종중(宗中)의 성사(盛事)를 실마리(紀)삼아 차운(次韻)하여 짓기로 하되, 춘자(春字)를 반드시 차운하여 시를 지어 노인들의 앞날을 축복하고자 하였다."

① 종숙부 첨추사공은 강석후이다. 정정공의 4자 여산공 강紞(담)의 독자인 신계공 弘益(홍익)의 5자 중 차자인 연기공 강璘(린)의 장자. 국포공의 5촌 당숙
② 종부 진사공은 강석제이다. 신계공 弘益(홍익)의 장자인 진보공 강璡(진)의 장자이며, 국포공의 生庭(생정) 伯父(백부)이다.
③ 진산공은 진산군수를 역임한 국포공의 당숙인 강석태이다. 신계공 弘益(홍익)의 3자인 원주공 강琛(침)의 3자이다.

국포공 시(詩)

吾叔城西宅(오숙성서댁)
   나의 종숙부가 사는 곳은 도성의 서쪽인데
東風嫩枊新(동풍눈공신)
   동풍에 떡갈나무 어린새싹 생기가 풍기고
添陪三長老(첨배삼장노)
   세 어른을 살펴 모시는 중에
序會衆宗人(서회중종인)

　　　　　　차례를 지어가며 일가들이 모여들고
酒氣傳盃暖(주기전배난)
　　　　　　오가는 술잔에 주기가 도니 온기도 따라 돌고
花陰覆坐勻(화음복좌균)
　　　　　　꽃이 피어 화창한 그늘아래 다함께 앉았도다
海桃千萬歲(해도천만세)
　　　　　　바다의 도원이 끝없이 펼쳐진 듯 천만세 누리소서
――我家春(일일아가춘)
　　　　　　모두 하나같이 내 집안은 늘 상춘이로다.*

*강신양, 『선세추모록 기2』, 성광인쇄, 2009. p413 국포시 번역문 재인용

영남종계첩(嶺南宗契帖)

영남에서는 서울에서와는 달리 계비(契費)로 곡식을 모아 서로 구휼과 상조를 도모하고자 계회를 결성하고 유지하였다. 호린공 강세백의 「진종성헌」에 기록된 「영남종계첩(嶺南宗契帖) 서사(敍事)」에 다음과 같은 내용이 전해진다.

"영남의 상산(商山)은 사부공(師傅公, 사인공의 4자)의 후손들이 살던 곳인데, 수십여 집이 모여 살았다. 1723년(경종 계묘)에 적서(嫡庶)를 막론하고 각각 1두미(斗米)를 내어 3년을 정하여 여름에는 1두(斗)의 보리를 더 거두고, 가을에는 2두(斗)의 조(租)를 거두어 계(契)를 삼았다. 유사(有司)는 1년마다 바꾸고, 상을 당하면 부조하고 과거에 합격하면 장학금을 주며, 오래 사신 분을 위해 잔치를 하였다."*

*강세백, 『진종성헌』 권8 「嶺南宗契帖」 敍事 "嶺之商山, 我師傅公後孫之攸居者, 亦爲數十餘家矣, 遂於景廟癸卯, 勿論嫡庶, 各出一斗米, 自此限三年,夏則加收一斗麥, 秋則二斗租, 以爲稧, 有司管之周年而遞, 有喪則賻, 有科則資, 有大耋則宴"

또한 종가를 중심으로 종친을 규합하는 다양한 계회와 모임을 활성화 하였는데, 「무술종진(戊戌宗賑)」 「무오종진(戊午宗賑)」 등을 통해 진자(賑資)를 모아 종친들을 위하여 상부상조를 통해 집안의 결속을 실천하였다. 이는 종친들 간의 경제적인 상부상조의 의미와 함께 종친간의 효제(孝悌)와 경노(敬老)를 실천(實踐) 궁행(躬行)함으로써 종족 윤리로서의 내부 결속을 다진 것이라 하겠다.*

*강세백, 『진종성헌』 권8 「嶺南宗契帖」 「戊戌宗賑錄」 「戊午宗賑錄」

慶壽宴(경수연)과 慶壽宴圖(경수연도)

1605년(선조38년) 4월9일에 장흥동 甲第(갑제, 某處)에서 정정공의 배위이며, 진흥군(諱 紳)의 대부인인 파평윤씨를 위시하여 70세 이상의 대부인들의 祝壽(축수)를 기원하는 경수연(慶壽宴)을 열었다. 이것은 선조대에 처음이자 마지막으로 열린 특별한 行禮(행례)라 할 수 있었다. 「경수연도서(慶壽宴圖序)」를 쓴(撰) 문충공 백헌 이경석은 경수연이 열린 배경에 대해 상세하게 기록하고 있다.

1603년(선조36 癸卯) 正月(정월)에 예조참의 李遽(이거)公(공)의 대부인 인천채씨부인이 100세를 맞게 되니 선조는 이에 厚(후)하게 下賜(하사)하였고, 李公(이공)에게는 嘉善大夫(가선대부)로 陞品階(승품계)하고 封爵(봉작)하여 동지중추부사를 거쳐 한성부우윤을 제수하면서, 先世考位(선세고위)에게 증이조참판과 채씨부인에게는 貞夫人(정부인)으로 陞封(승봉)할 것을 명하였다. 나아가 이공(李公)을 형조참판으로 영전 배명하였다. 이에 9월 이공(李公)은 대부인의 祝壽(축수)를 위하여 널리 名公卿(명공경)을 모시고 성대히 設宴(설연)하였고 이를 그림으로 그려 가보로 삼았다.

3년 후인 1605년(선조38년) 당시 참판이었던 西平府院君(서평부원군) 柳川公(유천공) 한준겸이 현재 亞卿(아경)이상에 이른 모든 宰臣(재신)에게 각자 慈親(자친)을 모시는 입장에서 백세부인(인천채씨)과 같이 만수무강을 축수함이 옳은 듯하다고 제안하니 모두 찬성을 하여 老親(노친)의 연세가 70세 이상인 자제들이 契(계)를 결성하고 이름을 "慶壽(경수)"라 하였다. 이에 참여한 계원들은 진흥군 강 신, 금계군 박동량, 판서 윤 돈, 동지 홍이상, 참판 한준겸, 참판 남이신, 진창군 강 인, 여흥군 민중남, 참지 윤수민, 첨정 권 형, 익위 강 담 그리고 참판 이 거와 이공(李公)의 동생(弟)

주부 이 원 등 13員(원)이었다.

  이 일을 들은 선조임금은 八道(팔도)에 특명을 내려 행사에 협조토록 하였으며, 모임의 장소는 '장흥동' 甲第(갑제)에서 "경수연(慶壽宴)"이라는 會名(회명)으로 行禮(행례)되었다. 102세인 채씨부인과 진흥군 대부인을 主壁(주벽)으로 좌석을 정하고 나머지 8분의 대부인들을 東西(동서)로 관작의 차례(位次)대로 좌석을 나누었으며, 각 계원들의 부인(子婦)들은 대부인의 뒤에 자리하였다. 경수연 참례자의 軒輿(헌여) 행렬이 市街(시가)를 가득 채워 지났으며, 많은 수의 奏樂員(주락원)들이 연주를 하는 가운데, 여러 재신들이 잔을 올리고 나서 춤을 추거나 담화를 나누며 羨望的(선망적)인 讚歎(찬탄)을 하니 세상에 드문 盛事(성사)를 이루었다.①

  또한 上(선조)께서 어명으로 史官(사관)을 제외하고는 모든 재신들이 연회에 참여토록 하라하니 조정 백관들이 이를 奉承(봉승)하고, 모여 관람하며 감탄하고 칭찬하지 않은 이들이 없었으며 太平聖世(태평성세)의 성대한 擧事(거사)로서 세상에 드물고 색다른 일이라고 하였다.②

    ① 문충공 백헌 이경석,『경수연도서(慶壽宴圖序)』에서 발췌 인용.
    ② 호린 강세백,『경수연첩 서사』에서 발췌 인용

"대체로 百歲(백세)의 수는 누구도 따를 수 없고, 있기도 어려운 일이며, 同會(동회)의 다른 재상들 중 70세가 넘은 대부인들이 집안마다 9分(분)이나 모일 수 있는 일이 어찌 盛事(성사)가 아닐 수 없으며, 여러 집안에 福祿(복록)이 隆盛(융성)하다는 것이며 이는 하늘로부터 받은 것이라 아니할 수 없는 일이다. 그러니 休慶(휴경)하거나 昌盛(창성)한 때를 만나 壽域(수역)에 같이 올라간 사람들이다. 선조대왕은 효자의 덕행으로 남에게 미치었으므로 推恩(추은)①하였는데 이는 천년에 한번 받을 수 있는 특별한 대우이다. 宣祖大王錫類推恩 又是千載之異數也"②

경수연도(서울특별시 유형문화재, 서울역사박물관 소장)

① 시종관이나 병사, 수사 등의 아버지가 70세 이상인 때에 나라에서 그 아버지에게 정3품 통정대부이상의 품계를 주는 것.
② 문충공 백헌 이경석, 『경수연도서(慶壽宴圖序)』에서 발췌 인용.

이렇게 백헌 이경석은 경수연에 대해 기록하였다.

계원들은 당시의 영광스러운 慶壽宴 모습을 畵工이 畵帖으로(『경수연도(慶壽宴圖)』) 13점을 그리게 하여 각 자손에 전하게 하였지만, 이때 그려진 원래의 그림이 병자호란 때 산실(散失)되자 이거(李遽)의 손자 이관(李灌)이 그 아버지 이문헌(李文憲)의 명을 받고 1655년(효종 6년) 다시 제작하였다고 한다. 이처럼 경수연이 열리고 이를 圖帖(도첩)으로 남겼지만, 도화첩이 병란으로 소실되었기에 이를 안타까워하며 문충공은 "지금은 그 당시의 모습을 전하지 못하고 흔적이 없으므로 표시를 해 두었다가 후일에 화공에게 이를 다시 그려 기록하게 하기 위하여" 글로 남기는 것이라 하였으며, 이처럼 문충공 백헌 이경석(李景奭) 외에도 봉정대부 전임사헌부 지평 미수 허목(許穆)과 성호 이익 선생 등이 「경수연도서(慶壽宴圖序)」를 썼으며, 가의대부 경상도관찰사겸 병마수군절도사 대구도호부사 홍만조는 「경수연도첩 후서(慶壽宴圖帖 後序)」, 진흥군의 6대손 호린 강세백은 「敬書帖後(경서첩후)」를 남겼다.

따라서 『경수연도(慶壽宴圖)』는 조선 선조(宣祖)때 한성부우윤(漢城府右尹)을 제수 받은 이거(李蘧, 1532~1608)가 1605년(宣祖 38년) 자신이 참여하는 계회(契會)에서 102세된 자신의 모친 채씨부인(蔡氏夫人), 강신(姜紳, 1543~1615)의 83세된 모친 윤씨부인(尹氏夫人)등 장수(長壽)를 누린 10명의 사대부가(士大夫家) 대부인(大夫人)들을 위하여 잔치를 연「경수연(慶壽宴)」을 그린 행사기록화이지만, 병화로 소실되어 1655년 재제작되었으며, 현재 서울역사박물관이 소장중이며, 2003년 서울시 유형문화재로 지정된 『경수연도(慶壽宴圖)』는 1655년 재 제작된 화첩 그 자체가 아니라, 그 후 다시 제작한 것으로 보인다. 종이 바탕에 채색. 세로 39cm, 가로 56cm이다. 그림 자체의 화풍이나 그림에 묘사된 병풍 속의 산수화의 화풍, 화첩 제작방식, 지질(紙質) 등 화첩에 사용된 재료의 성격 등으로 볼 때 그 시기는 대략 18c후반~19c초인 것으로 추정된다. 이 화첩은 행사의 절차와 방법을 적은 절목(節目)1면, 행사장면을 그린 그림 5면, 참가한 계원(契員)들의 관작(官爵)과 성명, 나이, 본관 등이 기록된 좌목(座目)5면, 이경석(李景奭)과 허목(許穆)이 화첩 제작 경위를 쓴 서(序)8면 등 총 19면으로 되어 있다.

따라서 서울역사박물관 소장 경수연도(慶壽宴圖)는 서(序),절목(節目),좌목(座目)등이 제대로 갖추어져 있기 때문에 화첩을 통해 '경수연(慶壽宴)'이 열린 경위, 참석자의 면면, 화첩 제작경위 등을 알 수 있고 나아가 당시 국가 차원의 연로자 우대풍속을 알 수 있는 등 역사적 사료로서의 가치가 크다고 할 수 있으며, 행사장면을 그린 그림을 통해서 화첩 제작당시의 건물의 모습과 잔치의 진행, 의복과 장신구의 시대적 변화양상, 잔치에 나온 악공과 악기의 규모 등도 확인해 볼 수 있다.*

*문화재청 홈페이지, 서울시 유형문화재 〈경수연도〉 문화재 설명 발췌 인용

경수연 좌목차서(座目次序)*

*강세백 『진종성헌』 貞(정) 券(권)8. 강신양 『선세추모록(其2)』 338~341.

1. 大夫人(대부인) 좌서차(座序次)
   晋興君大夫人 貞敬夫人 坡平尹氏 右議政 姜士尙夫人 癸未(1523년)生 八十三歲
   李同知大夫人 貞夫人 仁川蔡氏 奉事 李世건夫人 甲子(1504년)生 百二歲
   錦溪君大夫人 貞敬夫人 善山林氏 大司憲 朴應福夫人 辛卯(1531년)生 七十五歲
   尹判書大夫人 貞敬夫人 固城南氏 郡守 尹克新夫人 戊戌(1538년)生 八十歲
   洪同知大夫人 貞夫人 聞慶白氏 副同直 洪脩夫人 戊子(1528년)生 七十八歲
   韓參判大夫人 貞夫人 平山申氏 判官 韓孝胤夫人 壬辰(1532년)生 七十四歲
   南參判大夫人 貞夫人 居昌愼氏 開城都事 南琥夫人 丙申(1536년)生 七十歲
   驪興君大夫人 貞夫人 全州李氏 壬午(1522년)生 八十四歲
   尹參判大夫人 淑夫人 漢陽趙氏 尹正吉夫人 甲申(1524년)生 八十二歲
   權僉正大夫人 淑夫人 光山金氏 贈承旨 權琛夫人 戊寅(1518년)生 八十八歲

2. 次夫人(차부인) 좌서차(座序次)
   晋興君 夫人 貞敬夫人 東萊鄭氏 을사(1545)년 監察 鄭惟義(정유의) 女
   李同知 夫人 貞夫人 全義李氏 무술(1538)년 縣監 李 念(이념) 女
   錦溪君 夫人 貞敬夫人 驪興閔氏 경오(1570)년 承旨 閔 善(민선) 女
   尹判書 夫人 貞夫人 完山李氏 계축(1553)년 興義守 李壽獜(이수린) 女
   洪同知 夫人 貞夫人 安東金氏 갑인(1554)년 宣務郞 金碩言(김석언) 女

韓參判 夫人 貞夫人 昌原黃氏 佐郎 黃 城(황성) 女
南參判 夫人 貞夫人 羅州丁氏 임술(1562)년 大司憲 丁胤福(정윤복) 女
驪興君 夫人 貞夫人 固城李氏 展力副尉 李和春(이화춘) 女
尹參知 夫人 淑夫人 淸州韓氏 을묘(1555)년 韓克昌(한극창) 女
權僉正 夫人 淑人　草溪卞氏

3.契員(계원)

관직명	성명(諱)	字(자)	號(호)	출생년	소과	대과	본관
晉興君	姜紳	勉卿	東皐	1543(癸卯)	1567(정묘)장원(進魁)	1577(정축)장원(文魁)	진주
錦溪君	朴東亮	子龍	梧堂	1569(己巳)	1589(기축)司馬	1590(경인)文科	나주
判書	尹暾	汝昇	竹窓	1551(신해)	1579(기묘)司馬	1585(을유)文科	남원
同知	洪履祥	君瑞	慕堂	1549(己酉)	1573(계유)司馬	1579(기묘)文科	풍산
參判	韓浚謙	益之	柳川	1557(丁巳)	1579(己卯)장원(進魁)	1586(丙戌)文科	청주
參判	南以信	子有	直谷	1562(壬戌)	1588(戊子)司馬	1590(庚寅)文科	의령
參判	李蓘	仲尙	南村	1532(壬辰)	1552(壬子)司馬	1553(癸丑)文科	新平
晉昌君	姜絪	仁卿	是庵	1555(乙卯)	1589(己丑)司馬		진주
驪興君	閔中男	直夫		1540(庚子)	1561(辛酉)司馬	1572(壬申)文科	驪州
參知	尹壽民	仁叟	洛濱	1555(乙卯)	1582(壬午)司馬	1583(癸未)文科	파평
僉正	權詷	仲悟	一直	1541(辛丑)	司馬	1583(癸未)文科	안동
翊衛	姜絨	文卿	蘭谷	1559(己未)			진주
主簿	李蓮						新平

4.參席子弟(참석자제) 총 9인

관직	성명	字(자)	號(호)	출생년	出仕(출사)	가족관계
僉知	이문전(文荃)	子馨		1561(신유)	무과	兵使南村 子
典籍	강홍립(弘立)	君信	耐村	1570(庚午)	문과	판윤東皐 子
奉事	이문란(文蘭)	佩應(패응)		1570(庚午)	蔭 奉事	南村 子
縣監	이문창(文菖)	季馨		1579(己卯)	무과 主簿	南村 子
都事	한선일(善一)	克敬		1573(계유)	蔭 同敦寧	柳川 甥
參奉	윤형철(馨哲)	應明		1577(丁丑)	蔭 佐郞	竹堂 子
監役	홍여량(汝亮)	潛甫		1576(丙子)	蔭 正郞	柳川 甥姪 舍人 迪子
獻納	윤 양(讓)	士謙		1573(癸酉)	정시문과	대사성 洛濱 子
宣傳官	권 약(若)	敬由		1567(丁卯)	무과	중추부사 一直 子

5.執事子弟(집사자제) 총 18인

성명	字(자)	출생년	관직.과거	가족관계
이문명(蓂)	明應(명응)	1558(무오)	蔭 군수	南村 子
이문빈(蘋)	韶應(소응)	1565(을축)	蔭 현령	南村 子
강홍덕(弘德)	處厚(처후)	1566(병인)	蔭 군수	東皐 姪
홍여익(汝翼)	直甫(직보)	1572(임신)	蔭 도정	柳川 甥姪 舍人 迪子
윤형준(衡俊)	應任(응임)	1572(임신)	蔭 찰방	竹堂 子
이문원(文蕙)	藥而(약이)	1574(갑술)	蔭 同樞事	南村 子
홍 립(苙)	景時(경시)	1577(정축)	식년문과 감사	慕堂 子

한회일(會一)	亨甫(형보)	1580(경진)	蔭 左尹	柳川 子
강홍적(弘勣)	君懋(군무)	1580(경진)	蔭 庶尹	東皐 子
강홍정(弘定)	而靜(이정)	1581(신사)	蔭 현령	是庵 子
심정화(廷和)	寅甫(인보)	1581(신사)	蔭 청성군수	柳川 甥侄 父 待敎 忻
홍 집	景澤(경택)	1582(임오)	증광문과. 중시 장령	慕堂 子
홍 영(霙)	澤芳(택방)	1584(갑신)	신유정시문과 참판	慕堂 子
홍 보(寶)	汝時(여시)	1585(을유)	알성문과 장원 판서	慕堂 侄
한흥일	振甫(진보)	1587(정해)	별시문과 우의정	韓 柳川 侄
남두첨(斗瞻)	汝昻(여앙)	1590(경인)	증광문과 참의	南 直谷 子
권 훈(勛)	汝嘉(여가)	1590(경인)	蔭 목사	權一 直孫 權 宣傳官 子
남두환(斗歡)	可晦(가회)	1591(신묘)		

주요 선조(先祖)의 문집(文集)과 유고(遺稿)

세(世)	성명(諱)	생졸년	자(字)	호(號)	文集(遺稿)	기타
15	강신	1543~1615	勉卿	東皐	진흥군일기	1595-1613 기록(18년)
16	강홍중	1577~1642	在甫	道村	東槎錄	일본회답 부사방문기
19	강백(栢)	1690~1777	子靑	愚谷	愚谷集	문과장원
19	강박(樸)	1690~1742	子淳	菊圃	菊圃集 菊圃瑣錄	문과
20	강필신	1687~1756	思卿	慕軒	慕軒集	정시문과
20	강필악	1723~1795	希遠	萍窩		遺稿
21	강세진	1717~1786	嗣源	警弦齋	警弦齋集	
21	강세문	1738~1802	士郁	癯翁구옹	癯翁集	
21	강세백	1748~1824	淸之	皓隣호린	皓隣遺稿 晉宗成憲	문과
21	강세응(鷹)	1746~1821	揚老	磊庵뇌암	磊庵遺稿	문과 磊庵世稿
21	강세위	1752~?	仲廉			遺稿
21	강세륜	1761~1842	文擧	芝園	芝園集 北征錄 漢京雜詠	문과
21	강세규	1762~1833	公敍	兢庵긍암	兢庵集	문과
21	강세모	1768~?	宗謨	坐隱		遺稿
21	강세은	1780~1835	啓好	過庵	過庵集	
22	강봉흠	1762~1828	德祖	南涯	南涯詩史	

22	강용흠	1764~1832	舜三	艮窩간와		遺稿
22	강준흠	1768~1833	百源	三溟	漢京雜詠 輶軒錄, 三溟集 三溟詩話	문과
22	강장흠	1770~1834	穉仁치인	半醒齋	半醒帖拾遺습유	
22	강굉흠	1772~1839	幼淮	梧下		遺稿
22	강철흠	1778~1856	士吉	渾齋		遺稿
22	강성흠	1805~1864	受天	曠士	曠士集	
23	강시(時)영	1788~1864		星沙	輶軒續錄 輶軒3錄 星沙文稿	문과
24	강직	1816~1859	致之	典庵	典庵手隨錄	
24	강벽(稫)	1819~1903	蒔甫	悟叟		옥동서원장, 遺稿
24	강측(稷)	1822~1858	藝甫	怒庵	苫園品香	

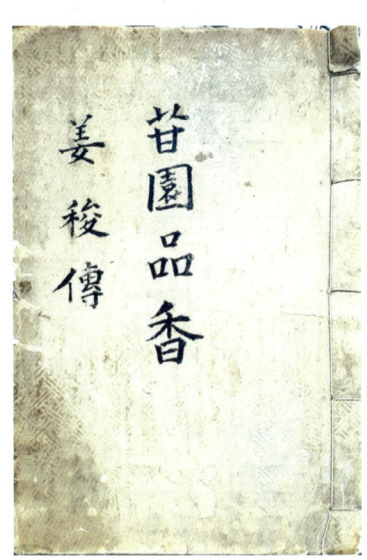
강측의 〈감원품향〉

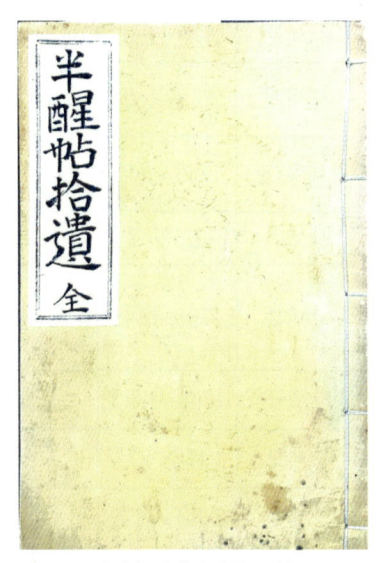
강장흠의 〈반성첩습유〉

진흥군 강신의 『진흥군 일기』 표지와 본문

대사간공 종중의 시사(詩社) 활동

시사(詩社)는 시인(詩人)들이 조직한 문학 단체를 말하며, 주로 경치 좋은 곳에서 마음이 통하는 선비들과 담소를 나누는 것으로 '아집(雅集)'이라고도 하였다.*

*방현아, 『지원 강세륜의 시문학 연구』, 문학박사학위 논문, 성균관대학교, 2020. P68

시사는 18세기 한시단의 다양성과 역동성을 보여주는 지표의 하나로 당파와 신분, 지역과 나이 같은 동질적 요소를 공통분모로 하여 구성된 것이다. 문인들이 정치적 결사의 성격과 강독회, 화류회(花柳會), 야유회, 친목회, 감상회와 같은 성격을 공유하였다.*

*안대회, 『18세기 시사의 현상과 전개양상』, 「고전문학연구」, 제44호, 한국고전문학회, 2013, P421

방현아, 『지원 강세륜의 시문학 연구』, 문학박사학위 논문, 성균관대학교, 2020. P58

우리 대사간공 종중은 남인 계열에 속하여 남인으로서의 학문과 정치적 계보에 연결되어 있다. 남인을 근기남인과 영남남인으로 구분하는 것은 지역적 기반에 의한 것으로, 근기(近畿)남인은 중앙 정치무대와 관련이 있는 근기(近畿)지역에서 정치와 학문 활동을 펼친 학자와 정치가들을 일컫고, 영남(嶺南) 남인은 영남지역 중심의 향촌을 기반으로 하여 학문에 전념한 인사들을 지칭하는 것으로 보는 것이다.

국포공 강박(1690~1742)은 미수 허목(1595~1682)이래 청남(淸南) 계열 근기남인 인사들의 정치적, 문학적 계보를 이은 인물로서의 위상을 지녔는데, 미수 허목이 추천하였기에 당시의 당색을 남인으로 굳힌 것으로 보인다.*

  *방현아,『지원 강세륜의 시문학 연구』, 문학박사학위 논문, 성균관대학교, 2020. P58
  심경호,『18세기 중·말엽의 남인 문단』,「국문학연구」1집, 국문학회 1997,
  pp149~150.
  강박은 채팽윤, 오광운(1689~1745) 등과 '동벽단 시사'에 참여하였는데, 이들은
  1722년(경종2) 이후에 남인들이 문외파(門外派), 문내파(門內派), 중립파(中立派)
  등으로 삼분되었을 때 문외파인 청남에 속했다. 청남 계열은 심단(1645~1730)을
  지도자로 하여 권이진, 이인복, 이중환, 오광운, 강박이 주축이었으며, 허목을 종
  주로 하는 사림정치의 원칙에 투철해야 한다는 청론(淸論)을 고수하였다.

국포 강박은 정립기 근기남인 시맥을 대표하는 문인이었다. 당대 근기 남인 계열 문단의 기치를 세워 앞 시대를 뛰어넘는 인물로 평가받았으며, 방외문형(方外文衡)으로 불려 당시 노론계열 인사들 중에서도 국포에게 글의 질정을 구하는 자가 있을 정도였다고 하였다. 또한 당색을 가리지 않고 당대 문인들 대부분이 국포 강박의 시적 성취를 인정하였는데, 국포는 두보 시의 격조를 추구하였고 한(漢). 위(魏). 당(唐)의 시인들을 기준으로 삼아 그 장점을 용화(鎔化)하려 하였으며 강렬한 기세를 지녔다. 결구(結句)를 잘 엮었고 만시(輓詩), 별시(別詩) 등 인간의 감정 표출에 능하였다고 평가하였다.*

  *여운필,『희암 채팽윤의 시세계』,「한국한시작가연구」13, 한국한시학회, 2009. p240
  윤재환,『조선후기 근기남인 시맥의 형성과 전개』, 문예원, 2012. p287-288

서울지역 백련시단(白蓮詩団)

강박(姜樸)은 1721년(경종1) 윤6월에 모헌(慕軒) 강필신(姜必愼), 약산(藥山) 오광운, 휘조(輝祖) 이중환 등 남인 계열의 사대부들과 한양 백악산

백련봉의 정토사에서 '백련사(白蓮社)'라는 시사(詩社)를 결성하고 「백련록(白蓮錄)」을 남겼다.

강박(姜樸)은 남인계의 시맥을 잇는 주요인물로 평가되고 있다. 번암 채제공은 "남인계의 시맥은 지봉 이수광(1563-1628), 동주 이민구(1589-1670), 호주 채유후(1599-1660)로 이어지며 다시 송파 이서우(1623~?), 희암 채팽윤, 연초재 오상렴으로 이어진 후 약산 오광운(1689~1745)과 국포 강박(1690~1742)으로 이어졌으며, 석북 신광수(1712~1775), 해좌 정범조(1723~1801), 번암 채제공(1720~1799)이 이어 받은 후 다시 다산 정약용(1762~1836)에 넘겨주었다."*라고 하였다.

*남만성,『번암집 해설』『번암집』, 대양서적, 1978, p3 재인용
 권태을,『국포 강박 시의 비판정신고』강사문화 제7집, (사)강사기념사업회 2021.
 27-28 재인용

국포 강박, 진은군 강필악, 호린 강세백

국포 강박(1690~1742)은 박사공 19세로 대사간공의 8세 종손이다. 자(字)는 자순(子淳), 호(號)는 국포(菊圃)이다. 생부(生父) 강석훈(姜碩勛)과 우계이씨(羽溪李氏, 송파 이서우의 딸)의 차자(次子)로 태어나 대사간공 종가(宗家) 강석번(姜碩蕃)의 사자(嗣子)로 입계하였다. 1715년(숙종41 을미) 3월 26일 사(賜) 절일제시(節日製試)에 장원(壯元)으로 급제하고, 같은 해(1715년) 5월 2일 실시한 식년문과에 을과로 등제한 후 홍문관 정자(正字)로 관직을 시작하였다.

그러나 1716년 윤3월 윤증을 논박한 유생 이시정의 처벌을 논의할 때 기사환국을 언급하면서 송시열을 배척하고 윤휴를 두둔한 발언을 하여 숙종의 미움을 사게 되었고, 4월에 안주(安州)로 유배되었다. 1722년(경종2) 영양현감이 되었으며, 1723년 홍문록에 선발되고 다시 도당록에 올랐다. 이후 수찬(修撰), 교리(校理) 등을 역임하였고, 1728년 2월 세자시강원 필

선(弼善)이 되었다. 1728년(영조4년) 39세에 통정대부(通政大夫)로 승품계(陞品階)되었지만, 1728년 3월에 발생한 이인좌의 난에 연루된 이후로는 관직에 나갈 수 없었다.

강박은 이만선(1654~1735)의 딸과 혼인하여 아들 강필시(姜必詩)를 두었으나 혼례를 앞두고 조졸하게 되니, 족제(族弟) 강원(姜杬)의 차남 강필악을 후사(後嗣)로 삼았다. 강박은 1742년 향년 53세로 별세할 때까지 서울 성서에 은거하며 글을 지었다. 사후(死後) 33년이 지난 1775년, 제자인 번암 채제공이 국포 사자(嗣子) 강필악과 함께 국포공의 문집 『국포집(菊圃集)』을 12권 6책으로 정리하여 목판으로 발행하였다.

강필악(姜必岳)은 강박의 사자(嗣子)이며, 상산 공성리(상주시 공성면)에서 생부(生父) 강원(姜杬)과 의성이씨(이기만의 딸)의 차자(次子)로 태어났다. 14세에 국포공의 사자(嗣子)가 되어 서울 성서(城西)로 갔다가 20년을 산 뒤 33세에 상주로 돌아왔다. 강필악의 백씨(伯氏)는 강필공이며 숙조(叔祖) 송은처사[(松隱處士, 호 소리(素履)) 강석필에게 글을 배웠고, 강세진, 이승연 등과 추수사의 일원이었다. 강필악은 통정대부를 거쳐 71세에 동지중추부사에 이르렀으며 진은군(晉恩君)에 봉해졌는데, 셋째 아들 세륜(世綸)의 귀(貴, 공적)로 인한 것이었다.

강필악은 세 아들을 두었는데, 장자 강세백, 차자 강세위, 삼자 강세륜이다. 장자 강세백은 1748년 6월 27일 서울 아현리제에서 태어났다. 그리고 8세 때 아버지(진은군 강필악)를 따라 상주로 내려왔다. 1792년 3월 정조가 실시한 도산응제별시에서 영남유생 7천 명 중에서 장원급제를 하였다. 이때 제출된 총 시권(試券) 3,000개를 정조가 친히 채점하여 선정하였다고 한다. 이어서 1794년 갑인정시 문과에 급제한 뒤, 사헌부 지평, 홍문관 응교, 지제교 겸 경연시독관, 춘추관 편수관 등을 역임하였다.

강세백은 종가의 종손(宗孫)으로서 종사(宗事)에 주력하기도 하였는데, 종중 내의 공사(公私) 고적(古蹟)과 사적(事蹟)들을 세부적으로 기록하여

『진종성헌(晉宗成憲)』 4책을 남겼다. 또한 상주로 내려와서는 영남 남인의 시맥을 잇는 인물인 정종로, 이경유 등과 상주 지역에서 시사활동을 적극적으로 전개하였다. 즉 추수사, 죽우사 등과 같은 시사를 결성하고 월 2~3회에 걸쳐 모임을 가지며 학문과 문학 활동에 몰두하였다.

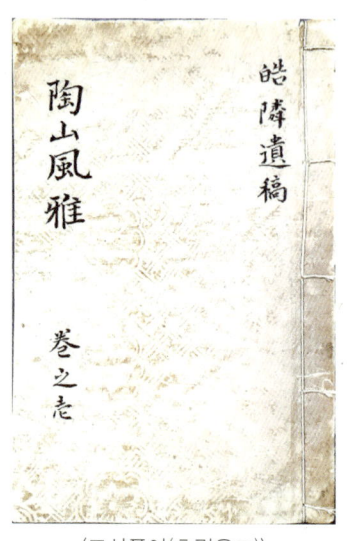

〈도산풍아(호린유고)〉

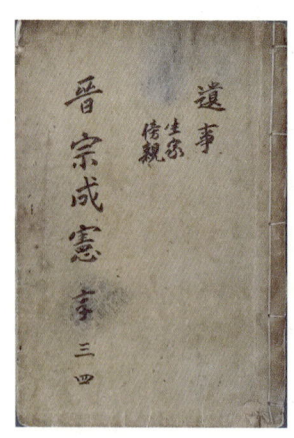
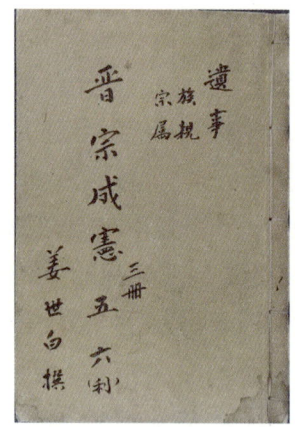
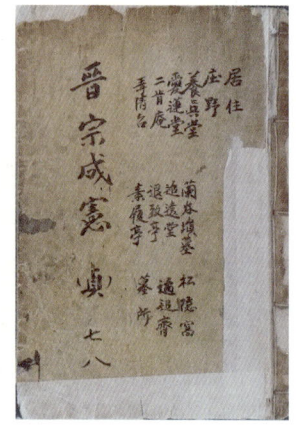

〈진종성헌〉

영남동도회(嶺南同道會)와 참여 선조(先祖)

'영남동도회'는 오봉(五峯) 이호민(李好閔)이 주관하여 결성한, 영남 출신이면서 서울(한성)에서 사관(仕官) 중인 사람들의, 일종의 재경(在京) 영남 출신 선비들의 친목계(親睦契)이다. 1601년(선조34) 추(秋) 7월, 장악원(掌樂院)에서 첫 모임이 이루어졌고, 26명이 참석하였다. 서천(西川) 정곤수(鄭崑壽)*는 병환으로 참석하지 못했으나 모임 참여를 찬성하였으니 총 27명의 계원으로 구성되었다.

*정곤수(1538~1602), 자 여인(汝人), 호 백곡(栢谷) 호성공신1등, 관이 2상(좌찬성)에 이르렀고, 보국숭록대부 영의정에 추증되었으며, 서천부원군, 시호는 충익(忠翼)이다.

계원들은 모두 모임의 기금(捐捧)을 납부(捐納)하였다. 명유(名儒) 거경(鉅卿)이며 재주가 뛰어난 사람이 많았던 영남의 선비로서, 그리고 조정의 사관자로서 그동안에는 회원 간에 애념(愛念)과 정념(情念)을 취산(聚散)함이 한결같지 않았는데, 앞으로는 이를 잘 취산(聚散)함을 막아 영원히 유지할 수 있기를 바라는 모임 결성의 취지를 오봉 이호민은 〈영남동도회록〉에 기록하고 있다.

특히 이날 '영남동도회' 첫 모임은 울산도호부 판관 김택룡, 창녕현감 박광선, 성현도 찰방 유중룡 등 3인의 영전 부임에 앞서서 전별연(餞別宴)을 겸한 자리였으며, 주석(酒席)이 성대하고 환희(歡喜)를 다한 뒤 파(罷)하였다고 회의록은 전하고 있다.

영남동도회 참석 회원은 모두 27인이며 명단은 다음과 같다.

성명	字(자)	관직	출신지역
정곤수	여인	보국숭록대부 서천부원군	성주
이호민	효언	정헌대부 지중추부사 겸 홍문각제학 동지성균관사, 연릉군	군위
강 신(紳)	면경	가의대부 이조참판 겸 동지경연춘추관사 세자좌부빈객, 진흥군	상주
강 연(綖)	정경	통정대부 승정원 동부승지 겸 경연참찬관	상주
윤 엽	여희	통훈대부 군자감 정	상주
박응립	신보	현신교위수 훈련원 첨정	영해
신지제	순부	중직대부 예조정랑 지제교	의성
강 담(紞)	문경	보공장군 세자익위사 익위	상주
김택룡	시보	봉렬대부 行 울산도호부 판관	예안
권경호	종경	중직대부 行 사헌부 감찰	함창
유종용	汝見(여견)	선교랑 성현도 찰방	거창
전 우	시화	승의랑 중림도 찰방	초계
구극성	성보	봉정대부 前 行 횡간 현감	영해
이홍발	景晦(경회)	봉직랑 前 行 청산 현감	금산
박광선	克懋(극무)	봉직랑 行 창녕 현감	고령
권세인	景初(경초)	선교랑 前 行 장기 현감	단성
권 순	화보	승의랑 前 行 사재감 주부	함창
권 주	여림	진용교위 용양위 부사과	함창
노도형	백가	승훈랑 前 行 선공감 직장	상주
김 혜	晦仲(회중)	병절교위 충좌위 부사과	상주
이민성	관보	통사랑 승문원 저작	군위
권 제	치원	계공랑 行 교서관 저작	단성
신경익	문숙	선교랑 行 선공감 봉사	상주
이민환	而壯(이장)	종사랑 行 예문관 검열	군위
조 정	안중	선교랑 行 광흥창 부봉사	상주
조우인	여익	선교랑 前 行 제용감 참봉	상주
남복규	여용	통사랑 권지승문원 부정자	안동

영남동도회에 강신(姜紳), 강연(姜綖), 강담(姜紞) 등 세 분의 대사간공 종중의 선조들이 참여하였다. 대사간공과 세 아드님의 동일 피화로 익산 이씨에 의해 서울을 떠나 남으로 피난하여 새로운 세거지 상주에 정착함 으로써 영남인이 된 세 분의 선조는 비록 상주에 살고 있지는 않았으나, 조부[휘 온(溫)]가 9세 때부터 그리고 문과에 급제한 후 30세 무렵 서울(한 성)로 이주할 때까지 살았고, 선고(先考)인 정정공이 태어나, 아버지 사인 공을 따라 서울로 이사할 때인 8세까지 살았던 곳이다. 또한 서울과 동시 에 대사간공의 후손들이 여전히 세거지(世居地)를 유지하고 있었으니 자 연스럽고 당연하게 영남인으로서 이 모임에 참여한 것이다.

〈경서록후(敬書錄後)〉를 쓴(撰) 홍문관 응교(應敎) 호린(皓隣)공 강세백 (姜世白)은 〈영남동도회록〉에 대한 소회를 다음과 같이 쓰고 있다.

上略(상략)
"지금으로부터 수백 년이 경과하여 실올은 문드러지고 책의 종이는 좀 이 먹었으되 명성의 향기는 희미해지지 않았으니, 관수(盥水)하고 공경하 며 삼가 열람하려 하니 황홀함을 느끼어 정신이 나간 듯 멍해지는 가운데 소매를 걷어 찍어내고 정신을 돌리었다. 훤히 탁 트인 감회가 그대로 드러 나도다."

至今歷數百年 爛紙蠹簡芬馥未沬 盥手敬閱悅若 希覯折旋於樽俎之間若是 乎 曠感之油然也

또한 호린(皓隣)공은 "후손들이 이 기록을 본다면 세상사의 참된 모습이 아닐 수 없으며, 세월이 흐르는 동안 방치하여 서로 소원(疏遠)해지기 전 에 이 모습을 존속할 수 있도록 소중히 여길 수 있기"를 소망하는 마음을 기록하고 있다.

상주 지역 대사간공 종중 선조들의 시사(詩社) 활동

1784년 '추수사(秋水社)'의 결성

18세기 후반인 1784년, 연안이씨 이승연과 진주강씨 강필악, 강세진 등이 주도하여 '추수사(秋水社)'를 결성하였다. 상주 지역에는 이 지역 출신인 남인 계열의 대표적 학자인 우복(愚伏) 정경세(1563~1633)와 창석 이준(1560~1635) 등이 개설한 '연악문회록(淵岳文會錄)'과 '낙강범월회(洛江泛月會)'의 전통이 오래 지속되고 있었으며, 이승연, 강필악, 강세진 등은 '낙강범월회'에 참여하여 활동한 바 있었는데, 자신들의 아들들과 친지들을 참여시켜 '추수사(秋水社)'를 결성하였다.

이경유가 쓴 『추수사제명기』에는 다음과 같이 '추수사(秋水社)' 결성 배경과 과정에 대해 기록하고 있다.

상략(上略)
"우리는 다행이 무사한 시절에 태어났고 또한 거처하는 곳이 가까워 보지 않으면 생각나고 생각나면 보고 싶었다. 비바람이 심하게 불지 않으면 혹 당나귀나 말을 타고 혹 나막신에 지팡이를 짚고, 전원의 느릅나무나 버드나무 숲 사이를 왕래하며 마을거리와 밭두둑 사이에서 읊조리니, 이 또한 태평시대의 성대한 일이다. 이에 진주인 강세백과 시사(詩社)를 결성하여 한 달에 한 번씩 모이기로 약속하였는데, 1년이면 12회를 만나게 된다. 1월은 상원일, 2월은 청명일, 3월은 답청일, 4월은 초파일, 5월은 단오절, 6월은 유두일, 7월은 칠석, 8월은 추석, 9월은 중양절, 10월은 소설, 11월은 동지, 12월은 납평일로 정하였다. 음식물은 시기에 따라 각자 사치하거나 간소하지 않게 준비하되 취하고 배부르면 그치기로 하였다. 시는 5언과 7언 몇 편에 그쳤다. 입추(立秋) 다음 날 처음 시회(詩會)를 이향정(二香

亭)에서 개최했기 때문에 결사의 이름을 '추수사(秋水社)'로 하였는데, 그 시기를 표시한 것이다."*

하략(下略)

*이경유,『임하유고』권7,「추수사제명기」
김주부,「상주지역 시사조직과 진주강씨 문중의 시학전통」, 강사문학 7집,
(사)강사기념사업회, 2021. pp102~103 에서 발췌 재인용.

이상의 기록을 통해 1784년 입추(음6월 21일) 다음날(22일, 을사)에 추수사가 결성되었고, 그 첫 집회를 상주 관아의 이향정(二香亭)에서 열었다는 것을 알 수 있다. 이때 참여한 구성원들 중 대사간공 후손들을 열거하면 다음과 같다.

진은군(晉恩君) 평와(萍窩) 강필악[(1723~1795, 자 희원(希遠))과 두 아들 강세백[자 청지(淸之)]과 강세위[1752~ ?, 자 중렴(仲廉)] 형제. 큰 손자 강장흠(長欽, 1770~1834), 경현재(警弦齋) 강세진(世晉, 1717~1786)과 아들 남애(南厓) 강봉흠(姜鳳欽, 1762~1828). 그리고 구옹(癯翁) 강세문 [1738~1802, 자 사욱(士郁)] 등 7명이 참석하였다.

그리고 연안이씨 강재 이승연(1720~1806)은 이경유, 종제(從弟) 이정유(1758~1800), 손자 이승휘(1781~ ?) 그리고 평산인 신광직(1757~? 자 익지) 등이 참석하였는데, 참여인원은 모두 14명이었다. 추수사 결성의 주축은 상주 봉대에 거주하는 진은군(晉恩君) 강필악과 경현재(警弦齋) 강세진의 집안이었다.

이경유가 지은『창해시안(滄海詩眼)』에는 "나(이경유)와 강청지(강세백)가 시사를 결성하였는데, 처음 연정(蓮亭, 이향정)에 모여 시사의 이름을 '추수사'라 하였으며, 부형(父兄)과 장로(長老)가 모두 참석하였다."라고 적고 있다.

이렇듯 18세기 상주의 '추수사'는 이경유와 강세백이 그들의 선친에게 건의하여 결성된 것을 짐작할 수 있다. 다음은 첫 추수사 시회의 분위기를

알 수 있는 대목이다. 이경유의 「추수사제명기」의 내용이다.

"여러 어른들이 술잔을 주고받으며 시를 지어 읊조리면서 이야기꽃을 피우는 사이 사욱(士郁, 강세문) 이하의 젊은이들도 일어나서 어른들을 따라 모두 차운(次韻)하였으며, 근체시 각각 3편씩을 짓고 파하였다. 이때 홰나무를 스친 바람이 좌석에 가득하고 연잎에 떨어지는 이슬이 옷을 적시며 우리 시사의 승경(勝景)을 도왔다. 이 시회는 서로 태평성대를 노래하되 어른을 받드는 예절도 갖추었으니, 아! 성대한 일이다. 서로 수창한 시첩의 책머리에 가대인(家大人, 이승연)이 서문을 지었다."*

*이경유, 『임하유고』, 권7, 「추수사제명기」
김주부, 「상주지역 시사조직과 진주강씨 문중의 시학전통」, 강사문학 7집,
(사)강사기념사업회, 2021. pp104~105 에서 발췌 재인용.

상주지역 봉대에 살았던 대사간 종중의 강세진과 강세백은 모두 이경유와 가깝게 지낸 문인들이다. 이경유는 연안이씨로 근기지역 동주 이민구의 남인 시맥을 계승한 시인들인 근곡 이관유, 박천 이옥, 식산 이만부, 강재 이승연, 반농재 이병연 등으로 이어지는 가학(家學)을 지닌 인물이다.

강세진(姜世晉)은 희암 채팽윤(1669~1731)의 제자 모헌(慕軒) 강필신의 아들이며, 강세백은 국포 강박의 손자인데, 선대(先代)가 모두 중앙에서 벼슬을 하다가 1728년 무신난(이인좌의 난)이후 상주 세거지로 이주한 문인들이었다.

'추수사' 결성 첫날의 모임은 그날 밤부터 다음날 새벽까지 이어진 것으로 강세진의 글에 전해지고 있다. 강세진의 「수사회병소서(水社會並小序)」에는 그날 밤부터 새벽까지의 자연풍광이 구체적이고 아름답게 묘사되어 있다.*

*강세진, 『경현재집(警弦齋集)』 권2 「수사회병소서(水社會並小序)」. 방현아,

『지원 강세륜의 시문학 연구』, 문학박사학위 논문, 성균관대학교, 2020. P71 재인용

또한 그날 경현재(警弦齋) 강세진이 쓴 여러 편의 시가 전해지는데, 그 중 한 편이 다음의 시 〈수사회(水社會)〉이다.

紅白垂花侈一堂(홍백수화치일당)
　　　　붉고 희게 늘어진 연꽃이 온 집안을 치장하니
座間不用綺羅香(좌간불용기라향)
　　　　좌중에 향기로운 비단 옷조차 필요 없다네.
招携莫憚三庚熱(초휴막탄삼경열)
　　　　초대한 것이 삼복더위라 하여 꺼리지 말라
鎖落偏愁八月霜(쇄락편수팔월상)
　　　　쇠락하는 것은 팔월의 서리가 오히려 근심스러우니
據有朱欄仍結社(거유주란잉결사)
　　　　붉은 난간에서 모임을 맺은 것이 증거가 되지만
恨無明月與爲章(한무명월여위장)
　　　　밝은 달이 함께 문장을 이루지 못함이 한스럽구나
細傾葉低新濃酒(세경엽저신농주)
　　　　연잎 아래 새로 농익은 술을 찬찬히 기울이고
閒臥西牕竹雨凉(한와서창죽우량)
　　　　서쪽 창가에 한가로이 누우니 대나무비가 시원하네.*

*방현아, 『지원 강세륜의 시문학 연구』, 문학박사학위 논문, 성균관대학교, 2020. P72 재인용 (방현아 역)

1804년 '죽우사(竹雨社)'의 결성

1784년 '추수사'를 결성한 후 20년이 지난 1804년, 「죽우사(竹雨社)」라

는 이름으로 명칭을 바꿔 시사를 재결성하였다. 추수사의 원로회원들이 세상을 떠나고 출사(出仕)를 위해 상주를 떠나게 되면서 잠시 활동이 중단된 이유가 있었다.

강세백의 아들 강장흠(1770~1834), 강세진의 아들 강봉흠(1762~1828) 그리고 이경유의 조카 이건기(1785~1849) 등을 중심으로 재결성한 뒤 '죽우사'로 개명하였다. 또한 추수사 회원이었던 강세륜과 강세규 등이 출사로 인해 상주를 떠났다가 다시 고향으로 돌아와 참여하게 되었다.

월간(月澗) 이전(李㙉)의 7세손 이승배(1768~1834)는 「죽우시사서(竹雨詩社序)」에서 시사의 창도자와 회원, 시사의 개최일에 대해 개략적으로 기록하고 있는데, 강세백과 이경유의 지도아래 강세륜, 강세규, 강봉흠 등 진주강씨 가문의 시인(詩人)들이 죽우사의 핵심적인 인물로 활동했다고 하였다.*

*이승배, 『修溪集(수계집)』 권6, 「죽우시사서」, (文叢續(문총속) 110책, 655쪽).
김주부, 「상주지역 시사조직과 진주강씨 문중의 시학전통」, 강사문학 7집,
(사)강사기념사업회, 2021. pp109에서 발췌 재인용.

1816년 '속죽우사(續竹雨社)'의 결성

1816년 결성된 '속죽우사(續竹雨社)'는 1784년 '추수사'와 1804년 '죽우사'의 시학 전통을 계승하였으며, 시(詩)를 전문으로 하는 시인(詩人)들의 모임이었다. 한 달에 한 번, 즉 1월 상원일, 2월 청명절, 3월 답청, 4월 초파일, 5월 단오, 6월 유두일, 7월 칠석, 8월 추석, 9월 중양절, 10월 소설, 11월 동지, 12월 납일을 정일(定日)로 하여 정기 회합을 갖고 시령(詩令)에 따라 시를 짓기로 했으며, 회원들의 회갑, 과거급제 등 다양한 축하할 일이 있을 때 부정기적으로 시회를 가졌다. 시사 개최 장소는 회원들의 집에서 주로 모였으나 정자, 서원, 사찰 등 다양하였다. 문헌으로 확인되는

대표적인 시사 장소는 호린댁(皓隣宅, 강세백), 지원댁(芝園宅, 강세륜) 그리고 이향정(二香亭), 소리정(素履亭), 자천대(自天臺), 도남서원(道南書院), 청룡사(靑龍寺), 용문서당(龍門書堂), 옥동서원(玉洞書院), 북장사(北長寺), 남장사(南長寺), 용흥사(龍興寺), 갑장암(甲長庵), 봉하사(鳳下社) 임하사(林下社)의 노룡단(老龍壇) 등이었다.*

*권태을,『상산시사(추수사.죽우사) 소개』「상주문화」7집, 상주문화원, 1998, p34 참조

추수사, 죽우사, 속죽우사 등의 시사활동에 참여하며 창작된 시에 대해서는『죽우사시집』과『임하유고』등을 통해 확인할 수 있으며, 이에 관한 연구는 상주 출신 학자로 경북대학교 명예교수인 권태을 박사의 저서와 논문, 상주문화원 김주부 박사의 논문, 그리고 방현아 박사의 박사학위 논문 등에서 매우 체계적으로 연구하여 정리하였으니 이에 대해 상세히 알 수 있다.*

*권태을,『상산시사(추수사.죽우사) 소개』「상주문화」7집, 상주문화원, 1998,
김주부,「상주지역 시사조직과 진주강씨 문중의 시학전통」, 강사문학 7집,
(사)강사기념사업회, 2021. pp111-123
방현아,『지원 강세륜의 시문학 연구』, 문학박사학위 논문, 성균관대학교,2020.

1828년 '열운사(悅雲社)'의 재결성

1828년 '열운사(悅雲社)'를 재결성하고 '속죽우사(續竹雨社)(1816년)' 이후 7~8년간 단절되었던 상주지역 시사를 연속하게 되었다. '열운사'에 참여한 시인들은 대사간공 종중의 지원 강세륜, 남애 강봉흠, 금암 강세규, 반성재 강장흠, 오하 강굉흠(1772~1839), 혼재 강철흠(1778~1856), 간와 강용흠 등 7명과 강고 류심춘, 백하 황반로, 치재 조덕, 제암 정상리, 우평 황인로 등 총 12명이 문헌 기록 등을 통해 확인되고 있다. 열운사가 지

속된 것은 1842년 강세륜이 세상을 떠난 이후까지로 추정된다.*

*김주부, 「상주지역 시사조직과 진주강씨 문중의 시학전통」, 강사문학 7집, (사)강사기념사업회, 2021. p123 에서 발췌 재인용.

1832년 '낙유첩(洛遊帖)'에서의 대사간공 종중 선조

'낙유첩(洛遊帖)'은 1832년 4월 16일 상주 경천대에서 관수루에 이르는 구간을 뱃놀이한 그림과 시가 담긴 22.47m 두루마리 시첩(詩帖)인데, 그날 이후 200년 동안 풍산류씨 문중에서 보존해 오다가 2019년 상주박물관에 기탁되었고 2020년 국역하여 간행되었다.

'낙유첩(洛遊帖)'은 '선유시첩(船遊詩帖)'으로 강고(江皐) 류심춘(柳尋春)의 아들인 류후조와 류효조 형제의 주도로 창석(蒼石) 이준(李埈)의 '낙강범월록'의 창작 전통에 따라 탄생한 것이다. 이날 상주의 젊은 선비들이 도남서원 앞 달이 뜬 낙강에서 배를 띄우고 자천대(自天臺)로부터 도남사, 퇴치암, 봉황성, 관수루(觀水樓)에 이르는 5~6십리 길을 유람하며 시를 지었다.

이날 낙강선유에 모인 문인들은 강선영(姜選永, 1797~1858), 강시영(始永, 1797~1873), 강서영(胥永, 1803~1877), 강성흠(性欽, 1805~1864), 강건영(建永, 1806~1852), 강탁영(逴永, 1809~1834), 강술영(述永, 1810~1871), 강직(㮨, 1816~1859) 등 대사간공 종중은 8명이며, 이현룡(1792~?), 류후조(1798~1875), 류효조(1798~1857), 이매기(1800~1855), 이돈구(1808~1861), 이형기(1812~?), 류주목(1813~1870) 등 모두 15명이었다.

이 모임에 참석한 국포 강박(1690~1742)의 손·증손, 시북(市北) 강항(杭)의 후손들과 류심춘의 아들과 손자, 식산 이만부의 증현손 등, 진주강씨, 풍산류씨, 연안이씨 등 세 문중은 상주의 학문과 문학에 있어 주축이 되는 명문가이며 각별한 유대관계를 맺어온 선비 집안이라 할 수 있었다.*

*김주부, 「상주지역 시사조직과 진주강씨 문중의 시학전통」, 강사문학 7집, (사)강사기념사업회, 2021.

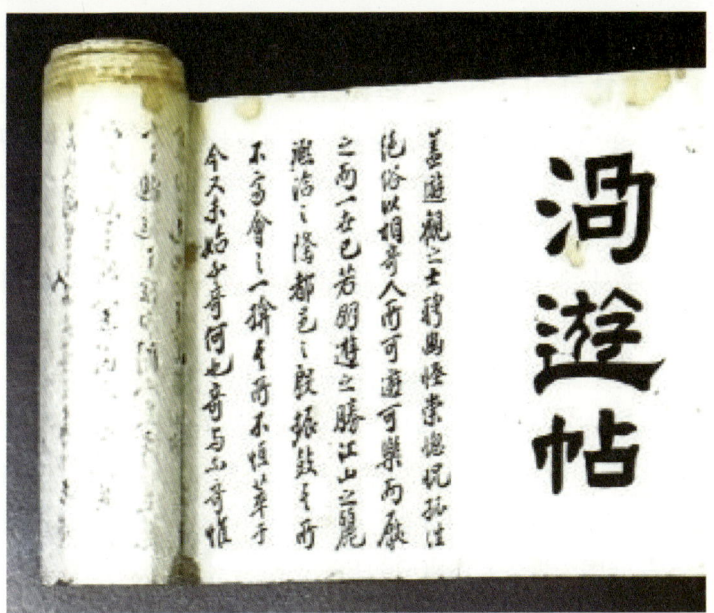

낙유첩(洛遊帖): 1832년 4월 16일 경천대에서 관수루에 이르는 구간을 뱃놀이한 그림과 시가 담긴 22.47m 기록문 원본

한편 죽우사에서 활동한 과암(過庵) 강세은은 백하 황반로, 우평 황인로, 곡구 정상관 등과 함께 19세기 영남의 4대 문장가에 속하며①, 또한 강세은은 황인로, 정상관과 함께 상산의 3대 문장가로 칭송되었다②.

①권태을,「상주한문학」, 문창사, 2002
②황반로,「백하선생문집」, 권8. 김주부,「상주지역 시사조직과 진주강씨 문중의 시학전통」, 강사문학 7집, (사)강사기념사업회, 2021. p114 에서 발췌 재인용.

이상과 같이 진주강씨 대사간공 종중의 선조들이 상주지역 기반의 영남 남인 문인과 학자들과 교유하며 전개한 시사활동을 요약 정리하였다.

지금까지 추수사(1784년), 죽우사(1804년), 속죽우사(1816년)에 참여한 시사회원들은 문헌(문집, 족보, 시문) 등을 근거로 확인한 결과 모두 27명으로 나타났다. 이중에서 대사간공 종중의 후손들은 12명으로 다음과 같다.

경현재 강세진(1717~1786), 평와 강필악(1723~1795), 구옹 강세문(1738~1802), 호린 강세백(1748~1824), 지원 강세륜(1761~1842), 좌은 강세모(1808~?), 과암 강세은(世誾, 1780~1835), 금암 강세규(世揆, 1762~1833), 남애 강봉흠(1762~1828), 반성재 강장흠(1770~1834), 간와 강용흠(1764~1832), 혼재 강철흠(1778~1856).

1828년 '열운사'에 참여한 대사간공 종중 문인은 7명으로 다음과 같다. 지원 강세륜, 남애 강봉흠, 금암 강세규, 반성재 강장흠, 오하(梧下) 강굉흠(1772~1839), 혼재 강철흠(1778~1856), 간와 강용흠 등이다.

1832년 '洛遊帖(낙유첩)'에 참여한 대사간공 종중 문인은 8명이며 다음과 같다. 강선영(姜選永, 1797~1858), 강시영(始永, 1797~1873), 강서영(胥永, 1803~1877), 강성흠(性欽, 1805~1864), 강건영(建永, 1806~1852), 강탁영(逴永, 1809~1834), 강술영(述永, 1810~1871), 강직(稷, 1816~1859) 등이다.

상주지역 시사활동에 참여한 종중 문인

추수사. 죽우사. 속죽우사에 참여문인		
구분	참여 문인과 학자	비고
대사간공 종중 가계별 전승과정	1)(사안계)강석번-강박-**강필악**-**강세백**, **강세륜**-**강장흠**-강주영-강직(1816~1859) 2)(사익계)강석경-강현-강필엽 　(사익계)강석경-강현-강필혁-**강세문**, 강세제-강굉흠 　(사익계)강석경-강현-강필형-강세홍, 강세덕-**강세규**-강보흠 3)(사익계)강석기(耆)-강항-강필장-**강세모**, 강세건, **강세은**(世誾)-강서흠(1788~1877) 4)(사익계)강석기(耆)-강항-강필량-강세위-**강철흠**-강선영, 강건영, 강문영(경흠 입계) 5)(사상계)강석빈-강학-강필득-강세정-강준흠-강시영 6)(사필계)강석로(老)-강영-강필신-**강세진**-**강봉흠** 7)(사익계)**강용흠**	1)湑 사안 2)澤 사익 3)澤 사익 4)澤 사익 5)溫 사상(綱) 6)溫 사필 7)澤 사익 12명
타 성씨 회원	1)이옥-이만부-이승연, 이병연-이경유, 이정유-이건기 2)정종로-정상리, 정상관, 정상진	1)연안 이씨 2)진주 정씨 15명
	합계	27명
열운사 참여 문인과 학자		
대사간공 종중	지원 강세륜, 남애 강봉흠, 긍암 강세규, 반성재 강장흠 오하 강굉흠, 혼재 강철흠, 간와 강용흠	7명
타 성씨 회원	강고 류심춘, 백하 황반로, 치재 조덕, 제암 정상리, 우평 황인로	5명
	합계	12명
낙유첩 참여 문인과 학자		
대사간공 종중	강선영(選永, 1797~1858), 강시영(始永, 1797~1873) 강서영, 강성흠, 강건영, 강탁영, 강술영, 강직	8명
타 성씨 회원	이현룡(1792~?), 류후조(1798~1875), 류효조(1798~1857) 이매기(1800~1855), 이돈구(1808~1861), 이형(1812~?) 류주목(1813~1870)	7명
	합계	15명

상주지역 시사(詩社) 참여 선조와 문집(文集)

세(世)	성명(諱)	생졸년	자(字)	호(號)	文集(遺稿)	기타
19	강 박	1690~1742	子淳	菊圃	菊圃集	문과
20	강필신	1687~1756	思卿	慕軒	慕軒集	식년문과
20	강필악	1723~1795	希遠	萍窩		
21	강세진	1717~1786	嗣源	警弦齋	警弦齋集	
21	강세문	1738~1802	士郁	癯翁구옹	癯翁集	
21	강세백	1748~1824	淸之	皓隣호린	皓隣遺稿	문과
21	강세위	1752~?	仲廉			
21	강세륜	1761~1842	文擧	芝園	芝園集	문과
21	강세규	1762~1833	公敍	兢庵긍암	兢庵集	
21	강세모	1768~?	宗謨	坐隱		옥동서원장
21	강세은	1780~1835	啓好	過庵	過庵集	
22	강봉흠	1762~1828	德祖	南涯	南涯詩史	
22	강용흠	1764~1832	舜三	艮窩간와		
22	강준흠	1768~1833	百源	三溟	三溟集,三溟詩話	정시문과
22	강장흠	1770~1834	穉仁치인	半醒齋	半醒帖拾遺습유	
22	강굉흠	1772~1839	幼淮	梧下		
22	강철흠	1778~1856	士吉	渾齋		옥동서원장
22	강성흠	1805~1864	受天	曠士	曠士集	
24	강 직	1816~1859	致之	典庵	典庵手隨錄	

상주지역을 중심으로 한 대사간 종중 문인 가계

①(사안계)강석번-강박-강필악-강세백, 강세위(필량 입계), 강세륜
　　　　-강장흠-강주영-강직(1816~1859)
②(사필계)강석로(碩老)-강영(楧)-강필신-강세진-강봉흠
③(사익계)강석경-강현-강필엽
　(사익계)강석경-강현-강필혁-강세문. 강세제-강굉흠
　(사익계)강석경-강현-강필형-강세흥, 강세덕, 강세규
④(사익계)강석기(碩耆)-강항-강필장-강세모, 강세건, 강세은(世誾)
　　　　-강서흠(1788~1877)
⑤(사익계)강석기(碩耆)-강항-강필량-강세위-강철흠-강선영, 강건영,
　　　　강문영(경흠 입계)
⑥(사익계)강석량(碩亮)-강유(楺)-강필건(必健)-강세인(世寅)
　　　　-강용흠(龍欽)
⑦(사상계)강석빈-강학-강필득-강세정-강준흠-강시영

남지(南池) 기로회도(耆老會圖)와 기로계회(耆老契會)

　남지 기로회도는 1629년(인조7년) 6월 5일, 남지(南池) 옆에 살고 있는 홍사효(1555~?)의 저택(남지 기로회도의 배경이 된 저택)에서 홍사효가 초대하여 이루어진 기로계회 회원 12명의 모임 장면을 그린 그림으로 당시 도화서 화원 이기룡이 그렸으며, 1986년 대한민국 보물로 지정되었다.
　홍사효의 저택에는 남지의 연꽃을 감상하기 좋은 위치에 정자가 있었다. 이 모임의 참석자 중 한 명인 이유간의 일기에는 6월 3일, 4일, 5일, 8일에 홍사효가 자신의 지인들을 초대하였고, 이유간은 6월 5일 모임에 참석하였으며, 여름철 연(蓮)을 감상하자고 지인들을 초대하여 여러 차례 모인 풍경을 떠올려볼 수 있다. 이날 모임을 그린 것이 남지 기로회도였다.
　이날 기로계회의 참석자는 68세인 심륜을 제외하면 모두 71세 이상 81세까지였으며, 기로회는 70세 이상의 문신 출신들이 입기하는 기로소의 관례를 따라 70세 이상의 기로(耆老)들이 참석해야 했지만, 당나라, 송나라의 고사를 따라 예외로 참석시킨 것으로 이 기로계회에 관련한 기록에서 그 사유를 확인할 수 있다. 이 기로계회는 모두 자제들이 부친을 모시고 참여하여 자신의 아버지들을 시봉(侍奉)하며 즐거운 자리가 유지될 수 있도록 애썼다는 기록이 있고 보면 당시의 효도(孝道)와 경로(敬老)사상과 정신문화를 확인할 수 있다.
　이날 아버지 이유간를 모시고 동생인 이경석(당시 좌승지, 후일 영의정)과 함께 참석한 아들 이경직(예조참판, 후일 호조판서, 영돈녕부사)이 주선하여 선친의 기로회원 12분이 모두 한 점씩 소장할 수 있도록 12장의 그림을 그리게 하였다고 한다. 이유간의 일기에는 이날 모임의 행태에 대해 상세히 기록되어 있다. 이 모임에 참석한 기로회원들은 대부분 이 부근에 거주하였던 것 같고 이유간의 집 역시 서대문 쪽 근동(芹洞)으로 남지에서 가까웠다.

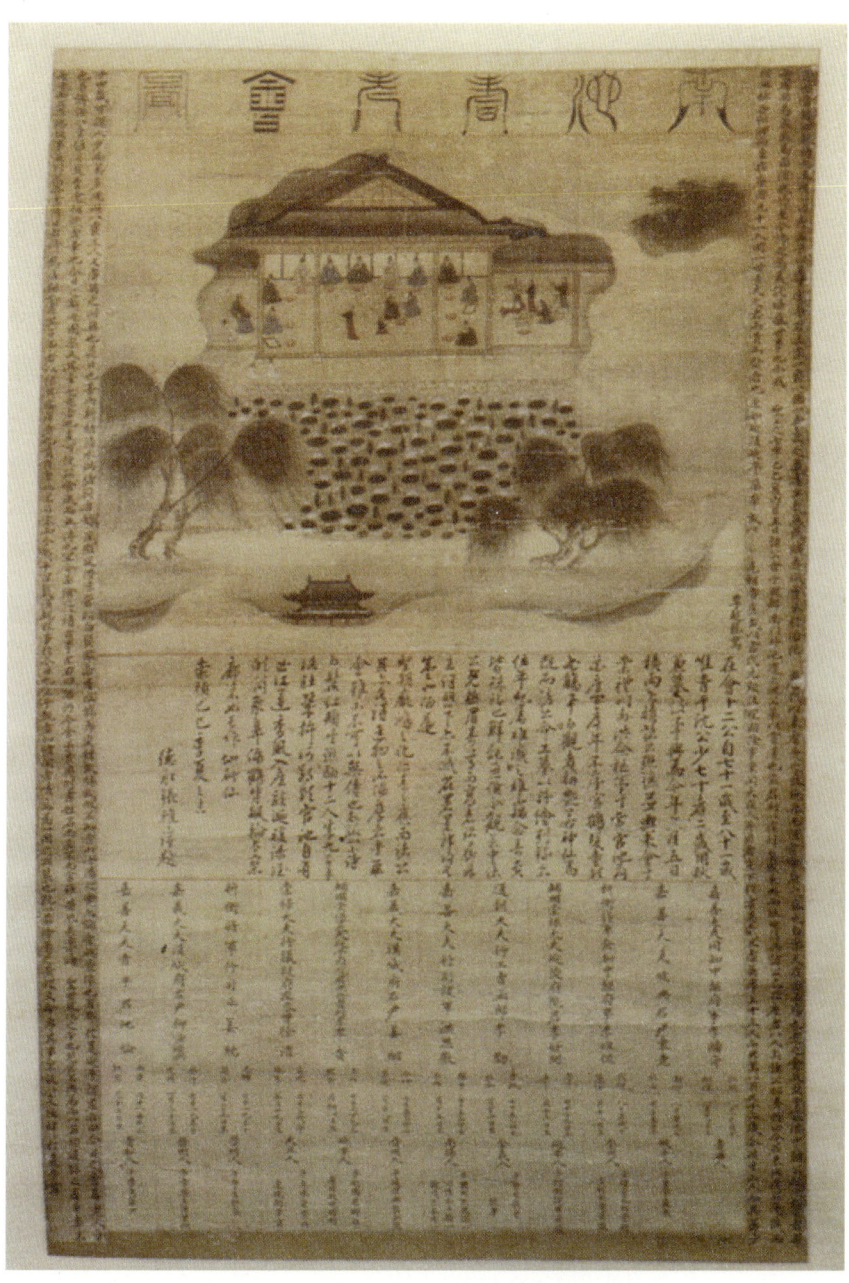

보물 이기룡 필 〈남지기로회도(南池耆老會圖)〉,
1629년 비단에 색채, 116.7×72.4cm, 서울대학교박물관 소장

남지 기로회도를 그린 1629년 6월 5일 이유간의 일기 내용은 다음과 같다.

지난해 학반(홍사효)의 집에서 지연(池蓮)을 감상하였다. 이달 초 3일에 승지와 여러 벗들이 또한 가서 감상하고 돌아왔다. 초4일에는 학반이 서간을 보내어 연(蓮)을 함께 감상하자고 하였다. 나는 지금 이질을 만나 갈 수 없다고 답하였다. 5일 아침에 또 글을 보내어 오라고 하였으나 어제와 같은 글로 답하였다. 오후에 이호민이 왔다는 것을 들으니 비로소 가고 싶은 생각이 들었다….
비록 옛날 향산(香山)과 낙양의 모임을 여기에 비길 수 있겠는가. 나는 병으로 참여하기를 사양하였으나 가지 않았다면 평생의 한이 될 뻔하였다.*

*윤진영(2002). "李惟侃(1550~1634)의「蓮池會始終事實」과 南池耆老會圖의 傳承來歷". 장서각 8: 55~91.
길지혜(2017), "한성부내 연지 연구-동지,서지,남지,어의동지,경모궁지를 중심으로", 서울대학교 박사학위 논문, 159~160. 재인용.

남지(南池)는 한양도성에 자리한 동지(東池), 서지(西池), 남지(南池), 어의동지, 경모궁지 등 5개의 연지(蓮池) 중 하나로 남대문 앞, 삼남대로와 서대문(돈의문) 방향으로 가는 대로가 갈라지는 부근에 있었으며, 남문외지(南門外池), 숭례문외지, 관지(官池) 등으로 불렸다. 조선왕조실록에 따르면 과거 남대문 밖에 못을 파고 문안에 지천사(支天寺)를 두고 경복궁의 산세를 보완하기 위해, 즉 도성 남서쪽의 지세를 보호하기 위해 조성된 인공연못이었다.*

*세종실록 42권 기사, 성종실록 148권 기사.

기로계회(耆老契會)에 참석한 12명의 기로계원(耆老契員) -나이순

이름	字	號	본관	나이(생년)	관직(품계)	子弟
李麟奇	仁瑞	松溪	청해	81세(己酉생)	가선대부 동지중추부사	중노, 명노
尹東老	期中	水中	坡平	80세(庚戌생)	가선대부 坡興君	귀룡
이유간	剛中	愚谷	전주	80세(庚戌생)	절충장군 첨지중추부사	경직, 경석
이호민	孝彦	五峯	연안	77세(癸丑생)	보국숭록대부 연릉군부군	경엄
이권	彦誠	杜谷	전의	75세(乙卯생)	통훈대부 행 공조정랑	경신, 치신
홍사효	學羋	石湖	남양	75세(乙卯생)	가선대부 행 부호군	득일, 리일, 유일
강인	仁卿	是庵	진주	75세(乙卯생)	가의대부 한성부 우윤	홍정
이귀	玉汝	默齋	연안	73세(丁巳생)	보국숭록대부 연평부원군겸 병조판서	시백, 시방
서성	玄紀	藥峯	대구	72세(戊午생)	숭록대부행의정부좌참찬	경우, 경주
강담	文卿	蘭谷	진주	71세(己未생)	절충장군 행 사정	홍익
유순익	勵仲	芝岡	진주	71세(己未생)	가의대부한성부좌윤 청천군	중형
심륜	尚重	梧窓	청송	68세(壬戌생)	가선대부 청평군	익세

　남지(南池) 기로회도첩(耆老會圖帖)의 기로계회에 참여한 12명의 기로(耆老) 중에는 친형제간인 진창군 강인(姜絪)과 여산군수공 강담(姜紞) 두 분의 선조가 계시고, 두 선조는 서로 이웃집에 사시며 매우 각별한 형제지정(兄弟之情)을 나누었다고 전해진다.

　이 남지 기로회도첩에 대해서는 이유간의 장자이며 호조판서(당시 예조참판)를 지낸 효민공 이경직이 쓴(撰)『연지기로계 회첩 서(序)』(1629년)가 전해지고 있으며, 문충공 계곡(溪谷) 장유의『연지기로계 회첩 지(識)』(1629년)와 숙종17년(1691년)에 반남(潘南) 박세당이 쓴『연지 기로계회도첩 지(識)』등이 전해지고 있다. 후일 강준흠(박사공22세)은 한경잡영(漢京雜詠)에 수록한 '남지'를 통하여 다음과 같이 당시의 상황을 자세하게 기록하고 있다.

남지는 숭례문 밖에 있는데, 연지라 불렀다. 인조5년(1627년)에 우리 가문의 진창공(강인)과 동생 익위공(여산공 강담)이 오봉(이호민), 약봉(서성), 연평(이귀) 등 제공(諸公)과 나이 70 이상의 13명이 남지가의 석호 홍사효의 집에 모였다. 자제들이 소매를 걷어 붙이고 즐거운 모임을 모셔, 하루 종일 술을 마시고 파하였다. 흰 머리 발그레한 얼굴로 차례로 부축을 받고 돌아가니, 도성의 남녀들이 온통 달려 나와 다투어 구경하면서 '낙사기회'에 비견하였다. 드디어 '연지계회도'를 그리자 계곡 장공(장유, 1587~1638)이 서문을 지었고, 석문 이공(이경직, 1577~1640), 서계 박공(1629~1703)이 그 뒤에 발문을 지었다.*

*강준흠, 『삼명시집』 6편, 「한경잡영」, 26제, 남지. 강준흠은 진주강씨 박사공 22세이며, 진창군(강인)과 여산공(강담)은 15세이다.

강준흠은 이처럼 직계선조인 진창군(강인)과 여산군수공(강담)이 참여한 기로계회의 모임을 기억하며 자신의 문집인 『한경잡영』에 시를 남겼다. 또한 강세륜(박사공 21세)은 1798년 「경성첩후(敬書帖後)」에서 연(蓮)을 관상(觀賞)하는 모습과 의의를 진솔하게 전하고자 그린 연지계의 '도서첩(圖書帖)'에 대하여 언급하면서 선조인 진창군(강인)과 여산공(강담)이 참여하고 있는 기로회 모임에 대한 소회를 기록하였다.

한편 이날 기로계회에 참석한 12명의 기로(耆老)들 중, 군수공 강담은 약봉(藥峯) 서성(徐渻) 공과의 오랜 인연이 있었다. 홍문관 응교를 지낸 박사공 21세 호린(皓隣) 강세백이 찬(撰)한 종6세조 좌승지 증 영의정 난곡부군(휘 서)에 대한 가승(家乘)에 따르면,* 승지공께서 인천부사를 제수받고 부임을 준비할 때, 당시 인천부에 훈도(訓導)로 있던 약봉 서성이 사전에 문안인사차 승지공을 방문하였다.

*강신양, 『선세추모록(기2)』, 2009. 75~76.

이때 승지공은 약봉이 일면식도 없고, 관직도 종9품 말직의 훈도에 불과하였으나 최대한 예의를 갖춰 만나려는 것을 본 제씨(진흥군, 군수공 등)들이 지나친 것이 아니냐고 할 때, "후일에 재상인데, 공경을 하고 말고가 있느냐?" 하며 정중히 약봉(藥峯)을 맞아 대접하면서 "그대는 후일 대현(大顯)하여 세상에 알려질 것이며, 두 아들은 높은 위계의 신하가 될 뿐 아니라 후손들이 번창하여 공경(公卿)에 이르고 재상(宰相)의 명망을 얻을 것인데, 그대와 같이 완전히 갖춘 자를 어찌 쉽게 만날 수가 있겠느냐?" 하면서 "그대와 그대의 자손들이, 앞으로 우리의 자손들이 어려워질 수도 있는데, 그때 가서 우리 자손들을 구제해 준다면 그 이후에 우리 집안에 좋은 태운이 들어왔을 땐 이를 반드시 갚을 수 있을 것이오."라 하며 뒷일을 부탁하는 것이었다.

그러자 약봉은 황송한 마음으로 어찌 할 바 모르면서 "밝은 가르침을 받았고, 마땅히 망각할 일은 없을 것입니다." 하였다. 그러자 승지공은 다시 막내아우인 군수공(姜統)을 가리키며, 약봉에게 큰 절을 올리라 하였다. 그러면서, "후일에 네가 사산(四山) 감역(監役)으로 제배(除拜)될 터인데, 그때 너의 상사(上司)이니라." 하였다.

과연 여산공은 사산 감역이 되었는데, 약봉도 병조(兵曹)에 들어가 여산공의 상사가 되었다. 기록에 따르면 승지공은 감식안이 뛰어났으며, 수많은 것들을 미리 예측하고 내다봤다고 하였다. 이렇게 여산공과 약봉 서성공의 인연이 시작되었는데, 그 이후로 평생 동안 두 분의 인연이 이어졌고, 70세가 넘어 기로회에도 함께 하는 사이가 되었다. 이것은 승지공의 감식도 훌륭하지만 약봉의 인간적인 신의와 여산공과 약봉 서공 간의 정리(情理) 또한 훌륭하다고 하겠다. 승지공과 약봉의 일화는 대구서씨 종중에서 출간한 약봉 유고집에도 기록의 일부가 나타나 있다.*

*대구서씨 대인회, 약봉유고. 1994.

한편 이 기로계회에 참여한 기로들 중 한 명인 이유간의 큰아들 효민공 이경직은 여산군수공 강담의 독자(獨子) 신계공 강홍익(姜弘益)의 빙부이며, 1629년 6월 5일 아버지를 모시고 기로계회에 참여한 신계공은 이미 효민공의 따님과 결혼하여 장자 강진(1628~1682)을 출생한 상태였다. 신계공은 군수공께서 53세의 늦은 나이에 둔 외아들이었는데, 효민공 이경직의 따님과 결혼하여 5남1녀를 두시어 집안을 창성하게 하였다.

정정공 강사상에 대한 세평(世評)

정정공이 별세하자 장남인 승지공 강서(姜緖)는 호조판서 심수경[沈守慶, 호 청천당(聽天堂)]에게 부친의 묘지(墓誌)를 지어 달라[찬술(撰述)]고 부탁하였다. 심수경은 정정공과 친분이 두터웠으며 1546년(명종 원년)에 정정공(貞靖公)과 문과에 동방으로 급제할 때 장원을 하였고, 같이 입사(入仕)하여 30여 년을 함께 사환(仕宦)을 한 사이였다.

정정공은 향수 63세로 별세하였고, 3년 후 심수경 공에게 묘지 글을 청할 때 심공(沈公)의 나이는 69세였다. 심수경 공만큼 정정공을 잘 아는 이가 없다고 판단한 승지 공이 심수경 공에게 묘지를 부탁한 것으로 판단된다. 당시 심공은 호조판서였고, 이후 관직이 우의정에 올랐다. 다음은 심수경 공이 찬술(撰述)한 강사상의 묘지문(墓誌文) 중에서 공(公)에 대해 평가한 부분을 발췌하였다.

"공은 늘 엄정하고 간결하며 중후하였다. 또한 웃으며 이야기하고 구차한 짓은 아니 하며 풍채는 엄연(儼然)하였다. 젊은 시절 성균관에 취학할 때 동배(同輩)들은 모두 공을 재상이 되리라 하였다. 늘 독서하는 성품으로 손에서 책을 놓지 않았으니 『주자강목』『대학연의』 등을 즐겨 읽으며 나이 들어서도 책을 읽는 것을 게을리 하지 않았다.

상(上)을 모신 강경석(講經席)에서는 토(吐)하는 음성이 크게 진술되어 널리 미치면서도 간결하게 말하여 밝히니 당석에 재좌(在座)한 사람들이 경청하지 않는 이가 없었다. 공은 사환(仕宦)을 위해 헛된 교유(交遊)는 아니 하였으며, 액재(厄災)의 위험이 될 이해관계와 권력에 대해서는 멀리하였으며 사심이 있는 자와의 교유 역시 회피하였다.

공의 양친이 일찍 작고한 까닭으로 공의 봉록(俸祿)으로 봉양(奉養)할 수 없었다. 그래서 매월 삭망(朔望)마다 진수(珍羞)를 갖추어 몸소 올리고 고하였으며, 춥고 더운 때를 가리지 않고 여러 가지 제찬(祭饌)을 늘 올렸는데, 이는 봉선지효(奉先之孝)를 성심으로 한 것이다.

또한 공보다 먼저 세상을 떠난 동생들[휘(諱) 사안(士安)과 사부(士孚)]을 떠올리며 공은 후록(厚祿)을 받고 있음에 부모의 제사를 자신만이 행사(行祀)하면서도 혼자가 된 제수(弟嫂)씨들을 넉넉히 돌보니 수씨(嫂氏)들이 모두 감격해 하였다. 공은 누구라도 공을 만나고자 하면 귀천을 가리지 않고 모두를 접대하였으며, 업무를 마치고 퇴근을 한 후 피로가 극대하여도 마다하지 않았다.

그러나 생활 형편은 넉넉하지 않았다. 전원이나 농토를 따로 마련하지 않았고, 퇴임 후의 거처 역시 준비하지 않았다. 따라서 성색(聲色)과 화리(貨利)에는 관심이 없었고, 평상시의 의복 역시 깁고 꿰맨 의복이었으며, 희첩(姬妾)도 없었고 식사에 육류를 포개는 일도 없었다.

공은 마음이 안정되고 편안하여 몹시 더운 날에도 의관을 언제나 가지런히 갖추었으니 종일토록 단정하지 못한 모습은 볼 수가 없었다. 국법(國法)을 지키는 데 신중하며 변경함을 좋아하지 않고 시속(時俗)에 경솔하고 침착하지 못한 버릇은 근심스러워 하며 기뻐하지 않았다.

공은 임금에게 사직하고자 상장(上章)을 5차례나 올렸지만 허락받지 못하였으며 언제나 부지런히 성심으로 출사(出仕)하여 종일 직을 수행하였으므로 몸은 노쇠해지고 불과 1년도 못 가 병환으로 더 이상 직을 수행하기 어려워지자 다시 사직을 청하였으나, 임금은 허락지 않고 '영중추부사'에 봉하였다. 병환 중에 임금이 보낸 의관이 '원하는 것'을 묻기에[願無動心], 공은 "내 다시 무엇을 구하고자 마음을 움직일 것인가?(吾復何求 可動心乎)" 하며 완연(莞然)히(빙그레 웃으며) 답하였다.

이미 자신의 운명을 알고 있으니 그리 한 것이며, 임종을 앞두고도 가사(家事)에 대한 말은 한 마디도 없이 '승지 왔는지?'를 물으니 곧 하고자 한 '소언(所言)'이 있었으나 미처 임금이 보낸 승지가 의원을 대동하고 달려와 문광(問繡)했을 때는 이미 운명한 이후였다. 운명한 이후 집안을 살피니 집안의 쌀독은 비어 있었고, 임금께서 장사(葬事)에 소요되는 물자를 특별히 부의(賻儀)로 하사하였으니, 미포(米布), 등물(等物)과 상장(喪葬)의 제구(諸具) 모두를 관물(官物)로 관(官)에서 비호(庇護)하였다.
　1582년(선조 15년 임오) 2월 병신일 금천 난곡리 증조(대사간공) 묘소 위 신좌(申坐) 인향지원(寅向之原)에 장사를 지냈다. 배위 파평윤씨는 정경부인에 봉(封)해졌고, 4남 2녀를 생육(生育)하였다."

　지봉 이수광의 『지봉유설』에도 정정공에 대한 다음과 같은 기록이 있다. 즉 율곡 이이와 심의겸, 정철과 정인원의 공에 대한 대화 내용이다.

　상략(上略) 심의겸이 이이(李珥)에게 "강상지(姜尙之)는 어째서 아직도 정승이 아니 되었소?"라고 물으니, 이이(李珥)는 웃으며, "강상지(姜尙之)는 점잖으며 시비함이 없으니 지금 마땅히 정승이 될 만하지요."라고 답하였다. 그 후 과연 상신(相臣)이 되었다. 입조(入朝)한 지 30년 동안 시사(時事)를 부정적으로 비판함이 한 마디도 없었으며, 시사(時事)를 논할 때는 매번 "국가(國家) 치란(治亂)은 하늘에 달린 것이지 어찌 인력에 좌우되겠는가?"라고 말하였다. 사환(仕宦) 중에는 공론을 확대하여 다투는 일이 없고 사정(私情)에 이끌리는 일이 없이 맡겨진 일을 순리로 자연스럽게 이루었다. 술은 즐겨 마셨으나 취하게 되면 더욱 말이 없었다.
　사람을 대할 때는 매번 코를 만지곤 하던 강상지가 상신(相臣)에 대배(大拜)되던 날, 정철의 족질 정인원이 술을 지참하고 정철을 방문하여 숙질(叔姪)이 대작하던 중, 정철이 말하길 "인생이 평생에 몇 번이나 쓰이는 기회가 있을꼬?" 하며 소원을 이루지 못한 것을 괴로워하니 정인원이 "숙부는 그리 말을 가려 신중히 하십니까? 코만 만지던 강상지는 정승자리를 취했는데, 숙부도 그와 같이 해서 나도 살리고 궁족(窮族)도 살리시오." 이 말을 듣자 정철은 싸늘하게 입을 다물었다. 「석담일기」에서 이와 같은 나무라고 비웃는 말을 특별히 기록한다.*

*지봉 이수광『지봉유설(芝峰類說)』. 강신양「선세추모록(기2)」 p29~40 발췌 재인용.

승지공 난곡(蘭谷) 강서(姜緒)와 『훈자명(訓子銘)』

승지공 강서(姜緒)는 정정공 강사상의 장자이며 사인공 강온의 장손이다. 1564년 사마양시에 합격한 후 음직으로 유곡찰방을 역임하였고, 1569년 알성문과에 등제한 이후에 승문원에 선입(選入)되었으나 병환으로 7년간이나 출사할 수 없었다. 1576년부터 성균관 전적을 시작으로 형조, 공조, 예조, 병조의 좌랑을 두루 역임한 후 사간원의 정언, 홍문관의 수찬, 사헌부 지평, 홍문관 교리, 사헌부 장령 등을 거친 후, 외직으로 수원과 남양 부사를 역임하였다. 그 후 승정원에서 우승지, 좌승지를 역임하고, 말년엔 인천부사를 역임하였다.

비교적 이른 52세의 수(壽)를 누린 후 별세하였는데, 승지공에게는 남들에게는 없는 특별한 능력이 있었다. 뛰어난 감식안을 가지고 있었는데, 탁월하고 고금의 일을 알고 바르게 행할 수 있는 뛰어나고 놀라운 예측능력이 있었음을 기록은 전하고 있다.*

*응교공 호린 강세백 찬(撰),『종6세조 좌승지 증 영의정 난곡부군』기(記)

특히 승지공이 세상을 떠나기 전에 제씨(弟氏)인 진흥군에게 당부한 내용은 매우 놀랍다 할 것이다. 이것은 4~5년 후에 발생할 일인데, '기축옥사(己丑獄事)'라 일컫는 '정여립 모반사건'과 그 뒤 '임진왜란' 발발에 대한 것이다. 백씨(伯氏) 승지공의 당부대로 진흥군은 정여립 사건과 조금도 연루되지 않게 처신한 후 그 사건을 처결하는 관리로서 냉철하게 사건을 수습하였고, 그 후 평난공신으로 선정되기까지 하였다. 또한 임진왜란이 일어날 것을 예측했을 뿐 아니라 집안을 보전할 궁리까지 해두었는데, 진흥군으로 하여금 집안 가솔들을 모두 불러 모아 강원도 '이천' 땅으로 피난 갈 것을 당부하였다. 실제로 진흥군은 1591년(신묘) 내간상(소후모)으로

1592년 임진년에도 상중이었는데, 조정에서는 병조참의 벼슬을 내렸으나 상중이라는 이유로 관직을 사양하고 서울과 상주에 있는 집안 식구 일백여 명을 급히 불러 모아 승지공이 유계(遺戒)한 대로 강원도 '이천'으로 피난하였다. 과연 그곳을 가보니 천혜의 피난처가 따로 없을 정도였는데, 다만 그 많은 대가족이 생존할 방도가 없을 뿐이었다. 이때 조정에서는 진흥군에게 병조참의 벼슬을 그대로 놔둔 채 강원도 관찰사 직을 겸직으로 제수하니 진흥군은 관직을 유지하며 식구들을 지킬 수 있었다. 일단 난리가 나면 그곳만이 살 곳이라 한 승지공의 예측이 정확히 들어맞는 것일 뿐 아니라, 진흥군은 강원도 관찰사로 있는 동안 왜군을 철저히 방어하고 퇴치하여 강원도 지역만은 왜군으로부터 지켜낼 수 있었다. 진흥군은 이 공로로 왜군이 남쪽으로 물러난 이후 다시 서울 조정이 회복된 이후 병조참판으로 승진하게 되었다. 이처럼 승지공의 신감(神鑑)과 진흥군의 실천 덕으로 대사간공의 후손들을 왜란으로부터 구제할 수 있었다.

승지공은 이뿐만이 아니었다. 판서 서성과의 일화나 진령군 내촌공이 태어날 때 울음소리를 듣고 후일 큰 고초를 겪게 될 것이라는 예언을 하였을 뿐 아니라, 도촌공 강홍중의 미래를 읽어내기도 하였다.

병조와 호조판서를 지낸 달성인(達成人) 서성(徐渻)은 승지공이 인천부사에 제수되었을 때, 문과 급제 후 인천부에 종9품 훈도로 재직하고 있었는데, 비록 말직에 있었으나 상관이 될 부사에게 문안인사차 찾아오게 되었다. 이때 승지공은 비록 그가 누군지도 모르고 이제 막 사환 직을 시작한 말직의 젊은 관료였으나, 오히려 정중하게 의관을 갖춰 입고 예를 다하여 그를 맞았을 뿐 아니라, 형제들과 자식들을 모두 참석하게 하였다. 이미 제씨 진흥군은 평난공신이며 사인(舍人)의 자리에 있는 중진의 사환이었는데, 어리고 말직인 서성을 그리 맞이하는 것에 못마땅하였으나, 승지공은 오히려 서성에게 예를 다할 것을 당부하였다. 이미 승지공은 그가 온다고 할 때부터 그의 미래를 읽고 있었으며, 본인이 곧 정경(正卿)이 될 뿐 아니라 수대에 걸쳐 그 후손들이 높은 고위의 직을 유지할 것이라 예측하고 우리 가문이 어느 순간에는 어려움에 처할 수도 있고 서로 잘 어울려

지낼 수 있다면 서로에게 좋을 성싶으니 그런 당부를 하고자 하였다. 실제 승지공은 서성을 만난 자리에서 먼 미래의 일을 꺼내며 부탁의 청을 하니 서성은 황송할 뿐이었다. 또한 그 자리에서 승지공의 막내아우인 군수공 강담에게 몇 년 후 관직을 시작하게 될 때, 곧 상관이 될 사람이니 절을 올리라고 시키기도 하였다. 이런 인연으로 서성과 여산공(강담)은 뒷날 기로계회에서도 함께 어울리는 친구 사이가 되기도 하였다.

승지공은 임금에 대한 충성심과 올바른 사고 판단으로 늘 임금의 신뢰를 받는 충직하고 뛰어난 신하였으나 비교적 이른 나이에 세상을 떠나게 되니 안타까울 뿐이었다. 승지공은 집안의 후손들이 배우며 따르라고 당부하는 '훈자명(訓子銘)'을 남겼다. 이는 현대를 사는 지금도 배우고 따를 훌륭한 가르침이라 아니할 수 없다.

난곡공(蘭谷公)의 『훈자명(訓子銘)』*

*강신양, 『선세추모록기2』, pp63-64 번역 시 인용

愛親敬長 友于兄弟(애친경장 하고 우우형제 하라)
                부모를 사랑하고 어른을 공경하며
                형제간에 우애를 할지니라.

誠心勿欺 沈黙寡言(성심물사 하고 침묵과언 하라)
                성심을 다하며 거짓이 없게 하라
                마음을 가라앉히고 말을 적게 하라.

當崇儉素 莫慕奢侈(당숭검소할 것이며 막모사치할지니라)
                마땅히 검소함을 숭상하고
                사치하는 것은 생각을 하지 말지니라.

酒色敗身 最戒于是(주색은 패신함이니 최계우시할지니라)
　　　　주색은 몸을 망치는 것이니
　　　　이것을 가장 경계할지니라.

見人之善 激昂思齊(견인지선하거든 격앙사제할지니라)
　　　　선행을 하는 자를 보거든
　　　　격앙하여 생각을 같게 할지니라.

聞人之惡 懲而勿議(문인지악하면 징이물의할지니라)
　　　　악행을 한 자를 듣거든
　　　　징치는 하되 비평 비난치 말지니라.

屛絶雜戱 留心書史(병절잡희 하고 유심서사 하라)
　　　　여러 잡희(잡기)는 절대 가까이 말고
　　　　경서사서(經書史書)에 유심하라.

不學于古 奴虜何殊(불학우고 한다면 노로하수와 무엇이 다르겠는가?)
　　　　배우지 아니 한다면
　　　　사로잡은 포로와 무엇이 다를 것이 있겠는가?

人一己百 勿沮勿怠(인일기백이 되니 물저물태할지니라)
　　　　사람은 하나가 이미 백이 되는 것이니
　　　　끝이지도 말고 태만치도 말라.

行此訓戒 是爲孝子(행차훈계 하라 시위효자니라)
　　　　이 가르침과 경계함을 배우고 지킨다면
　　　　효자가 될 수 있느니라.

강필리(姜必履) 동래부사와 어곡선산기

　박사공 20세이며, 대사간공의 9세인 강필리 공은 승정원에서 승지를 하던 중 외직으로 순천부사와 동래부사를 지냈고, 다시 중앙으로 복귀하여 대사간, 우승지, 병조참의를 지냈으며, 당시의 임금인 영조의 신임과 총애를 받은 문신이었다.
　강필리 공은 오랜 세월이 흐르면서, 또한 그간의 임진왜란 등 외란으로 박사공 5세인 군보공의 산소가 실전되었고, 정확한 산소 위치조차 알 수 없게 된 것을 안타까워하면서 이를 회복하고자 노력하였다. 마침 동래부사로 재직하게 되었을 때, 경상도 고령군에 있었던 군보 공의 산소를 찾기 위해 적극적으로 노력하였다.
　이런 뜻에 상주를 포함 경상지역에 거주하던 진주강씨와 대사간공 후손들이 동조하며 적극 참여하면서 대대적으로 묘소 찾는 활동이 전개되었다. 동래공은 실전한 묘소를 찾기 위하여 스스로 작성한 「분산유기(墳山遺記)」를 비롯하여 집안 종친들에게 보낸 추심(推尋) 봉심(奉審)을 호소하는 3차에 걸친 「통문(通文)」 등을 포함, 묘소 봉심 과정에 대한 기록이 각종 문헌에 전해지고 있다. 그리고 1913년 경 대구에서 발간한 '어곡실기(御谷實記)'*에는 이에 대한 상세한 내용이 정리되어 있다.

　　*강촉, 「어곡실기(御谷實記)」 선일인쇄소, 1913(대정2년)

　다음은 '어곡선산'을 회복하는 과정에 대하여, '어곡선산기'를 먼저 정리한 종친 강석엽 현종의 글을 중심으로 재정리하였다.

어곡선산기(御谷先山記)*

*강석엽, 「어곡선산기(御谷先山記)」 요약정리
御谷齋: 경북 고령군 성산면 어곡리

강군보(姜君寶, 박사공 5세)는 고려 31대 공민왕(恭愍王, 재위 1351~1374) 재위 시 문하좌시중(門下左侍中)을 지냈으며 봉산군(鳳山君)에 봉(封)하였고, 고려 32대 우왕(禑王, 재위 1374~1388) 때인 1380년(경신)에 졸(卒)하였다. 문경(文敬)이라 봉(封) 시호(諡號)를 받았다. 배위(配位)는 계림군부인(鷄林郡夫人) 김씨(金氏)이며 공(公)보다 12년 후 졸(卒)하여 경기도 임강(臨江) 대곡촌(代谷村)에 안장(安葬)하였지만, 이후 실전(失傳)되었다.

군보공의 묘는 경북 고령군 성산면 어곡동 제석산(帝釋山, 387m) 병좌(丙坐)에 예장(禮葬)하였으나, 임진왜란(1592)이후 수십 년간 후손들의 봉심(奉審)이 끊어진 탓에 묘역(墓域)이 황폐해지자 명당자리를 탐내고 있던 산하(山下)의 광주(光州/光山) 이씨(李氏)들이 석물을 훼철(毁撤)하고 봉분을 뭉개고 나무를 심어 묘적(墓跡)을 소멸케 하는 한편, '어곡(御谷)'에서 동(東)으로 10여리 거리에 '오곡(於谷)'에 있는 고총(古塚)을 '강정승(姜政丞) 묘'라 거짓으로 전파함으로써 세월이 흐르자 자타(自他)가 오곡의 고총을 '강정승의 무덤'으로 오인하게 되었다.

이렇게 되자 드디어 1675년(숙종2) 이경동(李景東)이란 사람이 그의 선조를 어곡 문경공묘 앞에 공공연(公共然)히 매장하고 봉분을 크게 하였으며, 이후 수십 년 간 이씨 묘 수십 기(基)를 상하(上下)에 속장(續葬)하여 이씨네의 선산(先山)으로 만들어 버렸다. [이씨의 첫 매장이 있기까지 80여 년간은 평토은장(平土隱葬)도 더러 있었을 것으로 추정된다.]

이런 사정도 모르는 채, 강씨들은 임란(1592년) 이후 삼사십 년 후부터 문경공의 묘소를 찾는 과정에서, 가짜 산소인 '어곡(於谷)고총'을 찾아 지명이 유사하고*, 그 지역 주민들이 "강정승 무덤으로 전래(傳來)한다."는 말을 종합하여 문경공 묘소라고 확정지었으며, 전국의 자손들이 모여 묘사를 지내기 시작하였다.

*오곡(於谷), 탄식할 오, 어조사 어

그런데 실제로는 이 산이 현풍(玄風)에 사는 곽씨(郭氏)들의 산이었고, 묘 또한 현풍(玄風)에 사는 김씨의 묘였다. 이러고 보니 곽(郭)·김(金) 양씨들은 강씨(姜氏)들의 입산(入山) 행사(行祀)를 거부하였고, 소송까지 걸어와 분쟁이 계속되다가 당시 오위도총부(五衛都摠府) 사과(司果)를 지낸 강윤후(姜胤後)가 중앙(中央, 禮曹)에 소장을 내어 1654년(효종5) 승소(勝訴)판결을 받아 합법적인 강씨 선산(先山)을 만들었다.

이리하여 남(김씨)의 고총을 '문경공 묘'라 하여 봉축(封築)하고 석물을 갖추고 위토(位土)를 장만하여 해마다 수많은 자손들이 정성껏 참배하며 묘사(墓祀)를 지내왔었다. 강윤후(姜胤後)도 그 후 선고(先考) 진양공(晉陽公)을 비롯한 본인 내외 등도 선영(先塋)이라고 그 산에 계장(繼葬)되기도 하였다. 그동안 묘에 대한 의문이 더러 제기되기도 했으나 묵살되고 예(禮)를 다하여 수호(守護)해오다가 1749년(영조25, 기사)에 칠곡의 참봉 강해(姜楷)*가 강문(姜門)에서 세전(世傳)하는 여러 가지 기록과 성주목지[星州牧誌, 동국여지승람(東國輿地勝覽)의 명묘조(名墓條)]의 기록과 어곡 인근 동 고로(古老)들의 전언과 현장 확인 등 결정적인 자료를 제시하고 '어곡묘(於谷墓)는 가짜'임을 강력히 주장함으로써, 100여 년 동안이나 수호행사(守護行祀)해 오던 於谷墓를 마침내 포기하고 말았다.

*강해(姜楷), 기헌공.

이처럼 강씨들이 가짜 묘에 100여 년이나 정성을 드리고 있는 동안 앞에 말한 이씨(李氏)들은 어곡(御谷)의 진짜 '문경공 묘'에서 온갖 작폐(作弊)를 하고 있었다.

그 후 강문(姜門)에서는 '어곡묘(御谷墓)'를 확인 봉축하려 했으나, 법전(法

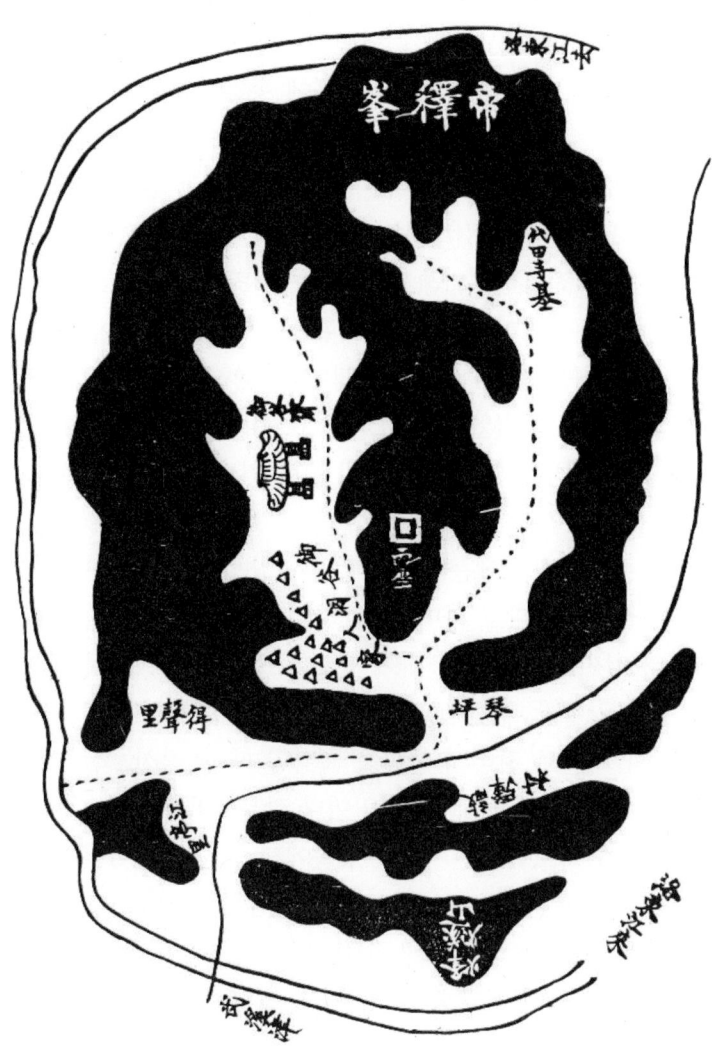

〈봉산군 분묘도〉

田, 경북 봉화군 법전면 법전리)의 강재숙(姜再叔)이 적극 반대하는 바람에 찬반양론으로 갈라져 20년 동안은 원점으로 돌아가 묘사 없이 지내왔다.

이런 중에도 뜻 있는 자손들은 묘소를 찾기 위하여 어곡(御谷, 성산면 어곡리)을 방문하곤 했는데, 그곳에 가게 되면 이씨들로부터 축출(逐出) 당하거나 집단폭행을 당하기도 하였다. 이런 즈음에 동래부사를 역임하던(198대, 재임기간 1764. 8 ~ 1766. 11) 강필리(姜必履)의 노력으로 1770년(영조 46, 경인)에 중앙으로부터 비장(裨將)이 내려오기도 하고 감영과 성주목으로부터 나장 사령(使令) 통인(通引) 행수(行首) 병정 군노(軍奴) 등을 차출하여 이들의 호위를 받아 적으면 수 명, 많으면 수십 명씩 집단으로 어곡묘소(御谷墓所) 확인 행차가 수없이 이루어졌고, 관(官)의 판결을 받아 어곡묘(於谷墓)와 어곡묘(御谷墓)를 개광(開壙, 뫼 구덩이를 팜)하여 '어곡묘(於谷墓)는 상민의 묘[실기(實記)에는 걸인(乞人)의 묘라고 표현)]'이고, '어곡묘(御谷墓)는 대신(大臣)을 예장한 묘'임을 확인하게 되었으며, 비로소 '어곡묘(御谷墓)'를 제대로 봉축하고 석물을 갖추게 되었다.

봉축하는 날에도 산판(山坂)에는 강(姜), 이(李) 양성(兩性)의 수백 명이 모여 분위기가 매우 살벌하였다고 하며, 봉토 작업은 병정과 군노들이 하였다고 한다. 이때부터 이씨들의 묘를 파내어 가도록 소송을 하였으나 이씨들은 맞고소를 하는 등 한일합방 때(1910년)까지 시비를 이어왔다.

1910년 신식법과 기술로 전국의 산판을 측량할 때 '어곡산' 측량에서 강·이 양성 수백 명이 산에 모여 큰 분쟁이 일어나 강문(姜門)에서는 부득이 편법으로 산의 소유권을 확보하였던 바, 이씨 쪽에서 소송을 걸어와 대구법원으로부터 1심에서는 강문(姜門)이 패하고, 공소심(控訴審)에서 승소하여 합법적으로 강문(姜門)의 산이 되었으며, 1911년(신해)에 '어곡재(御谷齋)'를 건립하였다. 일제 때에도 이씨 묘소 철거(撤去) 소송(訴訟)을 하였으나 기각(棄却)되었다고 한다.

※용어 정리와 첨언
- 군부인: 당나라 외명부 제도에서 문·무관 3품 이상의 모(母)와 처를 칭하

였던 데서 비롯되며, 세종 때 종실 종1품의 적처(嫡妻)와 공신 정·종1품의 적처를 모(某) 군부인(郡夫人), 군부인 앞에 읍호(邑號)를 붙였음.
- 봉심(奉審): 임금의 명(命)으로 능이나 묘를 보살피던 일.
- 고총(古塚): 오래된 무덤.
- 사과(司果): 조선시대 오위(五衛)의 정6품 관직.
- 동국여지승람: 조선 성종의 명(命)에 따라 노사신 등이 편찬한 우리나라의 지리서.
- 비장: 조선시대 감사, 절도사 등 지방장관이 데리고 다니던 막료(幕僚).
- 행정 동명 변경: 어곡리(於谷里)→어곡리(御谷里)거느릴 어[2007년도 개정 후 관보 등재, 22대손 성환(聲煥)의 노력] *진주강씨 대동보(2009년 기축) 上권 12쪽
- 어곡재(재실): 지방유적으로 지정

동래공(東萊公) 강필리(姜必履)

동래공의 자는 석여(錫汝), 호는 경독자(耕讀子), 독립정(獨立亭)이다. 1713년(숙종 계사)에 출생하였고, 1741년(신유)에 생원, 1747년(영조, 정묘) 9월에 정시문과에 급제하였다. 공이 등과 후 처음으로 임금을 알현하니, 상께서 "1공자(一公字)로 사군(事君)하라." 전교하니, 공은 스스로 감격하여 임금 섬김을 다할 것을 마음에 새기었다 한다.

1공자로 승문원 부정자(副正字)에 첫 보직되었다. 1749년(기사) 성현 찰방에 배명, 부임하여 백성들의 병들고 고생함을 깊이 살펴보고, 이에 대책을 세워 편의하게 함으로써 역민의 12폐를 덜어 주었더니, 읍민들은 이에 공을 송덕하는 비(遺愛碑)를 세웠다. (이 비는 현재 경기 화성시 남양 북양동 선영에 이전 보존 중이다.)

1758년(무인) 성균관 전적, 형조정랑, 병조정랑, 1759년(기묘) 7월 사헌부 지평, 1762년(임오) 6월 사간원 헌납, 홍문관 교리, 순심어사가 되었다. 동년 9월 임금(영조)이 직접 남병사 윤구연의 국문에 나설 때, 공은 문사랑청(問

事郞廳)으로 참석하였는데, 임금께서 윤구연의 효시를 하명할 때 공은 삼사에 이에 반하는 청(請)을 말함에 임금께서 대노하고 공의 모든 관직의 삭직을 명하였다. 이에 공은 당시 맡고 있던 교리, 서학교수, 금위영 군색, 종사관, 문사랑청 등 모든 직위에서 일시에 해직되었다.

그러나 관직을 삭탈당한 후 금천 난곡 선영으로 성묘하고 하향하려는 중에 조정의 언관들이 공의 삭탈을 환수할 것을 계주하니, 임금이 이를 받아들여 공에게 다시 상경하라는 명을 내리었다. 동년 10월 부교리에 수명되고, 11월 강화수의(강화도 어사)를 배명하였다. 1763년(계미) 1월 승정원 동부승지, 2월 우부승지, 3월 좌부승지, 4월에 다시 우부승지, 이어 5월에 순천부사에 제수되었다.

영조는 공에게 "근밀지신이다. 병사 수사 이하 반드시 감히 하지 못할 교만을 하라, 또한 반드시 호령을 하라. 순천만은 근심을 잊게 하리니, 승지 하나를 잃는 것은 애석한 일이나 좋은 일이다. 외직을 시험해 보는 것도 좋은 일이다." 하였다.

공이 순천에 당도하니 극심한 흉년에다 우역(牛疫)으로 많은 소가 병사하였다. 공께서 녹봉으로 소 32척을 사들여 부민들에게 나누어 주었다. 농민들은 이 소를 생육하고 농사를 지으니 7년 만에 150여 마리의 순우(犉牛, 큰 황소)로 번식하였다. 이에 부민들은 이를 칭송하고자 '백우비(百牛碑)'를 건립하였다. 1764년(갑신) 10월 17일 묘당(廟堂, 의정부)의 천거로 동래부사로 이배되었다.

1766년(병술) 12월 승정원 좌부승지 겸 상의원 부제조로 제배되었고, 1767년(정해) 부사직(副司直), 동부승지, 우부승지, 좌부승지, 부부사직, 대사간, 다시 우승지에 이배하였다. 동년 10월 병조참의에 배(拜)하였다. 그러나 병환으로 1767년(정해) 11월 1일 향년 55세로 별세하였다.

배위 숙부인 안동권씨는 숙종 임진 4월 30일에 출생하여 향년 81세로 정조 임자 6월 17일 별세하였고, 3남1녀를 두었다. 장자 세정은 조졸하였고, 차자 세공은 통덕랑이며 사복시정으로 추증되었다. 3자 세문은 통덕랑이며 숙부 휘 필교에 입계(入系)하였다.

東萊府使 晋州姜公必履 紀績碑文

동래공 강필리 부사의 爲先之事를 기리는 宗中의 紀績碑文*

*종중에서는 동래공의 爲先之事를 기리는 기적비문을 수립하고 공의 지극한 효도의 정성을 오래도록 기리고자 하였다.

　선조 문경공(文敬公) 휘(諱) 군보(君寶) 묘소(墓所)가 경산지(京山誌) 기록이나 우리 족보방주(族譜傍註)에 성주가리현(星州嘉利縣) 어곡리롱(御穀离龍) 병좌지원(丙坐之原)으로 大路(대로)에서 오리(五里)요 대강(大江)에서 십리(十里)며 묘후에는 대사(代寺)터가 있다고 명확히 기록되어있건만 실전(失傳)한지 八十餘年 사이에 묘하 거주 광주이씨(光州李氏)들의 무도한 행태는 석물을 打折破碎(타절 파쇄) 埋藏拔去(매장 발거) 潴水投沈(저수 투침)하고 봉분은 파훼 평토하고 수목을 식재한 후 투장(偸葬)하고는 후손들의 묘소 추심을 방해하여 그 곳을 혼돈(混沌)게 하여 봉심치 못할 제 전술한 바와 같이 후손 동래부사(東萊府使) 휘(諱)필리(必履)의 주도면밀한 계획 하에 오랜만에 추심 봉심하고 수호하게 한 그 誠功(성공)을 기리어 지난 丁卯年(1987) 어곡재(御谷齋)를 보수하고 묘전비문 일부를 수정공사를 한 끝에 종중에서는 경독자공(耕讀子公)의 기적비(紀續碑)를 다음 비문과 같이 수립하다.

東萊府使晋州姜公必履紀績碑文
(동래부사진주강공필리기적비문)

惟我先祖文敬公府君之墓 在於星州嘉里縣代寺坊之前
(유아선조 문경공부군지묘 재어성주가리현 대사방지전)
而累經兵燹 墳墓遺失 其爲子孫之痛久矣
(이루경 병선 분묘 유실 기위 자손지통 구의)

臨在英祖乙酉年間 公之十五代孫 必履公 任東萊伯時
(임재영조을유년"1765"간 공지십오대손 필리공 임동래백시)

傍裔竹溪遇東公 自陜川有事於東海濱 歸路訪伯于衙所
(방예죽계우동공 자합천유사어동해빈 귀로방백우아소)

留衙數日 速請歸意 萊伯挽留而言曰 文敬公之墓
(류아수일 속청귀의 래백만류이언왈 문경공지묘)

在於御谷 明記於譜註京山誌 而累謀奉未分眞假故
(재어어곡 명기어보주경산지 이루모봉미분진가고)

癈而不饗 吾在邊任 心常慨恨矣 伏願宗侍雖在傍孫之列
(폐이불향 오재변님 심상개한의 복원종시수재방손지열)

平居隣邑之人 詳悉彼情 毋惜勤勞 訪踏現地 觀察事情
(평거인읍지인 상실피정 무석근로 방답현지 관찰사정)

以後傳于好信則 吾當奉行矣 竹溪公曰 先塋奉審之事
(이후전우호신칙 오당봉행의 죽계공왈 선영봉심지사)

何擇直傍乎諾而歸家 翌年丙戌正月 訪草溪倅林遇春
(하택직방호락이귀가 익년병술정월 방초계졸임우춘)

幸率拏掌及壯奴 依如衙客之行 而登道日暮至于
(행솔나장급장노 의여아객지행 이등일모지우)

御谷金忠國家 夜陰喚其主人問其曲節則 主人忌其李勢
(어곡김충국가 야음환기주인문기곡절칙 주인기기이세)

而不爲開口 其妻彷彿於門外 開門入來而言曰 此中山上
(이불위개구 기처방불어문외 개문입래이언왈 차중산상)

古有姜政丞山所 而八十年前 高呑村李哥 撤其石物
(고유강정승산소 이팔십년전 고탄촌이가 철기석물)

潛爲偸葬 古老相傳之事 此村男女皆聞熟知 去年八月
(잠위투장 고로상전지사 차촌남녀개문숙지 거년팔월)

中山大虎白晝出大嘯 而自萊地師來矣 今正月黑夜
(중산대호백주출대소 이자래지사래의 금정월흑야)

中山瑞氣明若白晝 而行次枉臨 此豈非奇異之事乎
(중산서기명약백주 이행차왕림 차기비기이지사호)

竹溪公聞之以謝 厥明及呼村任前導 而登中山
(죽계공문지이사 궐명급호촌임전도 이등중산)

盤桓松樹之間 僅審非塚似塚 使人伐塚上之木 噓唏下山
(반환송수지간 근심비총사총 사인벌총상지목 허희하산)

日餘直訪東萊 傳之以目擊耳聞之言 又告愚婦夜告之事
(일여직방동래 전지이목격이문지언 우고우부야고지사)

萊伯搏掌大喜曰 奇哉奇哉 此葬先祖衣履之地章章明矣
(래백박장대희왈 기재기재 차장선조의리지지장장명의)

是日卽製通文發告諸宗 其年五月十四日 各處宗員會于
(시일즉제통문발고제종 기년오월십사일 각처종원회우)

萊府周告事實 擇幹事數人差出 官奴三十餘人 持萊伯
(래부주고사실 택간사수인차출 관노삼십여인 지래백)

書札發程 而先訪星牧袖傳萊札 星牧又許給領卒軍丁
(서찰발정 이선방성목수전래찰 성목우허급영졸군정)

翌朝遂登中山 僉員目擊之下 使軍奴開壙 得證的確無疑
(익조수등중산 첨원목격지하 사군노개광 득증적확무의)

封植如舊致齋 買土而圖謀歲薦之策 此豈非在天之靈
(봉식여구치재 매토이도모세천지책 차기비재천지령)

黙視眷佑者耶 丁卯之春 諸宗僉謀鳩財募工 而補修齋舍
(묵시권우자야 정묘지춘 제종첨모구재모공 이보수재사)

繼顯萊伯劬勞之功 按其御錄奉審之跡 撮其大要而略敍顚末
(계현래백구로지공 안기어록봉심지적 촬기대요이략서전말)

自此後孫感于 萊伯至孝之誠 毋怠省掃則 復無前轍之戒
(자차후손감우 래백지효지성 무태성소칙 복무전철지계)

諸孫盍爲勉旃哉
(제손합위면전재)

歲檀君紀元四千三百二十年丁卯菊秋

姜 信 亨 撰(강신형 찬)
姜 錫 太 書(강석태 서)

동래부사 진주강공필리 기적비문(번역문)*

우리선조 문경공 부군 휘 군보의 묘소가 성주목 가리현 대사 터 앞에 모셨는데 여러차례의 병란으로 분묘를 실전하여 자손들의 통탄함이 오래더니 영조41년 을유(1765)년에 공의 15대손 필리(必履)공이 동래부사로 재임당시 방손인 죽계우동(竹溪遇東)공이 합천에서 일이 있어 동해변에 갔다가 돌아오는 길에 동래부사를 심방하고자 관아에 들여 유숙하기 수일 만에 속히 돌아가고자 청하니 부사 경독자(耕讀子)공은 붙들며 더 머물기를 권하며 하는 말이 문경공(文敬公)의 묘소가 어곡에 있음이 족보의 방주와 경산지(京山誌)에 분명히 기록되어 있는데 여러 번 봉심코자 꾀하였으나 진가를 분별치 못한 고로 폐하고 향사치 못하니 내 변방의 수령으로 있으나 맘은 언제나 한스럽고 걱정입니다. 엎드려 원하옵건데 종시(宗侍)께서는 비록 방손의 처지이나 묘소 근 읍에 사시는 처지이니 수고를 아끼지 마시고 탐방하여 상세히 그 쪽 정경을 관찰하여 사정을 후에 전하여 주시오, 좋은 소식이면 당장 봉행 하오리다.

죽계공이 말하길 선조 산소 봉심 하는 일에 무슨 직계손 방계손을 따지리오 하며 승낙하고 귀가하여 병술년(1766)正月 초계 고을에 들러 초계 군수 임우춘을 심방하고, 다행히 나장과 힘센 종을 거느리고 관객의 행차로 길에 올라 저물역에 어곡동 김충국 집에 이르러 어둠 속에서 주인을 불러 그 곡절을 물은 즉, 주인은 이가세(李哥勢)를 꺼리어 입을 열지 않을 제, 그의 처 비슷한 계집이 문밖에 서성이다 문을 열고 들어와 말하기를 이 산에 옛 부터 강정승 산소가 있었는데, 80년 전에 고탄촌 사는 이씨가 석물을 치워 버리고 남몰래 투장한 것을 옛 부터 전하여 오는 일로 이 마을 남녀가 모두 들어 잘 아는 일이며, 지난해(乙酉年=1765) 8월에는 중산에서 큰 호랑이가 낮에 나타나 큰 소리로 울었는데, 마침 동래(東萊)로부터 지사(地師)가 왔고, 올(丙戌年=1766) 正月에는 칠흑 같은 밤에 중산에서 서기가 올라 밝기가 대낮과 같더니 오늘 행차가 이르시었습니다. 이를 어찌 범상한 일이라 하겠습니까?

죽계공은 이를 듣고 고마움을 표하고 날이 밝자 급히 촌장을 불러 앞세워서 인도케 하여 중산에 올라가 송림 사이에서 겨우 살펴보니 무덤인 듯 아닌 듯 함에 사인을 시켜 무덤 위의 나무를 베여 치우고 탄식하며 산을 내려와 며칠 후 동래부를 급히 찾아가 보고 들은 일들을 전하였으며 또 어리석은 여자가 밤에 들려주던 일들을 고하니 동래부사는 손뼉을 치며 크게 기뻐하며 이르기를 기이하고 기이한 일이로다. 그 곳이 선조의 의리를 간직한 유택이 분명하다.

그리고 그 날 즉시 통문을 작성하여 여러 종인에게 발송하여 알리고, 그 해(丙戌年=1766) 5월14일 각 처 종원들이 동래부 관아에 모이니 사실을 알리고 간사 몇 사람을 선출하고 관노 30여인을 대동하고 동래부사의 서찰을 간직하고 등정 길에 올라 먼저 성주목사를 방문하여 지참하고 온 동래부사의 서찰을 전하니 성주목사 또한 허락하며 군졸을 따라 보내 주니 다음날 아침, 드디어 중산에 올라 여러 사람이 보는 앞에서 군노를 시켜 광중을 열어 확증을 얻어 의심이 없으므로 옛과 같이 봉분을 짓고 묘역을 정화하고 위토도 매입하여 세사를 받들 계책을 세웠다. 이를 어찌 하늘에 계신 신령께서 말없이 지시하신 일이라 아니 하리요 이는 돌아보시고 도우신 일이라.

정묘년(丁卯年=1987)봄 여러 종원들이 뜻을 모아 출자하여 공인(工人)을 불러 재실을 보수하고 이어 동래백(東萊伯)의 구로한 공을 나타내고자 어곡실록을 살펴서 봉심 한 사적을 대충 뽑아 전말을 약술하였으니 이로부터 후손들은 동래백의 지극한 효도의 정성에 감동하여 살펴 받드는데 추호의 게으름이 없이하여 이런 일이 다시는 없게 모든 후손들은 경계하기를 어찌 힘써 지키지 아니 하리오.

단군기원4320년 정묘 중추가절

문경공 이십일대손 신형 삼가 글 지고
문경공 이십이대손 석태 삼가 글 쓰다

*강신양 번역(강신양 저, 강필리 선생 전기.선세추모록 기1에서 발췌 인용)

제7장
대사간 종중의 문인 선조와 문집 소개

강홍중의 『동사록(東槎錄)』

통신사 일본 방문기록

방문기간은 인조 2년(1624년, 갑자) 8월 20일 출발하여 인조 3년(1625년 을축) 3월 26일 귀국했다. 통신 사절은 정사 형조참의 정립(岦), 부사 승문원 판교 강홍중, 종사관 예조정랑 신계영 등이었다.

이 책 『동사록(東槎錄)』은 인조 2년(1624년 갑자) 8월 20일 출발하여 인조 3년(1625년 을축) 3월 26일까지 통신사 일행이 일본을 다녀온 일기이다. 일본회답부사(日本回答副使)로 갔던 강홍중(姜弘重)이 일본에서 보고 들은 것들을 소상하게 기록한 수기(手記)이다.

강홍중은 1577년(선조10 정축)에 태어났고, 자는 임보(任甫) 호는 도촌(道村)이다. 승지 연(綖)의 아들이며 여헌(旅軒) 장현광의 문인(門人)이다. 1603년(선조36 계묘) 사마시, 1606년(선조39 병오) 식년문과에 급제하여 승문원과 삼사의 여러 벼슬을 거쳤다.

인조반정 이후 문사랑(問事郞)으로 대북파를 다스렸고, 승문원 판교를 지낸 후 회답부사를 다녀왔으며, 통정대부로 승차하였고, 군자감(君資監) 정(正)이 되어 일본의 화포술을 전했다. 그 후 도총부 총관, 동지의금부사, 외직으로 강원감사, 연안, 청송, 성천부사 등을 역임하였다.

통신사의 회답사행(回答使行)은 일본 에도[江戶]막부 3대 장군 가광(家光)이 관백에 취임했을 때 우리나라에서 일본에 가서 하례(賀禮)를 하고 국교를 강화하려는 목적이었으며, 이후 에도막부가 종말을 고할 때까지 수백 년간 두 나라는 평화를 유지할 수 있었는데, 그런 의미에서 회답사행의 의의가 컸다고 할 수 있다.

『동사록(東槎錄)』은 그 당시 일본의 풍토, 민속과 명승고적이며 정치 직제와 성첩 요새 등에 이르기까지 소상할 뿐 아니라 임란 이후 외교관계에 있어서 귀중한 연구 자료가 되고 있다.*

*강홍중(저). 정지상(역). 정지상의 〈동사록(東槎錄) 해제〉 중에서 발췌 인용

국포 강박과 『국포집(菊圃集)』

　국포공 강박의 문집, 『국포집』은 1775년 12권 6책으로 간행되었는데, 번암 채제공이 평양감사로 재직하던 중에 종조(從祖) 희암 채팽윤과 스승인 국포공의 문집을 편찬하고자 하니, 공의 윤자(胤子)인 진은군 강필악이 선고(先考)의 원고를 정리한 후 평양으로 가서 평양감영에서 목판본으로 발간하였다.
　현재 당시의 목판이 상주 봉강서원에 보존중인데, 당시 완성된 목판을 배에 실고 대동강을 출발하여 서해를 거쳐, 남해로 온 후 다시 낙동강을 거슬러 올라가 상주에 도착하는 장도 끝에 국포집 목판이 전달되었다고 한다.
　국포 강박은 미수 허목 이래 청남 계열 근기 남인들의 정치적·문학적 계보를 이은 인물이며 근기남인 계열 문단 내에서 정치적·문학적으로 높은 위상을 지녔다. 강박은 미수 허목의 제자였던 송곡 이서우의 외손자이며 당대 근기남인 청남계열의 시단을 대표하는 위치에 있었다.*

*윤재환, 조선후기 근기남인 시맥의 형성과 전개, 문예원, 2012. p119.

　강박은 외조부 이서우와 채팽윤에게 배우고 미수 허목의 유문을 깊이 터득하여 이헌경, 채제공 같은 18세기 남인 문단과 시단에 영수를 길러낸 문장가였다. 이처럼 근기남인의 시맥은 "17세기에 활동한 이민구와 채유후에서 근원하였고, 이서우(1633-1709)와 이옥이 이어 받았으며, 오상렴과 채팽윤에 전해진 뒤 오광운(1689-1745)과 강박(1690~1742)에게 전승되어 채제공, 이헌경, 정범조를 거쳐 정약용에게 전해졌다."*

*정약용, 『시문집』권14, 「跋畵櫻帖(발화앵첩)」, 「여유당전서」
윤재환, 조선후기근기남시맥의 형성과 전개, 문예원 2012. p77.

채제공은 자신이 편찬한 〈국포집서(菊圃集序)〉에서 "강박의 시문은 구조와 짜임새가 조금도 빈틈이 없어 미수 허목 이래 제일인"이라 평가하기도 하였다.*

　*채제공, 『번암선생집』 권32 〈국포집서〉

　강박은 성서(城西, 서대문 밖)의 신교(新橋) 부근에 살면서 팔각정 부근에 사는 헌와(獻窩) 강필경(必慶, 1680~1750)을 비롯하여 기헌 강해(姜楷, 1680~?), 모헌 강필신(必愼, 1687~1756) 등 집안 인척들과도 교유하였는데 '백사(白社)'라는 모임을 열기도 하였다.*

　*윤재환, 조선후기근기남시맥의 형성과 전개, 문예원 2012. p220-224.

　강박은 무신란(이인좌의 난) 이후 더 이상 출사할 수 없게 되자, 상주로 낙향하여 강학과 시회를 하며 상주시단에 많은 영향을 주었다.

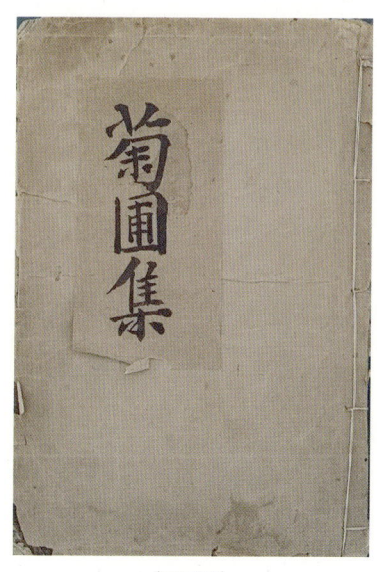

〈국포집〉

〈국포집 시〉

강영(楧, 1661~1707)

1661년 출생하였고, 강석로의 3자이다. 자(字)는 자헌(子獻)이다. 소암공 강사필의 5대손으로 고조부 강연, 증조 강홍중, 조부는 강급이다. 1689년 생원시 합격, 1696년 전시문과 장원 등제, 1698년 예조좌랑, 병조좌랑, 만경현령, 북청판관, 1705년 병조정랑, 장관서시(掌關西試), 1707년 문겸(文兼) 선전관(宣傳官) 향수 47세로 별세. 아들 필신(必愼)의 원종훈에 따라 도승지로 추증되었다.

강백(栢, 1690~1777)

자 자청(子靑), 호 추수(秋水), 우곡(愚谷)이다. 아버지는 강석주이며, 조부는 강무(斌), 증조부는 강홍중이며, 고조부는 청천공 강연이다. 소암공 강사필의 5대손이다. 1714년 진사시 장원, 1727년 별시문과 갑과 장원 등제하였다. 한성우윤 겸 동지의금부사 도총부 부총관에 올랐다. 이인좌의 난을 진압하는 데 공을 세웠음에도 송인명에 의해 무고되어 오히려 유배형을 받고 오랫동안 사환을 할 수 없었다.

유고문집 『우곡집(愚谷集)』이 전해진다. 우곡 강백은 남인 계열의 문인으로 강박, 오광운 등으로부터 인정을 받고 이들의 다음 세대 근기남인 계열 문단을 이끈 대표적인 인물들 중의 한명으로 평가되었다.

"대표적인 인물로는 행은 정석유(1689~1756), 우곡 강백(1690~1777), 하빈 신후담(1702~1761), 당계 김광우(1707~1781), 혜환 이용휴(1708~1782), 간옹 이헌경(1719~1791), 번암 채제공(1720~1799), 강재 이승연(1720~1806), 해좌 정범조(1723~1801), 반룡재 이병연(1726~1762), 여와 목만중(1727~?), 복암 이기양(1744~1802) 등을 들 수 있으며 영·정조대 탕평정국 시기에 등용되어 시회와 시사를 통해 친목을 도모하면서 비판정신과 우환의식이 강한 개성적인 문학작품을 창작하였다."*

*부유섭, 『17-18세기중반 근기남인 문단연구』, 한국학중앙연구원 박사학위논문, 2009
윤재환, 『조선후기 근기남인시맥의 형성과 전개』, 문예원, 2012에서 재인용.

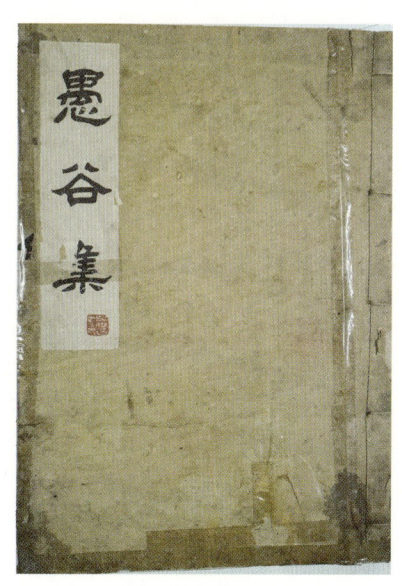

〈우곡집〉

강항(杭, 1702~1787)

사익의 5대손이며 강석기의 아들이다. 조부 강균, 증조 강홍윤, 고조부는 강찬이다. 생부는 강석우이다. 자는 이직(而直), 호는 시북(市北)이며 1702년에 출생하였고, 1726년(병오) 문과에 등제하였다. 오위도총부 사직 등을 역임하였으며, 정헌대부 지중추부사가 되었다. 입기사하였으며, 1787년 별세하였다.

강필경(必慶, 1680~1750)

호 헌와(獻窩). 강억(檍)의 아들이며, 조부는 강석구, 증조부 강급, 고조부는 강홍중이며, 소암공 강사필의 6대손이다. 1705년 사마시 입격, 1713년 증광문과 등제, 1728년(무신) 이인좌의 난 평정 이후 분무원종공신1등에 녹훈. 중앙의 여러 관직과 태천, 경성, 진주, 삼척부사 등 외직을 역임하였다. 통정대부 승품계. 1750년 향수 70세로 별세하였다.

강필구(必龜, 1684~1763)

자 예경(禮卿), 호 휴은(畦隱). 강석로의 4자 강후의 아들이며, 소암공 강사필의 5대손이다. 1722년 정시문과 급제. 성균관 전적, 예조, 병조좌랑, 외직으로 창평현감 등을 역임하였고, 수(壽)로 통정대부와 가선대부 동지중추부사로 승품계하였다.

강필신(必愼, 1687~1756)과 모헌집(慕軒集)

강필신은 자 사경(思卿), 호 모헌(慕軒). 채팽윤의 문인이다. 1687년(숙종 13 정묘) 아버지 강영과 전주이씨(全州李氏) 사이에서 서울 성서(城西) 신문(新門) 밖 인장리에서 출생하였다. 6대조는 소암공 강사필, 5대조 좌승지 강연(綖), 고조부 강원관찰사 강홍중, 증조부 함흥판관 강급, 조부는 순흥부사를 지낸 강석로(姜碩老)이다.

강필신은 어려서부터 학문을 좋아하였으며, 작은아버지인 강해(姜楷)와 채팽윤에게 문학을 배웠다. 1713년(숙종39) 계사(癸巳) 증광 생원시에 2등으로 급제하였고, 1718년 무술 정시문과에 병과로 급제하였다. 1719년에 부사정(副司正)과 승문원(承文院) 권지부정자(權知副正字)를 지냈으며, 숙종이 별세하기 전까지 승정원에서 가주서와 사변가주서로 근무하였다.

1720년 경종이 즉위한 뒤에는 주서(注書)에 제수되어 경연에 자주 참여하게 되었으며, 이후 성균관 전적, 예조좌랑, 병조좌랑, 부사과(副司果)를 지냈고, 1721년(경종1)에는 지제교와 안릉현감에 제수되었다. 안릉현감으로 재직 시에는 양역(良役)의 개혁을 건의하는 상소를 올리기도 하였다. 1728년에 지평으로 제수되었는데, 이 해 3월 이인좌(李麟佐)의 난이 일어나자 이를 진압할 방안을 건의하는 상소를 올렸으며, 4월에는 영조의 구언에 상소를 올려 이인좌의 난으로 인해 일어난 피해를 구제하는 방안 등을 제시하였고, 이인좌의 난에 연루된 죄인들의 처벌을 강력하게 주장하는 계(啓)를 지속적으로 올렸기 때문에 이인좌의 난이 평정된 뒤 원종일등공신(原從一等功臣)에 책록되었다. 이후 장령 등의 벼슬을 지냈다. 1747년에 서천군수가 되었으며, 1748년에 정언으로 임명되었고, 1749년 진주목사가 되었다. 1756년 70의 나이로 별세하였다. 저서로는 모헌집 6권이 있다.

강필신은 일생을 통해 강박과 가장 친밀한 교유관계를 맺었다고 할 수 있다. 강박은 강필신과 한 집안의 종친으로 청남 계열을 대표하는 인물이다.

강필신은 서울에서 지낼 때 근기 남인의 문인들과 활발하게 교류하였다. 이들은 근기 남인 중 청남 계열을 대표하는 인물들로 백련시단의 구성원들이다. 백련시단은 1721년(경종1) 윤6월 북악산 백련봉 아래의 정토사(淨土寺)에서 결성된 백련사(白蓮社)에서 비롯되었다.

또한 강필신은 서울과 경상도를 오가며 시회를 가졌는데, 이는 강필신이 근기 남인으로서의 특징을 지니면서 동시에 영남 남인으로서의 정체성도 지니고 있었음을 의미한다.

모헌집(慕軒集)

강필신의 문집인 모헌집(慕軒集)은 3책 6권으로 이루어져 있다. 1~3권은 詩(시)이고, 4~6권은 산문(散文)이다. 1권에는 126제의 시가 실려 있는데, 백련시사의 종장 격이었던 이인복의 죽음을 애도한 시 2편이 마지막 작품이다. 이인복이 죽기 전까지의 작품들이 실려 있으며, 이인복과 주고받은 작품들도 여러 편 남아 있는데, 특히 〈화봉연사제군자(和奉蓮社諸君子)〉 등 백련사(白蓮社)에서 지은 작품들도 있다.
2권에는 133제의 시가 실려 있는데 벼슬에서 물러나 강박 등과 시회(詩會)에서 수창(酬唱)한 시가 많은 부분을 차지한다. 앞부분에는 이인복, 강박과 단양을 여행하면서 지은 〈사군〉 시가 실려 있다. 3권에는 71제의 시가 실려 있는데 주로 상산[상주]으로 이주한 뒤의 작품들이 많다.

〈모헌집 시〉

강필교(必敎, 1722~1798)

　자 유방(幼方), 호 청봉(淸峯). 진사 강취(檇)의 사자(嗣子)이며, 생부는 강전(㙉)이다. 강사상의 4자 여산공 강담의 5대손이며, 고조부는 신계현령 강홍익, 증조부 연기군수 강인, 조부는 첨추사 강석후이다. 1722년 충남 당진 출생, 1750년 진사시 장원급제, 1758년 통덕랑, 1762년 제능 참봉, 의금부도사, 1770년 통훈대부 전의현감, 정산현감. 수승품계 통정대부 첨지중추부사. 1798년 향수 77세로 별세.

강세진(世晉, 1717~1786)

　강필신의 아들이다. 자(字)는 사원(嗣源), 호는 경현재(警弦齋)이며, 강박과 강해의 문인이다. 자형인 이언수 등과 교유하였다.
　이주항(李柱恒)의 딸인 성산이씨와 결혼하여 1남 1녀를 낳았으나, 아들은 일찍 요절하였으며, 딸은 정익로(鄭翼魯)에게 시집갔다. 이후 한복초(韓復初)의 딸인 청주한씨와 결혼하여 1남3녀를 낳았고, 아들인 강봉흠(姜鳳欽)은 이동무(李東茂)의 딸과 결혼하여 강헌영(姜獻永)을 낳았고, 세 딸은 각각 정재로(鄭宰魯), 이동유(李東裕), 이정(李玾)에게 시집갔다.
　강필신의 외손자인 정상리와 강세륜이 유고를 교정하여 아버지 강필신의 모헌집과 강세진의 경현재집을 함께 간행하였다.

강세응(世鷹, 1746~1821)

자는 양노(揚老), 호는 뇌암(磊庵)이다. 강사익의 6대손이며, 강필옥의 차자(次子)이다. 조부 강절(梲), 증조부 강석사, 고조부는 강명이다. 1780년(정조 경자)에 식년문과에 등제하여 성균관 전적, 감찰, 이조좌랑, 경성도호부 판관, 정언, 지평, 장령, 사간 등을 지냈다.

〈뇌암세고〉

강세륜(世綸, 1761~1842)의
『지원집(芝園集)』과 『북정록(北征錄)』

국포(菊圃) 강박(1690~1742)의 손자이며 진은군 강필악(1723~1795)의 3자이다. 18~19세기 문신이며 문장가이다. 1761년 상주 봉대리에서 태어났고 입재 정종로의 문인이다. 자는 문거(文擧), 호는 지원(芝園)이다. 1783년 23세에 증광문과 병과로 급제하여 규장각 강제 문신에 뽑혔으며, 장령, 헌납, 경연시독관, 부교리, 부수찬, 수찬, 교리, 성균관 대사성, 대사간, 병조참판을, 외직으로 (평안도) 강동현감, (충청도) 결기현감, (함경도) 종성부사를 지냈다. 비교적 많은 수(壽)를 누렸으며, 평생을 관직에 종사하였으니, 임금(정조)의 신임과 남인에 대한 배려, 그리고 처세와 무난한 성격 등을 짐작할 수 있다.

지원(芝園)은 서울과 상주를 오가며 활발하게 문인들과 교유하며 문학 활동을 하였다. 서울에서는 강준흠, 홍의호, 홍순호, 홍대호 등과 상주에서는 백씨인 강세백, 이경유, 강세진, 강봉흠, 강세은, 강장흠, 황번로, 유심춘 등의 영남남인 문인들과 교유하였으며, 상주지역 영남남인 문인들과 추수사, 죽우사, 열운사 등의 시사활동을 활발하게 전개하였다.

『지원집』 8책, 『북정록』 1책이 전해지며, 기행시, 만시(輓詩), 증별시(贈別詩) 등 1천여 편이 넘는 차운시(次韻詩)와 창주시(唱酬詩)를 남겼다. 특히 1821년 61세 때 종성부사에 제수되어 함경도 임지로 가는 39일간의 여정을 기록한 『북정록(北征錄)』과 1년여 간의 임지에서의 생활과 풍습 등 체험을 노래한 『종산잡록(鍾山雜錄)』은 지원(芝園)의 문집에 수록되지 않은 필사본이 전해지고 있는데, 국토 산하의 기관(奇觀)에 대한 자긍심이나 역사관을 엿볼 수 있다.

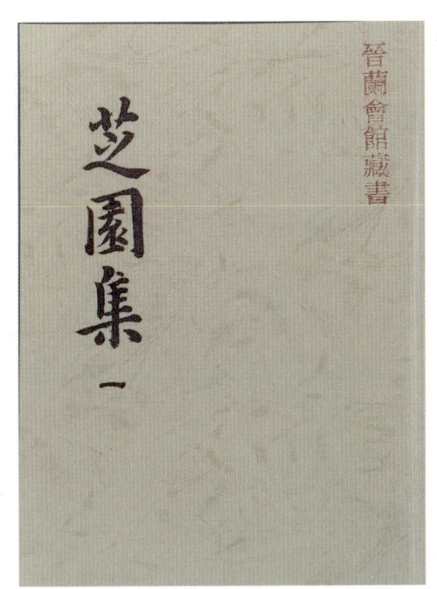

〈지원집〉

〈북정록〉

강세규(世揆, 1762~?)

　자(字) 공서(公叙), 호(號) 경암(競菴). 입재 정종로 문인이다. 강사익의 후손으로, 고조부 강노(珞), 증조 강석경, 조부 강현, 아버지는 강필형(必炯)이다. 1786년 문과급제, 1789년 성균관전적, 춘추관 기주관, 예조좌랑, 사헌부 감찰, 경상도 도사, 이조정랑, 용양위부사과 부사직, 사간원 헌납, 사헌부 장령, 사간원 정언, 사헌부 집의 등을 지냈고, 향수 72세로 별세하였으며, 유고집(遺稿集)이 전해진다.

〈경암집〉

강봉흠(1762~1828)의 남애시사(南涯詩史)

「남애시사(南涯詩史)」는 삼국시대부터 조선 영조 때까지의 역사적 사건과 인물에 대하여 대표적인 시(詩)를 통해서 일별하였다. 즉 한국에서 발생한 역대 역사적 사건과 관련된 작가의 한시(漢詩)를 선정하여 소개함으로써 역사의 흐름을 일별할 수 있게 하였다는 점에서 일종의 '시사(詩史)'라고 할 수 있으며, 조선 후기 '시화사(詩話史)'에서 독특한 위치를 차지하고 있다.*

*심경호, 『남애시사해제』, 「(계명대학교동산도서관 소장) 善本(선본)고서해제집」 3집, 계명대학교 출판부, 2013. p81 참조.

「남애시사」는 1797년과 1800년 사이에 편찬된 것으로 추정하고 있으며,* 상(上)권은 신라 최치원. 왕거인과 고구려 을지문덕에서 고려 말까지는 간략하게 기술하였고, 조선건국에서부터 조선 영조 때 상주지역 진주강씨 국포 강박과 모현 강필신까지 수록하였다.

*전게서

군왕과 여러 시인들이 지은 시 가운데 시대적 상황과 정치적 사건의 정황을 알 수 있는 한시를 선정하고, 역사서. 문집. 야사. 야담. 시화. 전후 문자 등에서 관련 일화를 요약한 뒤 작가의 약전(略傳)을 부기하여 엮은 시사(詩史)이며, 하(下)권은 선조조부터 시작하며 그 당시의 시사 기록이 다른 시기의 내용보다 많은 분량을 점유하고 있다. 또한 남인 입장에서 서술한 당쟁 관련 자료들을 인용하는 등 당쟁 관련 문헌을 많이 언급하고 있다.*

*김주부, 『상주지역 시사조직과 진주강씨 문중의 시학전통』, 강사문화7집, (사)강사기념사업회, 2020.

강용흠(龍欽, 1764~1832)

　자 순삼(淳三), 호 양와. 입재 정종로 문인이다. 강사익의 후손으로 부(父) 강세인(世寅), 조부(祖父) 강필건(必健), 증조부(曾祖父) 강유(楺)이다. 추수사, 죽우사, 속죽우사, 열운사 등 상주지역 시사 활동에 적극적으로 참여했던 문인이다.

강준흠(浚欽, 1768~1818)의 『삼명시화(三溟詩話)』

강준흠의 자는 백원(百源), 호는 삼명(三溟)이다. 진창군 강인의 후손으로 고조부는 강석빈, 증조는 강학, 조부는 강필득이며, 아버지는 강세정이다. 1792년 진사에 입격하였고, 갑인년 정시문과에 등제하여 규장각 강제 문신을 역임하였다. 남인이었지만, 공서파(攻西派)에 속하여 정조 사후에도 관직을 유지할 수 있었다.

승정원 동부승지 겸 경연참찬관, 춘추관 수찬관 지제교를 지냈다. 1805년(순조5) 영조의 계비 정순왕후가 별세하자 고부사(告訃使) 서장관으로 청나라(연경)를 다녀왔으며, 이때 쓴 기행일기가 「유헌록」이다.

문집 『삼명집』과 『삼명시화』를 남겼으며, 『삼명시화』는 18세기 남인 시맥을 파악하는 데 도움이 되는 필사본 문집이다.

남인계 시인들을 중심에 두면서 노론. 소론. 소북은 물론 중서층과 천인의 시인들에 대해서도 폭넓게 언급하며 17세기 말에서 18세기 후반까지 조선시대 한시사(漢詩史)를 조망하고 맥락을 파악하는 데 도움을 주며, 근기남인의 시맥에 대해 상세하게 언급하고 있다.

〈삼명집 1, 2〉

강시영(時永, 1788~1868)과
『輶軒續錄』『輶軒3錄』『星沙文稿』

자는 여량(汝良) 호는 성사(星沙)이다. 삼명 강준흠의 장자이다. 1809년 진사, 1820년 문과에 등제한 후 3사와 승정원등의 요직을 두루 역임하였고, 수차례 대사헌과 한성판윤, 예조, 공조, 형조, 이조판서, 의정부 우찬성 등을 지냈다. 1829년(순조29) 사은사 서장관, 1848년(헌종14)에 동지정사, 1853년 진하정사로 3차례에 걸쳐 연경을 다녀왔으며, 『유헌속록(輶軒續錄)』『유헌3록(輶軒3錄)』 등을 썼다.

〈성사문고〉

〈유헌속록〉

강난형(蘭馨, 1813~?)

강사상의 3남 진창군 강인(絪)의 후손으로 강학의 5대손이다. 1813년(순조13)에 태어났으며, 자는 방숙(芳叔)이다. 아버지는 강노영, 조부 강악흠, 증조부 강세선, 고조부는 강필득이다. 1848년(헌종14) 증광문과에 병과로 급제하였고 철종조에 홍문관 부교리, 부수찬을 거쳐 1860년(철종11)에 대사간이 되었다. 고종조에서 좌부승지, 성균관 대사성, 이조참의, 사헌부 대사헌 등을 두루 역임하였고, 1873년 형조판서에 올랐다. 1875년 청나라 목종이 별세하자 진위 겸 진향정사가 되어 청나라를 다녀왔다. 한성부판윤을 지냈고, 1879년 황해도 관찰사를 역임하였다.

강문형(文馨, 1831~?)

　1831년(순조31)에 출생하였고, 자는 덕보(德輔), 호는 난포(蘭圃)이다. 진창군 강인의 9대손으로, 아버지는 강기영이며, 조부는 강준흠, 증조부는 강세정, 고조부는 강필득이다. 1869년(고종6) 정시별과에 병과로 급제하였다. 1872년 회환진하(回還進賀) 겸(兼) 사은사(謝恩使)의 서장관(書狀官)으로 청나라를 다녀왔으며, 경기도 암행어사로 전정(田政), 동포(洞布), 사창(社倉), 수령광관(守令曠官) 등의 폐단을 별단에서 일일이 고하기도 하였다.
　1881년에는 신사유람단으로 70일 동안 일본의 군사, 교육, 행정, 공장들을 시찰하고 돌아와, 그해 정부기구 개편에서 감공사 당상에 임명되었다. 따라서 개화정책에는 적극적이었지만 1884년 갑신정변에는 참여하지 않았고, 부승지로 있으면서 정변 이후 승정원의 일원으로서 김옥균 일파를 비난하는 입장을 취하였다.
　1885년 예방(禮房) 승지, 1887년 이조참판, 협판교섭통상사무, 1893년 이조참판을 지냈다. 신사유람단으로 일본에 다녀온 뒤 쓴 『일본견문사건(日本聞見事件)』 『일본국공부성시찰기(日本國工部省視察記)』 등이 규장각 도서로 전해진다.

부록1

선조님의 묘역과 시제일

진주강씨박사공/통계공/대사간공파

세(世)	조(祖)	공(公)	명(名)	제일(祭日)	묘소 위치	비고
1	27	博士 미상	啓庸	10.10	합천 율곡 갑산 용덕산 封檀	갑산재
2	26	內給事 미상	引文	10.10	합천 율곡 갑산 용덕산 封檀	갑산재
3	25	御史 羅州鄭氏	師瞻	10.10	합천 율곡 갑산 용덕산 封檀	갑산재
4	24	晉原君 安東權氏	昌貴	10.10	합천 율곡 갑산 용덕산 壬坐 雙封	갑산재
5	23	文敬 慶州金氏(失)	君寶	10.11	경북 고령 성산 어곡 제석산 丙坐 / 경기 임강현 대곡촌 (失傳)	어곡재
6	22	恭穆 晉州河氏(失)	著	10.2	경기 장단 대강 나부 황계산 酉坐 (경기 연천 왕징 강내 封檀) / 경기 파주 대자암산록 (失傳)	양진당 (안동)
7	21	通溪 宜寧南氏,全州崔氏	淮仲	10.4	경기 고양 벽제 관산리 子坐	경덕재
8	20	少尹 남양홍씨	安壽	10.4	경기 고양 원당 식사 박사동 子坐 (경기 고양 벽제 대자리 子坐)	용보원 (대자동)
9	19	대호군 인천이씨	徽(휘)	10.4	경기 고양 벽제 대자리 간(艮)坐	용보원 (대자동)
10	18	감사 전주이씨	子平	10.4	경기 고양 벽제 대자리 子坐	용보원 (대자동)
11	17	대사간 선산김씨	詗(형)	10.3	서울 관악 신림 난곡동 乾坐(건좌)	난곡
12	16	찬성 익산이씨	永叔	9말丁日	상주 이안면 양범리 내동 壬(임)坐	추원재
13	15	참봉 신창표씨	濋(호)	9말丁日	상주 이안면 양범리 내동 癸(계)坐	추원재
13	15	진사 개성고씨	澤(택)	9말丁日	상주 이안면 양범리 내동 子(자)坐	추원재
13	15	사인 밀양박씨	溫(온)	9말丁日	상주 이안면 양범리 내동 癸(계)坐	추원재

세(世)	조(祖)	공(公)	명(名)	제일(祭日)	묘소 위치	비고
14	14	진산부원군(정량공) 풍천임씨	士安	9末丁日	상주 이안면 양범리 내동 上下 墳	추원재
14	14	貞靖 파평윤씨	士尙	10.3	서울 관악 신림 난곡동 乾坐(건좌)	난곡
14	14	笑庵 羅州鄭氏	士弸	10.4	경기 고양 벽제 대자리 子坐	용보원 (대자동)
14	14	師傅 慶州鄭氏.商山金氏	士宇	9末丁日	상주 이안면 양범리 내동 (合祔) 상주 중동 오리 지곡 子坐	추원재 상주오리
14	14	司勇 文化柳氏	士翼		상주 낙동면 무량리 乾(건)坐 (외증조 익산이씨貞陽지묘 南)	무량리
15	13	진흥군 東萊鄭氏	紳(신)	10.3	서울 관악 신림 난곡동 酉坐	난곡
15	13	학생 商山黃氏	纘(찬)		상주 낙동면 무량리 酉坐 (先外祖익산이씨정양지묘階下酉坐)	무량리
15	13	승지 단양우씨	緖(서)	10.3	서울 관악 신림 난곡동 戌(술)坐	난곡
15	13	진창군 함양박씨.나주정씨	絪(인)	10.3	서울 관악 신림 난곡동 乾(건)坐	난곡
15	13	여산 청주한씨.연안김씨	紞(담)	10.5	경기 화성 남양 북양리 戌(술)坐	북양리
15	13	승지菁川 남양홍씨.온양정씨	綖(연)	10.4	경기 고양 벽제 대자리 艮(간)坐	용보원 (대자동)
15	13	主簿 진주하씨.죽산안씨	緪(긍)	9末丁日	상주 이안면 양범리 내동 子坐	추원재
15	13	龜峯 商山金氏	績(적)		의성 단밀면 팔등리 午坐(合祔)	의성 단밀면
16	12	承旨 능성구씨	弘秀	10.3	서울 관악 신림 난곡동 庚坐(경좌)	난곡
16	12	晉寧君 전주황씨	弘立	10.3	서울 관악 신림 난곡동 坐 양성리(실전)	난곡
16	12	庶尹 南陽洪氏	弘勛	10.3	서울 관악 신림 난곡동 坐	난곡
16	12	承旨 星州李氏.全義李氏	弘胤	9末丁日	문경 가은읍 저음리 乙坐 상주 이안면 양범리 내동 壬坐	저음리 추원재

세(世)	조(祖)	공(公)	명(名)	제일(祭日)	묘소 위치	비고
16	12	찬성 驪陽陳氏.全義李氏	弘德	10.3	서울 관악 신림 난곡동 乾(건)坐 (3위 合祔)	난곡
16	12	承旨 全州李氏	弘定	10.3	서울 관악 신림 난곡동 乾(건)坐	난곡
16	12	新溪 全州李氏	弘益	10.5	경기 화성 남양 북양리 戌(술)坐	북양리
16	12	참봉 원주원씨	弘亮	10.4	경기 고양 벽제 대자리 子坐 (先考 묘좌하)	용보원 (대자동)
16	12	道村 파평윤씨, 김해김씨	弘重	10.4	경기 고양 벽제 대자리 子坐	용보원 (대자동)
16	12	生員 전주이씨, 정씨, 한양조씨	弘憲		금릉군 감문면 소재동 설부곡 乾坐	금릉 감문
16	12	학생 풍양조씨	弘祿		상주 송현 先考(선고) 선영	송현

세(世)	조(祖)	공(公)	명(名)	제일(祭日)	묘소 위치	비고
17	11	寺正 南陽洪氏	珝(후)	10.3	서울 관악 신림 난곡동 酉坐	난곡
17	11	학생 眞寶李氏	珞(노)		문경 가은읍 저음리 乙坐 (先考 墓下)	저음리
17	11	학생 한양조씨, 光山金氏	명(珆)		상주 낙동면 무랑리 산 66 누각산 乾坐 무랑리 祖考 묘 階下 酉坐	무랑리
17	11	학생 永川金氏	盖(빈)		상주 봉대산록 壬坐 合祔(합부)	봉대산
17	11	학생 宜寧南氏	珪(규)		경북 상주 송현 子坐	상주
17	11	학생 河濱李氏	璜(황)		상주 개운산 辛坐	상주
17	11	素履亭 旌善全氏	균(均)		상주 모동면 판계산 丙坐	상주
17	11	통덕랑 연안이씨	瓛(환)	10.3	서울 관악 신림 난곡동 坐	난곡

세(世)	조(祖)	공(公)	명(名)	제일(祭日)	묘소 위치	비고
17	11	晉南君 한산이씨	項(욱)	10.3	서울 관악 신림 난곡동 坐	난곡
17	11	眞寶 풍천임씨.함양박씨	璡(진)	10.5	경기 화성 남양 북양리 戌(술)坐	북양리
17	11	연기 전의이씨	璘(인)	10.5	경기 화성 남양 북양리 戌(술)坐	북양리
17	11	원주 晉州柳氏	琛(침)	10.5	경기 화성 남양 북양리 戌(술)坐	북양리
17	11	감찰 羅州金氏	珉(민)		서울 관악 신림 난곡동 坐	난곡
17	11	목사 平山申氏	언(珚)		연산 息汗(간)면 원통 壬坐	연산원통
17	11	軍資正 순흥안씨	瓚(찬)	1.14	선산군 옥성면 초곡 신내산 酉坐(유좌)	선산초곡
17	11	함흥(판관) 東萊鄭氏	급(玐)		충주 신의곡면 추동(실전) 경기도 파주군 광탄면 신산리 내화산 산48번지 辛坐	파주광탄
17	11	坡州 淸州韓氏	琠(전)		파주 광탄면 옹암(甕巖) 亥坐	파주광탄
17	11	生員 南陽洪氏	珷(무)		경기 고양 벽제 대자리 용보원 子坐 (失傳)	용보원
17	11	학생 義城金氏	침(瑹)	(9末丁日) ?	상주 이안면 양범리 월록(越麓) 巽坐(손좌) 상주 내서 안양촌 東麓(동록) 子坐(자좌)	양범리 상주안양촌

세(世)	조(祖)	공(公)	명(名)	제일(祭日)	묘소 위치	비고
18	10	參議 龍仁李氏	碩番		서울 관악 신림 난곡동 坐	난곡
18	10	학생 眞城李氏	碩經	9末丁日	상주 이안면 양범리 내동 亥坐	양범리 (추원재)
18	10	학생 예안이씨	碩宗	9末丁日	상주 이안면 양범리 내동 乾坐	양범리 (추원재)

세(世)	조(祖)	공(公)	명(名)	제일(祭日)	묘소 위치	비고
18	10	학생 예안이씨, 한산이씨, 밀양박씨	碩遇		상주 모동면 반계리 生考 묘하 丙坐	모동
18	10	학생 청도김씨, 전주이씨	碩龜		상주 판계산 선영 하 丙坐 상주 공성 소리촌 후 子坐	판계
18	10	판서 영천최씨	碩耆		상주 판계산 선영 하 丙坐	판계
18	10	봉사 광주이씨, 연일정씨	碩茂	10.3	서울 관악 신림 난곡동 坐	난곡
18	10	진선군 泗川睦氏, 강화최씨	碩賓	10.3	경기 장단읍 망현 甲坐 서울 관악 신림 난곡동 坐	장단 난곡
18	10	僉樞事 晉州柳氏	碩齊	10.5	경기 화성 남양 북양리 戌(술)坐	북양리
18	10	僉樞事 延日鄭氏, 창녕성씨	碩厚	10.5	경기 화성 남양 북양리 戌(술)坐	북양리
18	10	진사 사천목씨	碩俊	10.5	경기 화성 남양 북양리 戌(술)坐	북양리

세(世)	조(祖)	공(公)	명(名)	제일(祭日)	묘소 위치	비고
18	10	木川 楊州趙氏	碩泰	10.5	경기 화성 남양 북양리 戌(술)坐	북양리
18	10	통덕랑 全州柳氏	碩行	10.5	경기 화성 남양 북양리 戌(술)坐	북양리
18	10	진사 羽溪李氏	碩勛		연산 息汗(식간)면 원통동 坐	연산식간
18	10	학생 全州李氏	碩濟		선산군 옥성면 초곡 신내산 坐	선산초곡
18	10	府使 海州崔氏, 창녕성씨	碩老		충주 신의곡면 추동 선고 묘하(失傳) 경기도 파주군 광탄면 신산리 내화산 산48번지 辛坐	파주광탄
18	10	府使 安東權氏	碩耉	10.3	서울 관악 신림 난곡선영 庚坐 (실전)	난곡
18	10	府使 同福吳氏	碩臣		파주 광탄면 옹암(瓮巖) 亥坐	광탄옹암

세(世)	조(祖)	공(公)	명(名)	제일(祭日)	묘소 위치	비고
18	10	참판	碩良		파주 광탄면 옹암(瓮巖) 선산 子坐	광탄옹암
		昌原黃氏				
18	10	別提	碩周		벽제면 대자下里 용보원 酉坐 공주 신상면 녹천리 愚蔭室 庚坐	용보원 공주녹천
		朔寧崔氏				
18	10	학생	碩晉		상주군 중동면 오리촌 후 酉坐	상주중동
		義城金氏				
19	9	菊圃	樸(박)		상주 이안면 양범리 壬坐 (별제공 묘하 좌변)	추원재
		全州李氏				
19	9	진사	현(欄)		문경시 가은읍 저음리 산수동 乙坐	저음리
		예안김씨.흥양이씨				
19	9	현감	械(감)		서울 관악 신림 난곡선영 원坐 (실전)	난곡
		泗川睦氏				
19	9	참봉	櫟(력)		장단읍 망현리 선영 내 坐	장단망현
		杞溪俞氏				
19	9	통덕랑	학(欅)		서울 관악 신림 난곡선영 원坐	난곡
		진주柳氏				
19	9	진사	樯(전)		당진시 당진읍 구룡리 卯坐	당진 구룡리
		南原尹氏				
19	9	통덕랑	휘(樟)	10.5	경기 화성시 남양 북양리	북양리
		전주이씨				
19	9	柳汀	橋(취)	10.5	경기 화성 남양 북양리 戌坐	북양리
		풍천노씨				
19	9	진사	橚(숙)	10.5	경기 화성 남양 북양리 戌坐	북양리
		扶餘徐氏				
19	9	生員	栒(순)		연산 息汗(식간)면 원통동 坐	연산식간
		韓山李氏				
19	9	정랑	植(식)		충주 신의곡면 추동 선영하 간좌(失傳) 경기도 파주군 광탄면 신산리 내화산 산48번지 辛坐	파주광탄
		昌原黃氏				
19	9	승지	영(橫)		파주 교하 실원 酉坐(失傳)	파주교하
		전주이씨				
19	9	참판	후(樗)		성주 동면 두곡리 亥坐	성주동면
		한산이씨				
19	9	참봉	楷(해)		성주 동면 두곡리 亥坐 (현 성주군 선남도성동 마안곡동 후산)	성주동면
		廣州李氏				

세(世)	조(祖)	공(公)	명(名)	제일(祭日)	묘소 위치	비고
19	9	生員 남양홍씨	楡(유)		부평 동면 송강 乙坐	부평동면
19	9	참의 경주이씨	檍(억)		서울 관악 신림 난곡선영 원 (실전)	난곡
19	9	진사 진주유씨	楡(윤)		파주 광탄면 옹암(瓮巖) 亥坐	광탄옹암
19	9	右尹 함평이씨	柏(백)		녹천리 우곡 酉坐	녹천리

세(世)	조(祖)	공(公)	명(名)	제일(祭日)	묘소 위치	비고
20	8	晉恩君 여천이씨	必岳		상주 공성 웅이산 영수암 후 乾坐	상주 공성
20	8	통덕랑 풍산홍씨	必良		상주시 모동면 송현 북록 酉坐	상주 모동
20	8	都事 풍산홍씨	必輔		경기 장단읍 망현리 선영	장단 망현리
20	8	학생 慶州李氏.海平尹氏	必得		경기 장단읍 망현리 진선군 묘하 甲坐	장단 망현리
20	8	定山 전주이씨	必教	10 중	당진시 면천면 송학리 타불산 乾坐	당진 송학리
20	8	東萊 安東權氏	**必履**	10.5	경기 화성 남양 북양리 戌坐	북양리
20	8	첨추사 사천목씨.벽진이씨	**必慎**		파주 광탄면 옹암(瓮巖) 亥坐	광탄옹암
20	8	동추사 전주이씨	**必龜**		성주 부서 오지산 亥坐 성주 두곡리 참판공 묘 후 艮坐(간좌)	성주
20	8	진사 광주이씨.연안이씨	**必淵**	(10.3)	서울 관악 신림 난곡선영 원 (실전)	난곡
20	8	부사 원주이씨	필경	(10.3)	서울 관악 신림 난곡선영 원 (실전)	난곡

진주강씨 발간 족보

족보명 (族譜名)	분류	내용 설명	비고
연원보 (淵源譜)		조선시대 최초의 족보 (1451년, 문종 1) 그러나 전해지지 않음	인재공 강희안 撰한 서문
남한보 (南漢譜)	박사공, 소감공파 초간보	진주강씨 최초의 족보, 2권 1685년(숙종11, 을축) 남한천주사 발행	18世 강석노가 족보편찬작업을 시작하여, 1681년 弟氏 무주부사 강석구가 이어받아, 함양군수 강필주, 진보현감 강진, 영동현감 강침, 황간현감 강석범 등과 재원을 출자하여 1685년 발간 완료
정미보 (丁未譜)	은열공파 초간보	진주강씨 2번째 족보, 2권 1727년(영조3, 정미) 발행	
병인보 (丙寅譜)	은열공파 재간보	고증보, 3권, 1746년(영조22, 병인)	재간보(대동보)
청주보 (淸州譜)	박사공,소감공파 재간보(대동보), 임오보	고증보, 9권, 1762년(영조38, 신사) 충북 청주에서 발행	19世 유정공 강취(橇)가 1737년부터 족보 초안을 8년여에 걸쳐 완성하였으나 재원문제로 발간이 미뤄졌으며 유정공 사후에 청주보로 발간
달성보 (達成譜)	박사공, 소감공파 3간보(대동보)	고증보, 14권 1766년(영조42, 병술) 경북 달성에서 발행	
신유보 (辛酉譜)	박사공, 소감공파 4간보(대동보)	고증보, 15권 1861년(철종12, 신유) 서울 정동에서 발행	
신축보 (辛丑譜)	박사공, 소감공파 5간보(대동보)	고증보, 19권 1901년(광무1, 신축), 전북 고창에서 발행	
어곡보 (御谷譜)	박사공파 파보(대동보)	19권, 1915년(대정4, 을묘) 일제 강점기 편찬 경북 어곡에서 발행	

*이 외에도 많은 족보가 발행되었다.
*진주강씨 중앙종회 자료에 근거.
*우리나라 현존하는 최고(最古)의 족보는 15c 중엽(1476년)에 나온 「안동권씨 成化譜(성화보)」이다. 그런데 진주강씨 연원보(경태보)는 이보다 빠른 1451년(문종1)에 나온 것으로 기록되어 있지만 현존하지 않는다.

연원보서(淵源譜序) 원문

吾族得姓之源은 深且久矣라

維昔 安登聖母夢感神龍 而有娠誕生 炎皇于姜水長有聖德伏羲之末代爲天子

以誕降之地 因爲姓氏 創作耒耜醫藥市祭 使民奠居 至于七世而帝業遂衰 〈節莖〉 及 〈克〉 未得承帝位 〈楡〉罔

雖爲宗主同姓之侯 〈蚩尤〉竊命罔 有記 〈極〉 涿鹿之戰 鉞車南指 霧陣北却 自玆以後

世世襲封至于四岳

爲虞舜秩宗四岳之後 有師尙父七十遇文王 佐成帝業 而大統未集 至于武王克商正位

受封于齊 至于季世 强臣竊命 厥後苗裔散居各邦 枝分派別

逮于漢末 諱罔 爲天水功曹 子〈維〉 承忠武侯遺法 九伐中原未捷身死 自玆以降 節侯

之裔天水爲貫 至于隋朝 東藩句麗朝 禮有闕與師征討

諱 以式 爲元帥而沒至 孫 諱 行本 與李勣, 薛仁貴奉唐帝命 平定句麗 唐朝設安東都

護府於平壤 而鎭撫子孫世爲總兵至于麗朝 諱思進 以軍功受封晉陽 我東吾族之貫 自

此始矣

子孫旺衍 分居南江四處 內外各區 派分宗別 蔓延八域 噫 溯其厥初一人之身也 以一

人之身 將作途人 蘇明允先我悲之使我宗族疎者 親遠者近之策 莫如收合成諸, 故今

以畿嶺兩湖顯閥總若于後之雲仍邊玆繼述 則庶不紊乎 前代之綱領也 夫景泰辛未三月

上澣 集賢殿學士希顔書于仁齋陋室

연원보서(淵源譜序) 번역문

우리 종족이 得姓(득성)한 근원은 깊고 오래되었다. 멀고 먼 옛날에 安登(안등) 聖母(성모)①*께서 神龍(신룡)의 夢感(몽감)으로 잉태하여 炎帝(염제) 神農(신농)씨가 탄생하니 그곳이 姜水(강수)였다. 장성하며 성인의 덕을 갖추니 卜羲(복희)皇帝(황제) 末(말)에 卜羲(복희)황제의 뒤를 이어 天子(천자)가 되니 誕降(탄강)한 땅과의 인연으로 姓氏(성씨)를 姜氏(강씨)로 하였다.

밭가리하는 법(농사법), 의약(제약), 의술, 세간살림(경제), 주종분별, 집 짓고 옮겨 사는 법도 등을 만들어 백성을 편안히 살게 하였다. 7世(세)에 이르기 까지 皇帝(황제)가 되었으나 마침내 쇠운하여 "節莖(절경)과 克(극)"은 제위를 이어받지 못하고, "帝楡(제유)" 때에 이르러 同姓(동성) 諸侯(제후)인 "蚩尤(치우)"에게 天命(천명)을 도적당하여 망하였으나 記極(기극)이 涿鹿(탁록)전쟁 때 鐵車(철차)와 指南車(지남거)로 안개 속의 적진을 쳐서 북쪽으로 물리친 공으로 제후에 봉해지고 대대로 세습하다가 四岳(사악)②*에 이르렀고, 순 임금때에는 秩宗(질종)③*의 벼슬을 하였다. 후세에 四岳(사악)의 후예인 師尙父(사상부)④*는 70세에 周(주)나라 文王(문왕)을 만나 帝業(제업)을 도와 성공시켰으나, 대통(大統, 즉 皇統)은 이루지 못하고 주 武王(무왕)때에 이르러 克商(극상)⑤*하고 武王(무왕)을 天子(천자)에 正位(정위)하게 하고 "齊國(제국)"의 侯(후)에 受封(수봉)하였다. 季世(계세)⑥* 康公(강공)⑦*에 이르러 强臣(강신)에게 位(위)를 빼앗기고 횡사하였다. 그 후 후손들은 여러 나라로 흩어져 살게 됨으로 가지로 나뉘고 派(파)로 분별되었다. 한나라 말에 天水(천수) 功曹(공조) 諱(휘) "囧(경)"의 아들 "維(유)"는 忠武侯(충무후) "諸葛亮(제갈량)"의 遺法(유법)을 이어받아 중원을 아홉 번이나 정벌하였으나 승전을 못하고 卒(졸)하였다. 이로부터 節侯(절후)⑧*의 후손들은 본관을 天水(천수)로 썼다.⑨*

隋(수)나라 때에 이르러 高句麗(고구려)를 屬國(속국)으로 삼고자 禮儀(예의)없이 軍隊(군대)로 征伐(정벌)하려 하였다. 諱(휘) "以式"께서 元帥(원수)가 되셨고, 그 후 돌아가시니 손자인 諱(휘) "行本(행본)"때에 李勣(이적)과 薛仁貴(설인귀)등이 唐(당)나라 皇帝(황제)의 명을 받들어 高句麗(고구려)를 평정하고 唐(당)나라 朝廷(조정)은 平壤(평양)에 安東都護府(안동도호부)를 설치하였다. 이에 子孫(자손)世代(세대)가 鎭撫(진무)하여 병사들을 모아 麗朝(려조)에 이르렀다. 諱(휘) "思進(사진)"께서 軍功(군공)이 있어 晉陽(진양) 땅에 封(봉)해졌으니 우리 氏族(씨족)이 우리 東邦(동방)에 貫鄕(관향)을 삼음은 이로부터 始發(시발) 되었다.

　子孫(자손)들이 크게 번성하여 南江(남강)의 여러 곳에 나누어 살고 안팎 각 지역에 分派(분파)하여 宗中(종중)을 달리하며 팔도에 繁昌(번창)하였다. 슬프다. 거슬러 올라가면 그 처음은 一人(일인)의 몸이요 一人(일인)의 몸이 장차 떠돌이가 된다면 蘇明允(소명윤)이 너보다 먼저 슬퍼하니 우리 宗族(종족)의 외로운 사람으로 하여금 가깝고 먼 자를 가깝게 할 方策(방책)이 收合(수합)해 모두를 이루는 이만 같지 못하니 故(고)로 京畿(경기)와 嶺南(영남), 湖西(호서)와 湖南(호남)의 顯閥(현벌)을 모음이 後世(후세)에 雲孫(운손)과 仍孫(잉손)을 모음과 같을 것이니 이를 쫓아 이어 編述(편술)한다면 거의 紊亂(문란)함이 없으리니 이것이 前代(전대)의 綱領(강령)이다. 대저 景泰(경태) 辛未年(신미년) 三月(삼월) 上旬(상순)에 集賢殿(집현전) 學士(학사) "希顔(희안)"이 "人齋(인재)"⑩*의 陋室(루실,남루한 방)에서 쓰다.⑪*

　　①염제신농씨의 어머니
　　②요임금 때의 벼슬, 사방의 제후를 통솔하던 장관 직.
　　③宗伯(종백). 후세에는 禮部(예부)의 별칭
　　④주 무왕의 스승인 태공망 姜尙(여상)의 존호
　　⑤商(상)나라를 멸함
　　⑥末世(말세)

⑦ 20世(세), 31公(공)

⑧ 곡절의 제후(제후의 위를 빼앗기고 횡사한 제후), 즉 제나라 마지막 제후인 강공(康公)

⑨ 이 부분까지는 강신양의 번역(강신양, 『강필리선생전기·선세추모록』, 태화인쇄, 2005)

⑩ 人齋(인재) 姜希顏(강희안). 통정공(강회백)의 次子 완역재 강석덕의 장자

⑪ 원문(후반) "至于隋朝 束藩句麗朝"부터는, 강신수(대사간공 15대손)의 번역

〈진주강씨 초간보〉

세계도(휘보)

휘보(彙報)

I. 세계도(世系圖)

※가계도는 1994년에 晉州姜氏大同譜編纂委員會에서 출간된『晉州姜氏大同譜』20권(通溪公派 少尹公編)을 주 텍스트로 하여 작성하였고,『韓國季行譜』(보고사)를 참조하였다. 姜永叔의 자손들만을 대상으로 삼았고, 菊圃 항렬 이후로는 菊圃와 관련된 인물들을 주요 대상으로 하였다.『大同譜』와『韓國季行譜』의 이름이 다른 경우『韓國季行譜』를 따랐다.

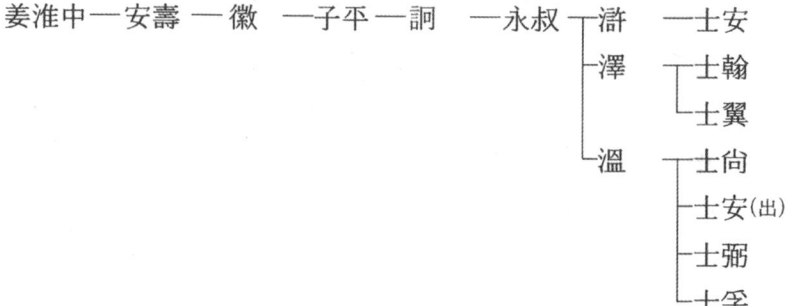

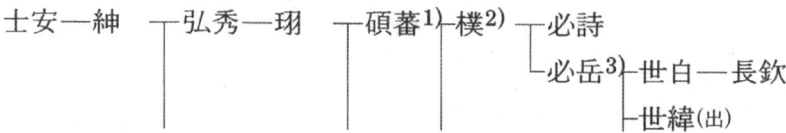

---

1) 李後傑(1613~?, 본관은 龍仁, 父 李士祥)의 딸(1655~1761, 外祖 慶昌君 珦-宣祖의 9남)과 결혼.

2) 李萬選(1654~1735, 본관은 全州, 자는 擇中, 호는 遽齋, 李溟의 증손, 李若의 아들, 부인은 吳始謙의 딸)의 딸(1687~1758)과 결혼. ※吳始謙(자는 鳴甫)은 吳光運과 8촌지간이다.

3) 李載厚(1698~?, 본관은 驪州, 자는 元博, 父 李東煥, 祖 李百休, 曾祖 李湜)의 딸(1722~1794)과 결혼.

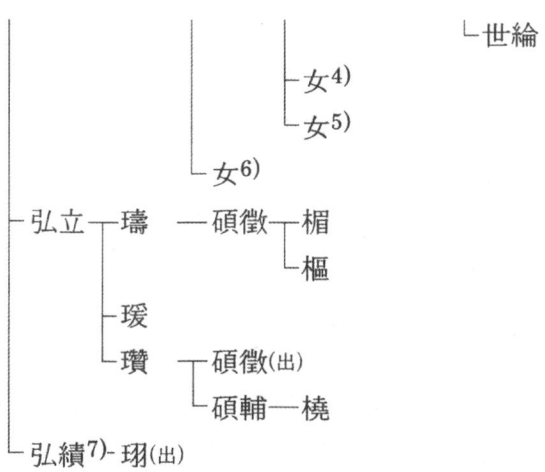

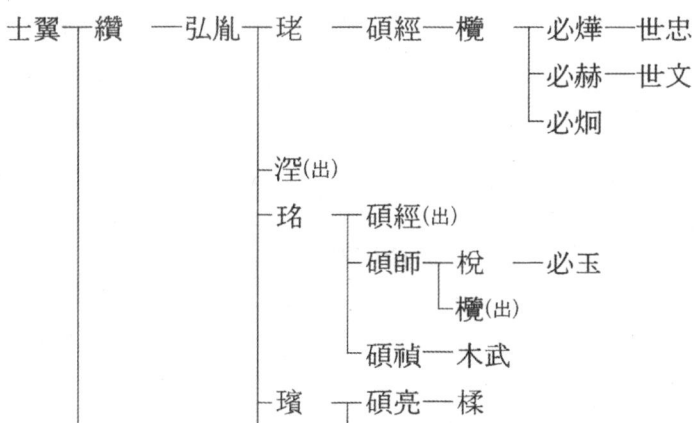

---

4) 權楗(安東人)과 결혼.
5) 金有基(善山人)과 결혼.
6) 平雲君 俅(父 信誠君 珝, 生父 慶昌君 琂)와 결혼.
7) 洪迪(1549~1591, 자는 太古, 호는 養齋·荷衣子, ※洪尙寅의 高祖)의 딸과 결혼.

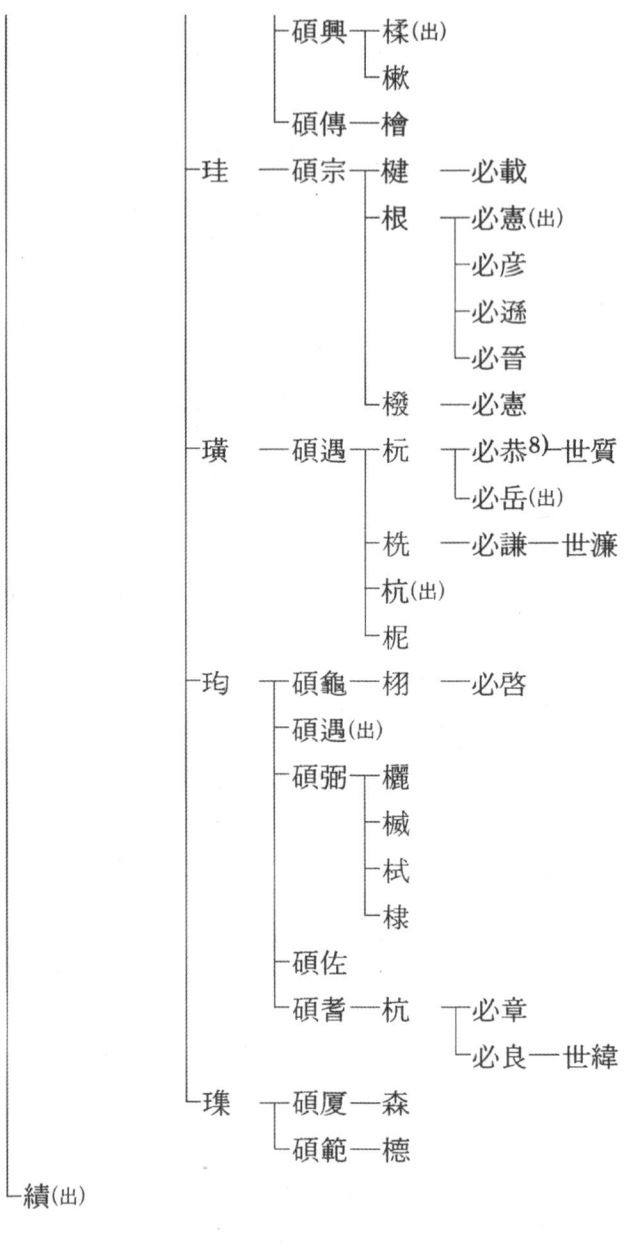

8) 姜必恭(1717~?), 자는 希祖, 호는 寡諧.

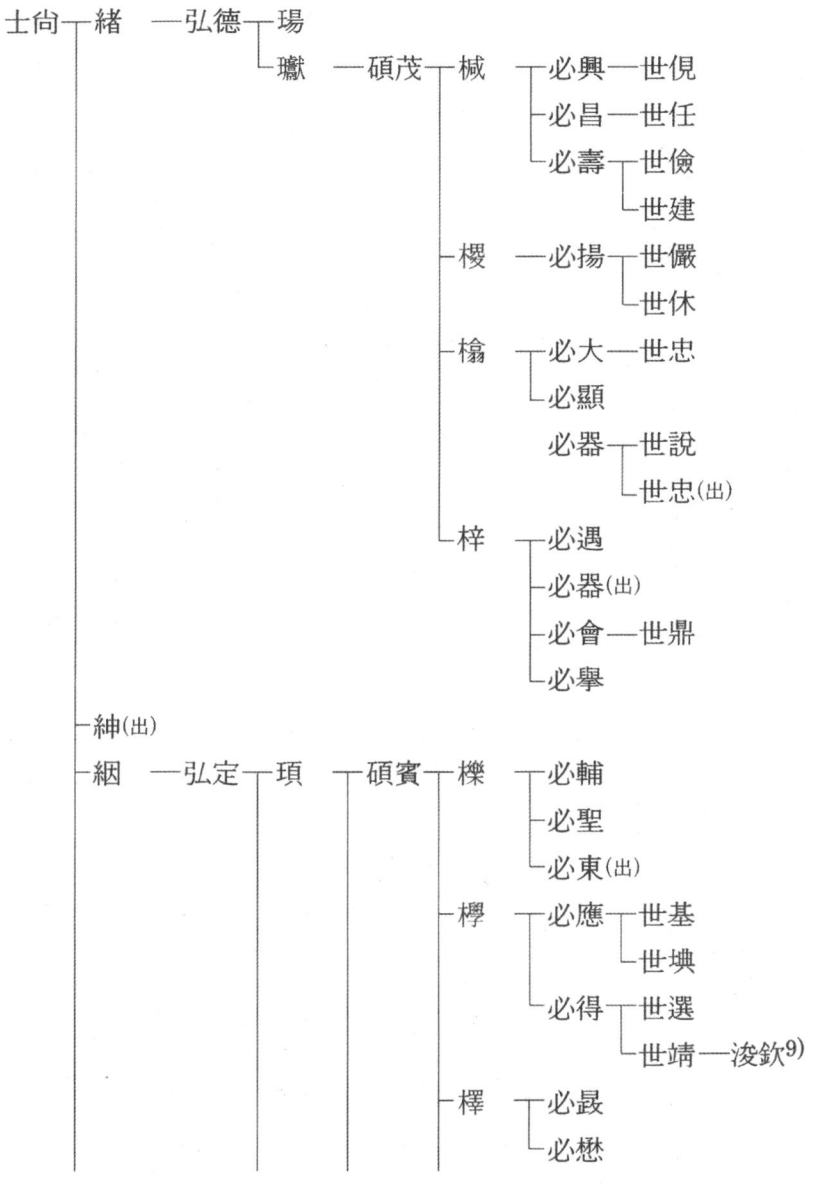

---

9) 姜浚欽(1768~1833). 본관은 晉州, 자는 百源, 호는 三溟. 어머니는 權世樍의 딸. 1794년에 정시문과에 병과로 급제. 『三溟詩話』의 작자임.

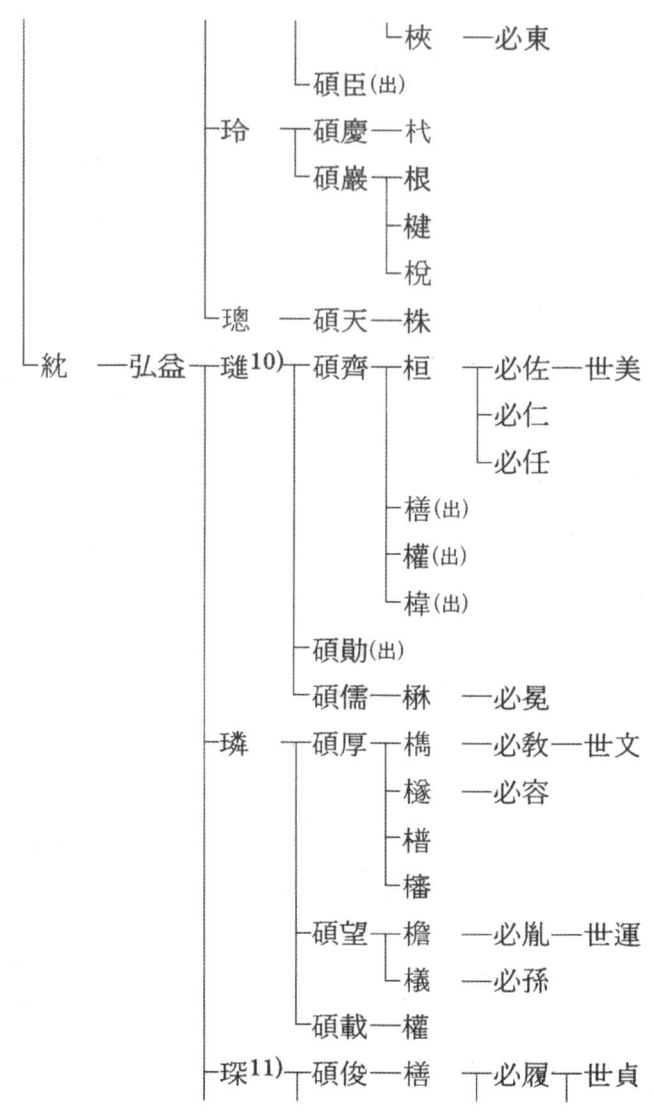

---

10) 任義伯(1605~1667, 본관은 豊川, 자는 季方, 호는 今是堂. 任兗의 아들이며, 어머니는 鄭惟誠의 딸이다. 1649년 별시문과에 병과로 급제)의 딸과 결혼.
11) 柳浩然(1612~?, 자는 養吾)의 딸과 결혼. ※柳憲章(1658~1721, 자는 子維)의 조부이며, 柳星三(1631~1700, 자는 台老)의 父이다.

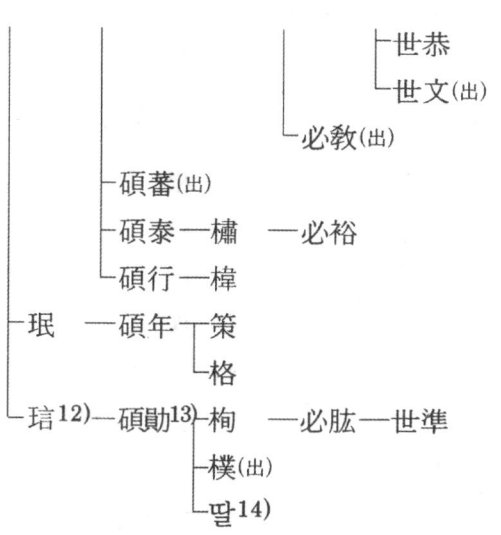

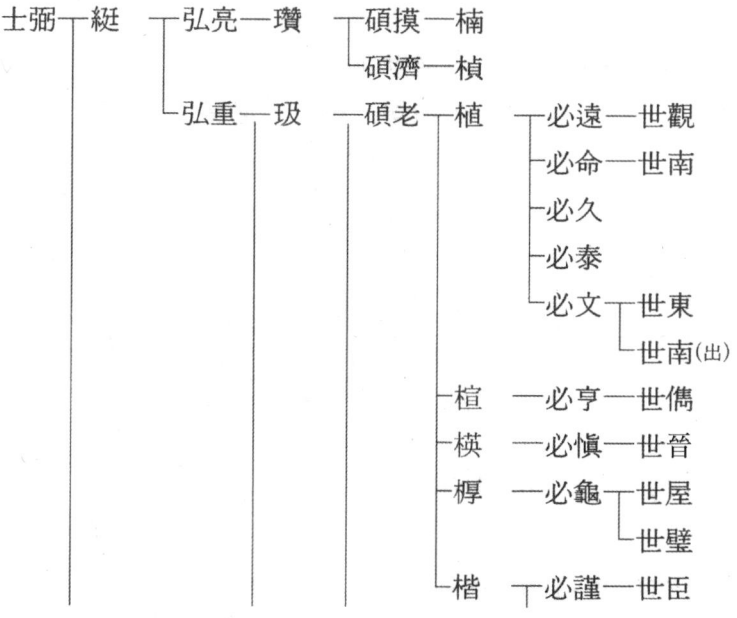

12) 申墀의 딸과 결혼.
13) 李瑞雨의 딸과 결혼.
14) 南近明의 아들 南泰普와 결혼.

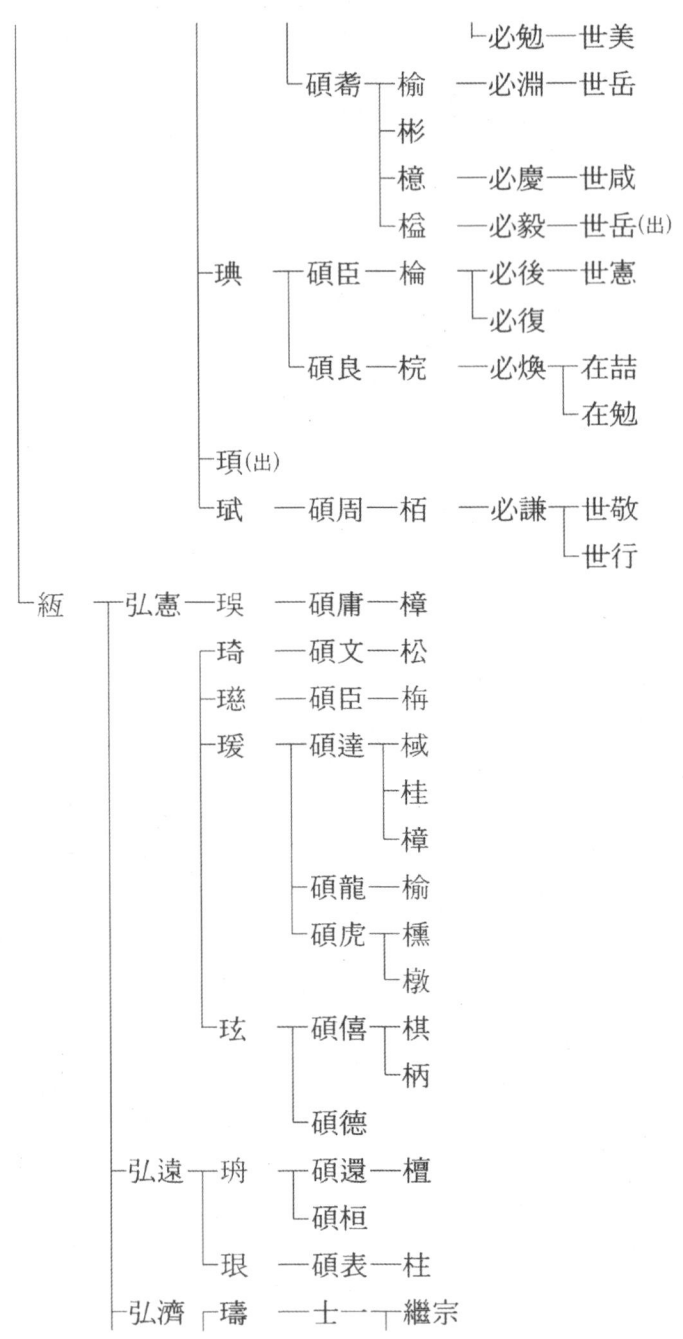

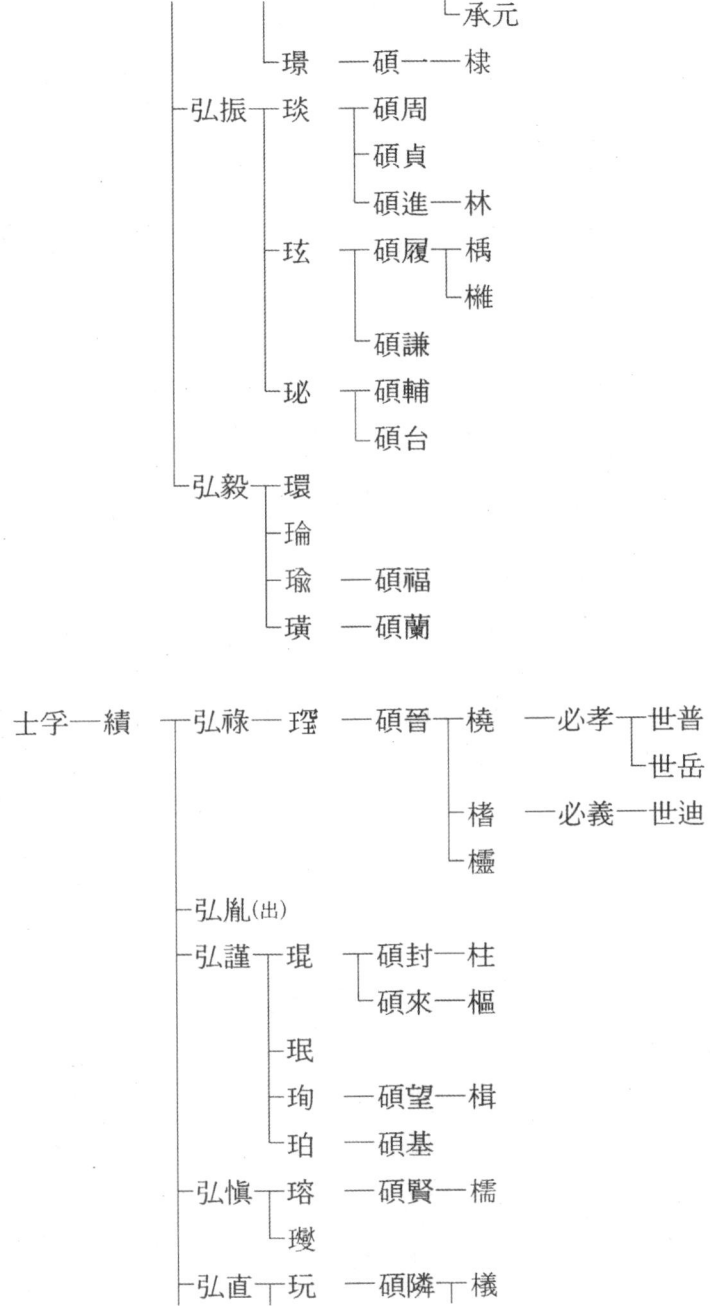

부록 1　333

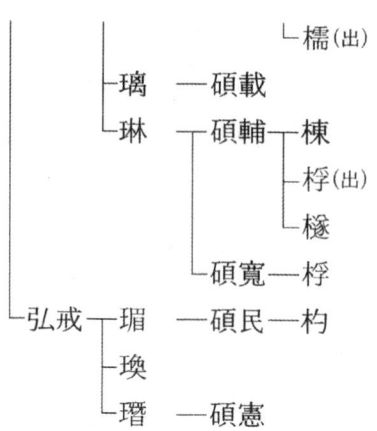

〈대사간 강형 세가록 발간위원회〉

-위원장
강신관(대사간공파종중 고문, 전 회장)

-위원
강신수(통계공파종중 회장)
강원구(대사간공파종중 회장)
강현석(대사간공파종중 부회장)
강경모(대사간공파종중 이사)
강화석(대사간공파종중 부회장)
김희선(대사간공파종중 사무국 실장)

-감수
강신수(한학자, 시조(漢詩) 시인, 수원향교 首席掌儀)
강경모(향토사학자, (사)경북향토문화재단 이사장)

-대표집필
강화석(시인, 수필가, 경영학박사, 한국외국어대학교 교수)

집필후기

대사간공파 종중이 간행하는 『대사간 강형 세가록』은 대사간공과 그 후손들의 사적(事積)을 기록한 책이다.

〈대사간공파 종중의 사록(史錄)〉이라고 할 수 있는데, 비로소 편집과 집필을 마무리하게 되었다. 기본적인 기획을 시작한 지 1년만이고, 본격적인 집필을 시작한 지 6개월만이다. 비교적 짧은 기간에 마무리할 수 있었던 것은 그간 발행한 『박사공파 대동보』와 선조들의 다양한 기록들, 특히 21세 응교공 강세백 선조님께서 헌신적으로 종사에 관한 기록을 집대성하여 남긴 『진종성헌』과, 나아가 이 책을 포함하여 흩어져 있던 집안의 여러 기록들을 하나의 책으로 편집하고 한문을 모르는 후손들을 위해 번역하여 2권의 책 『선세추모록』으로 엮어내신 선고(先考) 26세 강신양 님의 저작물 덕분이었다.

나는 『대사간 강형 세가록』 집필에 앞서 이미 전부터 알고 있던 나의 선조들이 비교적 훌륭한 학문적 성과와 관각생활 면에서 뛰어나다고 여기고 있었으나, 역사적으로나 학문적으로 제대로 검증되거나 평가되지 않고 마치 역사에 묻혀 있는 인상을 받게 되어 개인적으로 안타까운 마음이 있었다.

물론 역사에서 대중적으로 두각을 나타내고 그분들의 업적이 가치 있다고 인정받는 것이 누구에게나 공정하게 다뤄지고 형평성 있게 논의될 수는 없다는 편파성이 있고, 때론 이해관계 차원으로 다뤄지기도 하며, 상황적이거나 또는 시대적인 이슈 등에 영향을 받는 바도 있으니, 비록 소홀히 대해지고 숨겨져 있는 듯싶다고 해서 서운해 할 일은 아닐 것이다.

그러나 나는 속내에 기회가 되는 대로 스스로 이에 대해 연구과제로 삼고 앞으로의 내 생애를 바쳐야겠다는 생각을 갖고 있었는데, 때마침 이번에 임기를 마친 전임 종중 회장 강신관 족숙님께서 대사간공과 종중 관련 책자 발간 의지를 토로하시니 나는 기꺼이 이를 수행하고자 하였고, 내가 개인적으로 간직하고 있던 관심사항을 조금이나마 이뤄내고 싶었다. 따라서 매우 자연스럽게 종중에 관한 책을 발간할 수 있는 조건이나 분위기가 조성된 셈이라 할 수 있고, 나아가 종중의 회장단과 종중 이사회 임원들, 고문님들의 지지와 협조가 잇따르니 마다할 일이 아니었다.

  세상에서 가장 완벽하거나 완결이 된 결과를 이뤄내기는 어렵다. 이런 점을 염두에 두며 부족한 능력과 미련한 사고를 탓하기보다 용기를 내어 스스로 위로하며 집중력을 발휘한 결과, 다소의 아쉬움은 있으나 완성의 단계까지 오게 된 것이다. 이런 성과일지라도 분명 나 개인의 노력만이 아닌 종중 여러분의 기대와 정신이 직·간접으로 한데 어울려 있음은 말할 것 없고, 시대를 초월하여 우리의 할아버지 할머니들의 따뜻하면서도 진지하며 올곧고 서릿발같이 강한 선비정신, 사대부의 자존심과 책임의식, 희생정신, 끈기와 인내, 나아가 노블리스 오블리제(noblesse oblige)의 정신까지 그 어느 하나 연관되지 않은 것이 없이 내·외적으로 교감하며 한데 어우러졌다고 할 수 있으니, 결국 이 세가록은 단순한 집필자의 성과를 뛰어넘는 종중 전체의 혼과 정신이 담긴 기록이라 하겠다.

  나는 지난 집필기간 동안, 오백여 년의 종중 역사를 돌아보고 그 관련 기록을 읽고 새기는 중에 수도 없이 나의 선조들께서 겪은 처지와 그에 따른 안타까움, 위대하고 고결한 선조님들의 마음을 느끼면서 홀로 있던 연구실에서 통곡하듯 울었던 적이 한두 번이 아니었다. 어떤 때는 마음껏 눈물을 쏟아내어 한동안 맥이 풀린 적도 있었다. 결코 짧지 않은 세월동안 셀 수 없이 있었을 우리 선조들의 삶의 모습과 그때마다 그분들이 대하고 행하였던 사고와 행동들이 뼈저리게 느껴졌었다.

  물론 가장 기가 막힌 것은 상상을 초월하는 역사상 가장 참혹한 기억인 연산군조의 사화로 멸문의 지경까지 갔으니, 그 참화의 당사자들과 기적적으로 회생과 부흥을 이룩한 손자들과 할머니의 노력이 만들어낸 역사적 사실은 불가사의한 일이 아닐 수 없을 만치 위대한 일이었으며, 당시의 그 상황을 지금의 우리는 감히 상상조차 하지 못할 처참한 고통이요 비극이었을 텐

데, 젊은 여인의 몸으로 홀로 집안을 이끌며 자녀들을 훈육·교도하였고, 10대를 갓 넘은 맏이부터 5세의 어린 아이들이 그를 이겨내며 살아남아 다시 집안을 부흥시킨 이 이야기는 도무지 그저 듣고 넘길 수 없는, 감정을 격량의 골로 몰아갈 일이라 하겠다.

이 외에도 수없이 이어진 행복과 불행이 반복되는 역사를 보면서, 절대로 물러서지 않으며 참고 견디고 기다리면서 당신들의 때를, 자신들의 삶을 다 잡아가면서, 그리고 종중의 모든 관계를 언제라도 잊지 않으며 단합하고 돈목하고, 이끌고 따르며 이어온 치열하며 인간적인 삶의 기록들은 어느 가문에서나 보고들을 이야기들이 아닐 것이다.

조선의 학문적 뿌리와 토대를 굳건히 하였으며, 선비의 유학정신과 고귀한 우주원리를 지키고자 애썼으되 정치적 기반의 쇠락으로 결국은 정치권력에서 벗어나 산림에 묻혀 학문정진에 일생을 보낸 상주를 기반으로 한 영남 남인의 중심이었던 우리 종중의 선조들은 하시라도 당신들의 고귀한 정신과 사상의 아름다움을 잃지 않았으며, 세속적인 가치와 정치적 영향력에 연연하지 않았다. 결국 이 모든 뿌리의 연원이 파시조 대사간공으로부터 비롯된 것이었으니, 이는 지금 현재 우리에게도 전해져 내려온 정신과 사상의 바탕이 되었으리라 확신할 수 있다.

이런 종중의 여러 기록들을 읽고 정리하며 『대사간 강형 세가록』을 엮으면서 보낸 시간은 앞으로 두고두고 내게는 특별한 기억으로 남게 될 것이다.

역사는 언제나 도도히 흐르며 과거에서 출발하여 현재를 거쳐 미래로 향한다. 우리 종중의 역사는 그 특별함만큼이나 현재 그리고 미래에서도 그 빛을 잃지 않을 것이라고 믿는다. 세상이 변화하고 정신과 사상이 과거와는 많이 다르고 퇴색해 간다며 염려하고 있지만 지난 역사의 과정을 돌아보건대 앞으로 우리의 후손들도 그리 크게 벗어나진 않을 것으로 믿는다.

온고지신(溫故之新)이라 하고, 역사(歷史)는 반복된다고 하며, 역사를 아는 것이 미래를 아는 것이라 말하기도 한다. 우리 진주강씨 대사간공 종중의 후손들은 분명 이런 메시지를 가슴에 담으며 지금 스스로 할 수 있는 일, 해야 할 일들을 생각하고, 한편으로는 선조들을 기리며 현재를 살아가고자 할 것으로 믿는다.

지금 발행되는 이 『대사간 강형 세가록』은 이런 과정의 뜻깊은 징표이거나 그 수단이 되어줄 것이라 생각한다. 지난 시절이 행복하고 의미가 각별했기에 이 모든 감사를 우리 대사간공 종중 현종들과 나누고자 한다.

집필자/강화석(박사공 27세, 통계공 20세, 대사간공 16세)
2022년 12월 그믐에

참고문헌

1. 원전

강세백, 진종성헌, 8권 4책, 필사본(영인본) 개인소장
강시영, 輶軒續錄, 필사본(영인본) 개인소장
강시영, 星沙文稿, 필사본(영인본) 개인소장
강신양, 진주강씨여산공파세보, 회상사, 1982
강준흠, 三溟集(1)(2), 2책, 필사본(영인본) 개인소장
진주강씨박사공파대종회, 진주강씨대동보, 上(상), 창문사, 2009
진주강씨박사공파대종회, 진주강씨대동보, 권24, 창문사, 2009

태조실록
정종실록
태종실록
세종실록
성종실록
연산군일기
중종실록
신증동국여지승람

2. 저서

강신양, 『강필리선생전기. 선세추모록』, 태화인쇄(주), 2005
강신양, 『선세추모록 기2』, 성광인쇄, 2009
강신창, 『진주강씨종감』, 한일문화인쇄사, 1976

강영석,『뇌암세고』, 창문사, 2015
강준흠.강시영(강인구역),『시로 쓴 연행록』, 도서출판 한모임, 2015
강촉,『어곡실기』, 선일인쇄소, 1913
강홍중(정지상역),『동사록(東槎錄)』, 탐구당, 1975
남만성,『번암집 해설』『번암집』, 대양서적, 1978,
대구서씨대인회(서정철),『약봉(藥峯)유고』, ㈜뿌리출판사, 1994
심경호,『姜樸과 남인 문단의 형성』, 한국 한시의 이해, 태학사, 2000
우인수,『조선후기영남남인연구』, 경인문화사, 2015
윤재환,『조선후기 근기남인 시맥의 형성과 전개』, 문예원, 2012
이안면지편찬위원회,『이안면지』, 대보사, 1999
진주강씨대사간공파종중,『국포강박선생문집논총』, 뿌리정보미디어, 2022
한국인물사연구원,『무오사화』, 타오름, 2010
한국인물사연구원,『갑자사화』, 타오름, 2011

3. 논문

권태을,『상산시사(추수사.죽우사) 소개』,「상주문화」7집, 상주문화원,
　　　1998
권태을,『국포 강박 시의 비판정신고』, 강사문화 제7집, (사)강사기념사업회
　　　2021
길지혜,『한성부내 연지연구-동지,서지,남지,어의동지, 경모궁지를 중심으로』,
　　　서울대학교 박사학위 논문, 2017
김　범,『조선 연산군대의 왕권과 정국운영』, 대동문화연구 5, 2006
김주부,『상주지역 시사조직과 진주강씨문중의 시학전통』, 강사문화 제7집,
　　　(사)강사 기념사업회, 2020
맹영일,『모헌(慕軒) 강필신(姜必愼)의 생애와 문학연구』, 동양고전연구
　　　제69집, 2017
방현아,『지원 강세륜의 시문학연구 -한경잡영과 북정록을 중심으로』,

성균관대학교 일반대학원 박사학위논문, 2020
송수환, 『갑자사화의 새 해석』, 사학연구 제57호, 1999
심경호, 『18세기 중.말엽의 남인 문단』, 「국문학연구」 1집, 국문학회, 1997
안대회, 『18세기 시사의 현상과 전개양상』, 「고전문학연구」 제44호,
　　　한국고전문학회, 2013
여운필, 『희암 채팽윤의 시세계』, 「한국한시작가연구」 13, 한국한시학회,
　　　2009
최상근, 『삼명(三溟) 강준흠(姜浚欽)의 『한경잡영(漢京雜詠)』연구(研究)
　　　-자신의 추억과 세태의 변화를 다룬 시를 중심으로-』,
　　　한국한시연구(27), 2019
한희숙, 『연산군대 폐비윤씨 추봉존숭 과정과 갑자사화』, 한국인물사
　　　연구(10), 2008

부록 2

봉강서원(鳳岡書院)
   경덕사기(원문과 번역문)/ 1
   봉강서원기(원문과 번역문)/ 4
   봉강서원중건기(원문과 번역문)/ 8

추원재(追遠齋)
   추원당기(원문과 번역문)/ 12
   추원재중건상량문(원문과 번역문)/ 15

추모비(追慕碑, 원문과 번역문)/ 20

*부록2의 원문과 번역문은 뒤에서 앞으로 읽을 수 있도록 역편집된 문서입니다.

齋儀는 嚴然하고 山光水色增彩로다
含冤終世忠魂義魄 裕後有光千秋功名
天神이 照臨하고 地靈이 保護하사
永示毋替昭昭하니 過者整襟矜式하리

檀紀四三三二年 己卯淸明節

碧珍后人 李允魯 謹撰

其熾요 甲子落南後에 姓孫益蕃하야 名公鉅卿과 鴻儒碩德이 不可勝數나 詳記於 世譜及晉宗聖憲而又載國乘故로 煩不錄하고 但計鮮朝登科出仕者則文科三十六 武科十司馬八十六蔭逸二十二人等 名賢達官이 彬彬輩出하야 以閥閱稱頌之中興 所致는 皆益山李之貞節行義와 殺身成仁之攸報恩德이니 眞是達觀女中君子로다 雖有知德이나 鮮矣克全이어늘 窃念往事則殆天之助佑하야 使夫人致力於收拾禍 亂하고 遠圖後備이니 然則策勳止足而褒賜未洽하야 不禁哀惜而已矣라 乃今雲 仍이 闡揚盛德하야 欲施報本反始之誠而顧余不佞이 詞菲筆短하야 不述萬一하 니 悚愧無地라 略敍如右而謹繼以銘曰

偉哉라 姜公이여 簪纓世家生長하사
繩其祖武登仕하여 立身以顯可期러니
士不過時命耶否耶 窮達이 有數련가
運値百六無辜之禍 試不盡抱痛恨이나
有孫肯堂昌熾하니 德之不斬應報로다
壯할시고 益山李氏 殺身成仁孝烈慈愛
感天動地示訣언어 萬古龜鑑三致했네
墓城之下追遠堂前 豊碑에 勒銘하니

說乎아 遂到幽谷近郊而難堪心身之疲困하야 停柩小憩中舅翁現夢啓示로 幸遇李地師而葬于良範壬坐原하고 因僑立石村而倣孟母之遷하야 擇里尊道而禍咎之餘에 窮迫之狀은 形影相吊而神明尙憐이나 隱忍自重而營生敎養하야 男娶女嫁于名門巨族하고 次第登顯于文武班列하니 長男諿는 行兵曹正郞封晉山府院君 贈領議政이요. 孫紳은 贈吏判兼兩館大提學이며 孫士安은 行齊陵叅奉하고 孫紳은 封晉興君而行左叅贊하고 命賜不祧로 現奉于鳳峀하며 玄孫弘立은 行都元帥知中樞로 周旋胡變之和議하고 七世孫樸은 刊行菊圃集하다. 判晉陵君으로 樊巖蔡相公이 師事而 孫士翼은 行副司勇이며 能文與弟溫同榜而早卒하고 詞抱遠謀하야 自梧里移于鳳峀而肇基하다. 玄孫弘胤은 贈左承旨이며 能文人 贈領議政이요. 孫士尙은 行右議政封晉川府院君 贈領議政이요. 堂副提學 贈吏叅判이며 士孚는 進士登第後 學行으로 累徵王子師傅而不就하고 曾孫緖는 行承旨요. 緡은 戶聖切臣으로 封晉昌君 行尙州牧漢城右尹而賜不祧之典하고 統은 行郡守요. 誕은 行承旨요. 績은 行副護軍이요. 玄孫弘重은 行監司이다 四男濬은 延福君張末孫之孫婿로 進士登第而早夭하고 孫은 士範이다. 婿는 縣監廣州安承命과 光山金善文이다. 於乎且穆이라 何如

而 贈左贊成兼兩館大提學이며 當與佔畢齋道義交로 使子六昆季受業其門하다.
考諱詞은 官大諫으로 甲子被禍而中宗改玉에 贈吏判兼兩館大提學而又蒙子孫世
錄用之典하고 配亨于鳳岡院이며 妣贈貞夫人善山金氏는 珍山郡守承慶之女而
有烈行하야 中宗丙寅에 特賜旌門하고 公亦特贈崇政大夫議政府左贊成兼判義禁
府事世子貳師知春秋館成均館事而配贈從夫職貞敬夫人하다. 竊念唯公은 毓精是
庭이라. 禀性卓榮하고 志氣宏博하야 濡染有素而出仕別提로 可期顯達이며 夫人
亦牧使益山李貞陽女로 天姿賢淑하고 素養贍富하야 治壺以德而潔身行義하고
孝友極盡而從夫內助하다. 于斯時耶에 世值明夷하야 剝喪忠良이 惟日不足이러
니 及其丙辰에 廢妃復位作主事로 公之皇考獨奏不當之疏하야 因此換司而後爲
大諫에 亦頻諫止之爲禍로 竟至甲子十月四日하야 與其子 永叔 茂叔 與叔同日被
害하니 當此之時하야 善山金氏는 去戊午士禍時 夫弟五人之流謫及婿郎正字許
磐之處刑과 卽今四父子酷刑之痛憤累積으로 瑜月不食하고 血出背而殉節하니
其時情況은 何忍言哉아 忽泊朝不及夕之渦中하야 慷慨不遑之際에 益山李氏는
悲壯之志와 大瞻之擧로 付秘而襄奉舅姑于蘭谷之原하고 懷藏千秋之恨而不欲共
天下야 不狗雪寒而奉夫柩挈幼孤四子二女하고 向尙州親家而避難之途에 露宿夜
行而僅免捕尉之察하고 瑜嶺越江而接徑路程之遠하니 其重阻難險之苦를 何言可

贈左贊成晋州姜公諱永叔・追慕碑銘
配 贈貞敬夫人益山李氏

天慳地秘한 良範牛眠之岡이 晋州姜氏 世葬阡으로 瞻炙人口者 距今五百年이라니 覺其遺澤之源而不禁感舊之懷라 憶昔甲子士禍하니 年未不惑에 不敷雄志而冤逝한 贈左贊成公之 貞忠偉節과 三從之道로 克盡孝烈慈而永眠한 贈貞敬夫人益山李氏之 淑德景行을 追遠崇慕하야 旣立齋而奉祀하며 刻珉偉蹟하야 今豎碑而欲傳할새 門議僉同으로 爰擧經始라니 世濟其美之 誠이 莊且盛而 感祝無已라 日에 姜門諸賢이 訪于浦上寓舍而請文이어늘 感服爲先之誠而不敢固辭하고 謹按世譜及晋宗成憲하니 晋州姜氏는 上古甲族이요 槿邦華閥로서 高句麗兵馬都元帥諱以式을 爲鼻祖而享于鳳山祠하고 新羅末에 諡正順公諱縉이 始封晋陽侯하니 爲得貫祖요 累經滄桑에 上系中絶而以高麗元宗朝國子博士公諱啓庸을 起一世하니 五世諱君寶는 官門下侍中으로 封鳳山君諡文敬公이요 六世諱著는 號養眞堂官門下贊成事諡恭穆公이며 七世諱淮仲은 號通溪官寶文閣大提學으로 麗社爲屋에 入杜門自靖하야 鮮朝四徵이나 罔僕守義而享鳳崗院이며 八世諱安壽는 官禮賓寺少尹而孫班城尉子順之貴로 贈戶曹參判하니 卽公之高祖也라 曾祖諱徽는 致仕大護軍而以子貴로 贈兵判이며 祖諱子平은 監司大諫等歷淸要

올리는 일을 돕노라. 들보를 동으로 抛祝하니 산양(存道里)의 古木나무 한 눈에 통하구나. 아득한 그 옛날에 門事維持 생각하면 종이에 益山李氏 공적 쓰기 어렵도다. 들보를 남으로 포축하니 鳳始의 旋閣閣이 三十里 거리로다. 烈과 孝는 이제까지다 이루지 못하는데 仁을 이룬것 같은 理致 姑婦가 참여했네. 들보를 서쪽으로 포축하니 寨芝山 푸른 빛은 翠眉와 同等하네. 들보를 노을 도로 비쳐 欄干구석 밝히노니 祥瑞로운 아지랑이 눈빛이 헷갈리네. 들보를 북으로 포축하니 묘소 한쪽 길은 蘭谷으로 이어졌네. 나무가 말라 죽은 王家山을 찾아보니 원한은 많고 많아 늘같이 끝이 없네. 들보를 위쪽으로 포축하니 천추에 어김없이 春秋 丁日 祭亨하리 洋洋하신 영혼께서 無常時로 오르내려 복록을 후손에게 거듭주기 비옵니다. 들보를 아래로 포축하니 花樹모임 해마다 淸明酒의 슬잔이라. 형과 동생 사이좋게 허물하지 말것이며 詩禮를 힘써 익힘은 여름 겨울 구별 없네. 원하옵건대 상량한 후로는 山靈이 보호하시어 墓道가 평안하리라. 惕盧을 憂勤하여 겨를이 없더라도 각각 恭生의 警戒를 存念하고 盛服을 齊明하여 祭祀를 받들어서 서로 報本의 誠意을 敦篤하라. 誓約인 즉 더욱 田土를 엄수하고 禁條인 즉 다시 芻牧을 단속하라 조상께서 정한 制度를 깨뜨리지 말아 주고 후손들이 서로 받들어 지켜가는데 힘쓸지어다.

가정갑자후경인(서기 一八三○) 三月 二十六日

후손 통정대부 전 행승정원 동부승지 겸 경연참찬관

춘추관수찬관 지제교 世綸 지음

대저 이는 대대로 積德累善한 이름이니 어찌 다만 풍수의 淸楚靜淑한 모임이라 자손들이 熾烈했음은 이제껏 드뭄과 소품이 틈이 없고 誓戒솔이 둘러 보호한지어 느듯 三백여년이나 되었도다. 공경히 춘추로 향사코져 어버이로 인하 뿌리에서 옮겨져 技葉이 번성함의 王家의 亭子를 모방했고 어버이로 인하 여 사람을 널리 함의 名目은 甄氏의 齋室을 取擇하였다. 세월이 浸遠하니 어찌 중 수하여 새롭게 하지 않으리요. 風雨에 漂失되어 棟宇마져 퇴락된 것 한스럽다. 마 침내 先父老의 始剏을 본받아서 드디어 諸宗族의 함의를 보았도다. 남은 財物을 祭田에 보태니 세월의 經營이 더욱 오래이고 좋은 재목은 邱木에서 자르니 雨露 의 운택이 기다려 있었도다. 陰陽의 方位는 그대로 開拓하니 곧 平正한데 繡를 놓 은 격이 되고 찬살의 制度는 전같이 排置함은 곧 張皇함을 경계하는 뜻이로다. 모 두가 수족이 쉴 사이 없이 일을 하여 재빨리 甍桷이 우뚝 솟음을 보았도다. 분묘를 돌아보니 霜露의 感傷이 더욱 새로워지고 소나무가 무성한 듯하여 檐端은 고요한 듯 어나도다. 대나무가 우거진 듯 나타나고 致愛하면 마음에 있으니 제사를 조상을 斯干에 이어 모시 었으니 致懿하면 나타나고 致愛하면 마음에 있으니 제사를 받들어 廢하지 않으리 라. 아! 무릇 우리 尙州 咸昌 제족들은 늙은 나의 한 말씀을 들어보라 자손이 참 으로 적지 않으나 매양 묘소가 훼손될까 탄식하고 목수가 바르게 일을 했으니 더 욱 靑山이 젊어진 듯 나타나네. 이제부터 이어받아 마음을 자신에 맹세함에 서로 한나무 베는 것이 효도가 아닌 意義를 익히고 嘉謨를 후손에 끼쳐주되 길이 백세 가지나도록 亡失이 없는 方法을 꾀하라이에 경축하는 글을 지어서 우러러 들보

經筵參贊官 春秋館修撰官知製 教 世綸 謹撰

通德郞 前行 顯陵參奉 長欽 謹書

追遠齋重建上樑文

엎드려 생각하옵건데 조상의 유지를 紹述한 것으로 대략 후손이 奉先을 다했다 할 것이며 선인의 유업을 성취한 것으로써 감히 祖考의 자손이 있다할 것이다 오로지 追遠齋의 중건을 모의함은 영원히 仰慕함이 없음일세 오로지 양범리의 한 구역은 진실로 晉州姜門 世葬한 곳이다. 大幹이 主屹山에서 쫓아오니 아름답게 芍藥山의 용태요 一支가 俗離山으로 나뉘가니 날을듯이 二百里 거리로다. 남쪽으로 居澤을 잡아 당겨 멀찍이 거울같은 平原을 만들었고 동으로는 孤山이 솟아 올라 의젖이 水口의 捍衛를 이루었네. 鬱鬱한 분묘에는 후손을 기다리고 襄奉날을 회상 지나간 일을 말하기 어렵도다. 燕山때를 생각하면 嗟乎라 하면 말을 차마 못 하겠네 書生이 길을 막았음은 곧 李夫人의 至誠感天 神僧이 秘訣을 昭示하니 그 李太尉를 기다림이 아니로다 이에 소가 잠자는 언덕이요 얻어서 비로소 馬蹄 기슭에 무덤을 쌓았도다. 神龍鳳凰이 飛舞하는 듯하니 모두 吉祥의 등군 뭉치요 賢子挺孫에 公卿이 여럿이니 문득 가문의 큰 빛남이라. 注書 花翰林樹란 巷謠가 新門에 들리었고 嶺南帶와 湖西旌의 勝事를 古寺에 傳했도다.

張皇擧殯手足之拮据 俟見甍桷之突兀 回瞻象設霜露之感維新 有仳鞏
飛山水之輝重發 載芭載茂績妣祖於斯干 致著致存奉烝嘗而不替 於戲
凡我尙咸諸族 聽余老耄一言 子孫之非不多每歎白楊之難老 斤斧之方
有事尤覺青山之小顏 繼自今 矢心于躬胥講一木非孝之義 貽謨於后永
圖歷百世不墜之方 庸綴警祝之辭 仰助呼邪之役 拋樑東 山陽喬木一望
通 緬焉昔日持門事 汗竹難書孟母功 拋樑南 鳳下紅旌十里三烈孝從
來非二致 成仁一理婦姑叅 拋樑西 搴芝山色翠眉齊 夕陽回照明欄曲
瑞靄晴嵐眼欲迷 拋樑北 楸原一路通蘭谷 試看樹槁王家山 冤恨悠悠天
不極 拋樑上 千秋不愆二丁亭 洋洋陟降無時無 申錫曾孫福祿穰 拋樑
下 花樹年年春酒醑 式好無猶弟及兄 敦詩講禮冬兼夏 伏願上樑之後
嶽靈呵護 墓道妥安 憂勤惕廬不遑寧各存兟生之戒 齊明盛服以承祭胥
篤報本之誠 誓約則盖嚴於土田 禁條則復束於芻牧 毋隳先人之定制互
勉後承之恪遵

嘉靖甲子後五庚寅三月二十六日
後孫通政大夫前行承政院同副承旨兼

追遠齋重建上梁文

伏以 爰繼爰述 桷殫來仍之奉先 肯搆肯堂 敢曰祖考之有後 聊與謀乎土木 永無替乎羹墻 惟玆良範一區 寔是晉陽世葬 大榦來從 主屹嬋姸爲芍藥之容 一支分自俗離 騫騰者二百餘里 南把巨澤遙作鏡面之平鋪 東植孤山儼成水口之捍衛 鬱鬱佳城之有待 嗟嗟往事之難陳 噫昔喬桐之朝 運値無幸 緬憶成水槻之日 語不忍詳 書生遮路實由袁夫人誠感神僧示訣 不待李太尉言傳 爰得牛眠之岡 載封馬踏之麓 維龍維鳳或飛或舞不盡古祥之團凝 善子善孫公累卿奄見門闌之赫鳥 注書苑翰林樹聽巷謠 於新門 嶺南帶湖西旃傳勝事於古寺 蓋是家世積累之以致 奚但風水清淑之攸鍾 本支之熾昌迄今 疏數無間 楸梧之拱護厥惟三百有年 式虔祀亨於春秋 乃建誓戒之齋閤 流根滋葉倣王家之亭 因親廣思名取甄氏之室 閱星霜浸遠 盍塗墍之圖新 爲風雨所漂 嗟棟宇之非昔 肆體先父老肇刱 遂聚諸宗族合謀 損餘穀於祭田 日月營度蓋久 代良材於邱木 雨露之滋潤有須 陰陽之位不移 開拓則禛在平正 問架之制仍舊 排鋪則戒其

실제로 그 일을 主幹하시어 將次 祧主를 여기에 봉안하여 제사도 여기에서 供薦하고 族人들도 여기에 聚合하면 거의 그 傳함이 永久하되 享先하는 儀禮에는 嫌惡됨이 없을 것이므로 追遠으로 名號하였으니 자네가 어찌 한말씀하여 기록하지 않겠는가?』고 하였다 내 또한 綠田하여 났으므로 의리상 可히 사양할 수 없어서 곧 말하기를 『歲事供薦과 族人聚合은 命했음을 들었으나 祧主奉安은 어째서고?』하니 大受氏가 이르되 『五代祖 舍人府君(諱溫)께서 서울에 계실때 諸孫들이 奉祭代數가 끝났으며 四代祖 師傅府君(諱士孚)이 橈에 亦是 奉祭代數가 끝났으나 나의 여러 叔父께서는 祖父(諱弘胤)께서 出系하였으므로 드디어 여기에서 第一長派에 應할 수는 없으나 感情은 祭祀를 지내지 않은 것은 참을 수 없어서 내가 이에 受諾하였으나 行하지 않았더니 大受氏의 다섯째 叔父兄께서 督促이 그치지 아니하므로 내가 應惟하였다 曾子의 말씀이 『대저 父母喪에는 슬픔을 다하여 葬禮를 두터히 하고 祖上의 祭祀에는 恭敬함을 다하면 百姓의 道德이 두터워지리라』고 하였으니 姜氏는 代代로 敦睦으로써 稱訟되었으니 어찌 그 徵驗했음이 아니라 이 齋舍의 뜻이 아름답고 깊으니 後人들은 힘쓸지어다.

肅宗三十年甲子(一七○四)六月上旬

信川康習 삼가지음

姜氏世以敦睦稱 豈非其驗耶 斯堂之意 美哉淵乎 後之人 其勉之哉

甲申季夏 上澣 信川 康習 書

追遠堂記 (역문)

내가 지난 가을에 姜大受兄(碩經)을 咸昌良範里에 訪問하였더니 새로 지은 齋舍가 마을뒤 山麓에 있거늘 나를 引導하여 앉게 하는지라 그 構造를 살펴보니 三楹겹基礎에 왼쪽 두칸구들이요 또 廳이요 또 북쪽에 한칸방 남쪽 한칸이 또 廳을 했기에 내가 異常히 여겨서 물으니 大受氏가 正色을 하고 말하기를 『아! 옛날 우리 先祖 贈贊成府君께서 甲子士禍를 입어서 집안이 남쪽으로 옮겨와서 곧 이곳에 贈贊成府君(諱永叔)의 분묘를 卜封하고 府君의 胤嗣인 叅奉 贈判書府君(諱許)과 進士府君(諱澤) 舍人 贈領相府君(諱溫) 進士府君(諱濬)의 墓도 모두 부근에 봉안하였다. 지금에는 도래솔이 이미 늙었고 子孫들이 차츰 성그러지니 우리 先人께서 每年 四時로 風雨에 대비 못하고 齋會를 할수도 없음을 상심하시어 宗叔 眞實현감(璉)公과 더불어 의논하여 집을 세우기 시작하였으나 성취못하고 不肖한 외로운 내가 일의 까닭을 생각하여 그 뜻을 이루고져 했으나 모두 이룩하지 못하였는데 다행히 나의 여러 叔父께서 今春二月에 일을 마쳤다. 다섯째『叔父(珪)가

追遠堂記（原文）

余於前秋 訪姜兄大受碩經氏 于成昌之良範 有堂新搆 在村後山麓 引余而坐之 見其制 三楹重礎 左二間堗 中四間廳 又北一間房 南一間又爲廳 余異而問之 大受氏愀然曰 噫 昔我先祖 贈贊成府君 被甲子之禍 擧室南遷 乃卜兆于兹 公之胤糸奉 贈判書府君 進士府君 舍人 贈領相府君 進士府君 俱附焉 至今 松楸已老 雲仍漸疏 我先人傷其歲時無以備風雨 無以爲齋會 與宗叔眞寶縣事公合謀經始 而未就 在不肖孤思所以成厥志 而俱未克 幸我諸父夾之 今春得斷手 第五叔父實幹其役 將以安祧主於斯 供歲事於斯 聚族人於斯 庶乎其傳之永久 而無憾於亨先之儀 名之以追遠 子盍爲一言 以記之 余亦以自出義不可辭 則曰 供歲事聚族人 旣聞命矣 祧主云何 大受氏曰 五世祖舍人府君 於在京諸孫親盡矣 四世祖師傅府君 於橈也親盡矣 此又追遠之別一義故 不應爲最長房然 情有所 不忍不祭者 遂奉於此 以王考出系之也 余於是 諾而未行 第五叔兄弟 促之不已 余惟 夫慎終追遠 民德歸厚

무너진에 자신을 망국의 하인으로 생각하고 수차례에 걸쳐 벼슬을 내렸으나 곧은 절개로 자신을 지키니 도은 이승인과 목은 이색과 같다. 대사간공 또한 어지러운 시대를 만나 중신으로서 기강을 잡고 간사한 신하를 물리치며 지조를 지켜 결코 굽히지 아니하였다. 한훤당 김굉필 일두 정여창 두 선생과 앞서거니 뒤서거니 하며 화를 당하셨다. 이렇게 어려운 일을 당하지 않음은 선대의 유업을 계승함이라 이는 그 할아버지 그 손자이니 당연히 한 사당에 모심이 당연하며 이미 사림에서 똑같이 존경하며 받들고 있다. 즉 매년 춘三월 丁일에 정갈한 음식으로 제사 지냄을 각 문중에 알리면 멀고 험한 길을 마다않고 달려옴은 현인의 위패가 모셔져 있고 선비를 기르는 도장이기 때문이다. 이 일이 어찌 즐겁지 않으리요. 서원을 돌아보니 엄숙하게 갖추어진 제례 준비며 순서에 맞는 행사며 손님을 접대하고 준비함에 있어 몸에 배인 예의 넉넉한 풍영 학문을 힘써 익히는것이 모두가 우리의 유학으로 사회를 다시 밝게 비춰 주리라. 공사가 다 되어 완공을 보게 된것을 모두가 경하한다. 사문의 신창이 나에게 이 글을 지어 줄것을 문의하여 왔으나 감히 할 수가 없으나 또한 하지 못한다는 말을 할 수도 없어서 기록되어 내려오는 글에서 간략하게 첨가하니 그 뜻과 같다. 이번 일을 주관한 준호 우석(祐錫) 석규의 마음과 힘을 다하였음을 더하여 기록한다.

세.신미(一九九一)년 정월 하순

후학 진성 이원영 삼가 짓고

후손 우석 삼가 쓰다.

상주땅의 구월산은 빼어나게 아름답고 올망졸망한 하나의 산줄기가 동으로 뻗은 모습이 마치 날으는 용과 같고 봉황이 춤을 추는것 같다. 이 산줄기가 상주시가 지쪽의 번잡함을 막아주며 봉황이 춤을 추는 넓게 펼쳐진 곳에 하나의 마을이 있으니 이곳을 봉대라 하며 진주강씨가 대대로 살아온 곳이다. 넓게 펼쳐진 평야를 산과 내가 알맞게 품어 안으니 학문을 강마하기에 알맞은 곳이다. 예전에 순조丁丑(一八一七)년에 강응교 세백공이 공의 十四대조 통계강선생을 위하여 처음 경덕사를 세우고 또한 통계선생의 四대손인 대사간공의 위패도 함께 모시고 제사를 지내 신령들을 편안히 모시던 곳이다. 세월이 흘러 건물이 낡고 허물어져 응교공의 손자 주영공이 후손들과 힘을 합쳐 자재와 경비를 마련하여 현재의 자리인 봉두리로 옮겨 세웠다. 고종戊辰(一八六八)년 전국의 서원 철폐령에 의하여 院宇가 철폐될때 경덕사도 함께 철폐 되었다. 그후 百八년만인 丁巳(一九七七)년에 위패를 다시 모시고 서원으로 격상을 하고 이름을 봉강으로 하였으나 제사를 지내고 손님을 접대하기엔 너무나 협소하여 도저히 그냥 사용할 수 없어서 己巳(一九八九)년 가을에 확장 할것을 신중히 발의하니 후손들은 대책을 세워 성금을 모금하고 공사를 시작하여 묘우재실 찬장 주방이 차례로 준공되니 법도가 바로되고 범위가 크고 우람하여 지니서원으로 갖추어야 될것 무엇하나 빠지고 모자람이 없으니 아! 훌륭하도다. 삼가 살펴 보건데 통계 강선생은 패망한 나라의 명신으로 고려의 사직이 이미

巳秋峻發擴張之論詢謀諸族各自懸錄而始役廟宇齋堂庖廚垣墻次第竣
工制度華麗範圍宏傑院中排設無一不具於乎盛哉敬按通溪姜先生以勝
國名臣麗社旣屋自靖而罔僕徵辟累至而堅貞自守與陶牧同歸大司諫公
以昏朝重臣扶綱討奸秉節不屈與寒蠹後被禍克絡先業可謂有是祖有是
孫宜堂同堂合饌而已有士林共尊之擧則每年春丁釋菜通告各門竭蹶趨
赴其在尊賢養士之道豈不樂與之同事哉瞻宮墻而肅肅設籩豆而秩秩拜
揖周旋濡染禮儀之風優遊涵詠勸勉絃誦之習庶幾吾道之天復明於來日
也歟敬爲堂中僉君子竣焉役旣訖斯文信昌問余記其事不敢而亦不能辭
洒書其實而畧加己意而歸之茲役也主管俊鎬 祐錫 錫圭磬竭心力故追
錄耳

　　　　歲重光協洽政月下澣
　　　　　　後學 眞城 李源榮 謹撰
　　　　　　　後孫 禹錫 謹書

을에 빛을 더한다. 아! 성대하도다. 모두가 말하기를 옛날에 사당이 있었은즉 세덕(世德)을 추모하던 곳이라 마땅히 실상을 쓴 글이 있어야 하고 오늘부터 서원 이 된 후로는 선현(先賢)과 같이 높이어 공평할 지위인고로 유림에서 쓴 글을 벽에 붙어야 된다고 하면서 나에게 부탁한다. 나는 부끄럽게도 글을 쓸줄 모르는 사람 이라 부탁을 감당할 수 없어 여러날을 망서리고 있는데 후손(後孫)인 신각、신창 (信珏、信昌)이 지금 유림들이 정중히 의논하고 수고스럽지만 왕림하여 달라고 말 한다. 병규는 생각하기를 유림에서 버림을 받지 않았음을 다행으로 여기어 염치 를 무릅쓰고 쓰노라.

광복후 정사년(一九七七) 六월 十일　　인주인 장병규 삼가지음

鳳崗書院重建記 (原文)

商山之九月山秀麗磅礡一枝東馳如龍飛鳳舞隔城市開張一局有村曰鳳
坮晉陽姜氏世庄也鉅野衍鋪山川拱抱久宜藏修之所逖昔　純祖丁丑姜
應敎世白公爲其十四代祖通溪先生而刱建景德祠配享先生四世孫大司
諫公尸祝而妥靈者歲久頹圮應敎孫胄永合族鳩移建于鳳頭　高宗戊
辰毁撤於邦禁其後百八年丁巳春復設陞院而扁額拜揖周旋陝隘難容己

옛날 정축년(一八一七)에 공(通溪公)의 십사대손 홍문관응교(弘文館應敎) 세백(世白)이 경덕사(景德祠)를 이곳에 창건하고 신주를 모시고 제사를 받들었는데 여러 세대(世代)를 지내는 동안 사당이 기울고 허물어짐을 탄식하더니 응교공의 손자 주영(冑永)이 중수하였는데 상세한 것은 후손 익위사세마(翊衛司洗馬) 필효(必孝)가 쓴 기문 가운데 있다. 오호라! 큰 덕화는 널리 유포되고 성하고 쇠함은 서로 따르는 것이라. 무진년(一八六八)에 이르러 국령으로 철폐함을 당하여 마침내 향화를 폐하고 지금에 이르기까지 백여년이다. 자손들의 아픔을 먹음이 어떠했으랴.

모든 후손이 협력하여 그 옛 제도를 따라 복구하니 새로운 사당 모습은 고요하고 엄숙하며 강당은 크고 아름다우니 어찌 정성을 쌓아 이룩한 것이 아니라 할까? 일년이 넘어 어느해 많은 선비가 재실에 모여 공손히 제사를 모실 때에 외람되게 나도 끝자리에 참석하여 위패에 글쓰는 책무를 하였다. 또 정사년(一九七七) 봄에 이르러 옥동서원(玉洞書院)으로부터 준엄한 발론으로 사당을 서원으로 승격하여 편액을 봉강서원(鳳崗書院)이라고 하니 명궁(明宮)이 자손들이 모여 사는 마

봉강서원기 (역문)

공자께서 말씀하시기를 은나라에는 세 어진분이 있었다고 하니 대체로 기자(箕子)는 거짓 미친체 하였고 미자(微子)는 떠나갔으며 비간(比干)은 간하다 죽음을 당하였다. 정성스럽고 갸륵한 마음인즉 어진 분이라고 할 것이다. 들건대 옛날 고려국 사직이 끊이나니 七十二인의 어진이가 있어 혹은 나라를 위하여 목숨을 바치고 혹은 바다에 떠나고 혹은 두문동에 들어가서 각기 그 뜻을 지키었으니 신하로서의 통계강선생(通溪姜先生) 역시 그 한 분이었다. 공은 고려의 충신이시니 어찌 이태조의 부끄러는 명을 따름이 옳다고 출사하여 두 성의 조정을 섬기고 그 곡식을 먹음이 부끄럽지 않으리요. 하고 드디어 바다에 떠서 자취를 감추고 어느 곳에서 생을 마쳤는지 알길이 없고 묘소 있는 곳도 잃었다. 사실을 가려낼 사람이 없으며 비록 야사에 있어 전할 뿐이니 의심스럽다. 태양을 뚫을듯한 충성과 하늘을 받들만한 대의(大義)는 정포은(鄭圃隱) 이목은(李牧隱) 선생들에게 양보하지 않을 것이다. 그 유풍여열(遺風餘烈)이 五世안에 끊이지 아니하여 현손인 대사간공 형(調)이 역시 불행하게도 혼탁한 때를 만나서 기강과 인륜의 법을 세우고 거짓을 들추어내어 물리치다가 김한훤당(金寒暄堂) 정일두(鄭一蠹) 선생들과 더불어 같이 혹독한 재

玄孫大司諫(詞)亦不幸而遭昏濁之時欲扶植綱倫下斥許與寒蠹諸先生並被酷禍可謂有是祖而貽厥嘉猷有是孫而克紹先烈則當一體尊奉合堂致實子孫敬祖之誠所不庸已者也往在丁丑公之十四世孫應教世白乃創景德祠於此尸而祝之者閱歲數紀自不無傾圮之嘆應教之孫胄永繼而葺之詳在後孫洗馬必孝記文中矣嗚呼大化周流隆替相隨而逮至戊辰見撤於邦禁遂廢香火者今至百有餘年矣子孫之茹痛何如哉闔族謀協追復增其舊制而新之廟貌肅講堂輪奐豈非積誠所在耶越一年某甲多士齋會恭行奉安妥之儀而僉議扁額曰鳳崗書院一旀明宮煥然復起於丁巳春自玉洞院峻發陞祠為院之論亦僉在席末猥蒙題主之責耳又至丁巳春自玉洞里於戲盛哉咸曰昔日在祠則乃世德追慕之所故宜有記實之文而自今日為院後則是先賢共尊之地故當有士林揭壁之書謬囑於自愧不侫無位無文者也安敢當是寄迸巡不敢濡筆者亦多日矣故先賢孫信珏信昌今以士林鄭重之議勤杆炳逵不見棄於縉紳之列故茲以冒廉而書之

光復後初丁巳流火節上澣

仁州人 張炳逵 謹撰

존경하고 집안을 중하게 하는 도리를 다하지 못하였으므로 다시금 정성을 들임이 어떠하리까. 옛날 소목공(召穆公)은 나라안 일이 사람을 서주(西周) 땅에 모아 당(唐)나라 유신의 사당을 지어서 제사해서 두 나라 백성들이 화합해졌다. 모든 우리 일가 사람은 경덕사 묘당(廟堂)을 우러러 보고 선조님의 아름다운 가르치심을 받아 집안일을 돌보아 여러 자손의 덕업을 도우는 것이 이 사당의 이름=경덕(景德)의 뜻이니라. 시(詩)에 말하기를 『조상을 평안하게 할지니라 이 일은 오래도록 어기지 말지니라』하였다.

후손 세마 필효 삼가 씀

鳳崗書院記(原文)

孔子曰殷有三仁焉盖箕子之佯狂微子之去比干之諫死其至誠惻怛之心則皆可以謂仁矣聞昔麗社之爲屋也有七十二人之賢或殉國而死或浮海而逃或掛冠於不朝峴或納履於社門洞各遂其志皆秉節罔僕之義則無異焉通溪先生姜公亦其一也公以勝國藎臣與休戚豈可出太祖徵辟之命耶穀於二姓之朝也遂浮海而去不知所終斧堂失處訒卜無人雖有野史傳疑其貫日之忠撐天之義則不讓於圃牧諸先生矣其遺風餘烈不斬五世之內

빛나고 빛날 것이다.

혹자는 말하기를 사적이 가무려져 없어지고 야사(野史)에서 전해지므로 확실함을 알 수 없다고 하였으나 정조(正祖) 때에 십오세손 휘옥(彙鈺)이 급제하여 왕을 모실 때 왕이 『너의 선조는 두문동에 들어가서 절개를 지켰다』고 하였다. 임금의 말은 반듯이 증거가 되느니라 오래도록 묘소를 잃고서 찾지 못하여 여러 대를 내려오면서 성묘가 끊어지고 제사를 드리지 못하였던바 많은 後孫들이 선조를 섬기는 예의로서 이 사당을 세우게 된 것이다. 또한 대사간공 형(詗)은 통계선생의 四세손으로 연산주때 나라의 기강이 문란함을 보고 극법을 바로 잡고 간신배를 성토한 해와 같은 매서운 충절이었으나 연산주의 비위를 거슬려서 온 집안이 화(禍)를 당하고 공은 四부자가 하루에 죽음을 당하여 곧고 빛나는 순절을 하셨다. 어찌도 선조의 끼치심을 이어받았다 하여 뼈에 사무치도록 꼭 알맞으니 진실로 신명의 이치가 도와던 것일까 통계공의 급히지 아니하는 바른 절개는 도은(陶隱) 이승인(李崇仁) 목은(牧隱) 이색(李穡)의 절개와 같을지며 대사간공의 나라위한 순절(殉節)은 김한훤당(金寒暄堂) 정일두(鄭一蠹)선생들과 더불어 조금도 못하지 아니하며 후이나 전이냐 다를뿐 어진이를 사모하고 덕을 기리는 떳떳한 충정(衷情)은 매 일반이리라. 황차(況且) 우리 두 선조님의 자손이야 어떠하리. 오호라! 선조께서 가신지 오래 되었으며 자손은 각처에 흩어져 살아서 조선(祖先)을

昔召穆公 聚國族於西周 唐人立廟院以合族 凡我諸宗 瞻仰廟宇 景先祖之徽謨 折旋堂廡 助諸孫之德業 此其祀廟之所以名也 詩曰無念爾祖 又曰勿替引之

경덕사 기문 (역문)

경덕사는 우리 선조 통계선생 향사를 올리는 곳이다. 지난 정축(1817)년에 십사세손 응교 세백(世白)께서 상주고을 봉강(鳳崗)에다 사우(祠宇)를 처음으로 세웠다. 이는 주자(朱子=婺源)가 사당을 세워서 어진 사람을 제사하는 법도를 따른 것이다. 착한일을 주관하여 사당을 세운지 여러 해가 되어 비가 새고 벽이 허물어졌으므로 이해 봄에 응교공의 손자 주영(胄永)이 여러 일가사람과 합심하여 재정을 마련해 사우를 옮겨 세우기로 되어 필효(必孝)에게 기문을 쓰라고 청하거늘 주영은 착하도다 그대의 조부가 이룩한 사당(祠堂)을 그대가 중수하게 됨은 선조의 하신 일의 뜻을 이은 것이라 긍구 긍당(肯搆·肯堂 : 아버지가 이룩한 일을 아들이 잘 이어받음)이로다. 돌이켜 보건대 나는 나이 많고 정신이 혼돈하여 이 기문을 능히 쓸 수 있을지 염려되나 옳은 일을 보고 아니 할 수 없어 사양하지 아니하노라. 슬프도다! 선조님은 고려조의 명신으로 충절을 다하여 왕가(王家)를 도왔으나 혁명의 날을 당하여 스스로 고려 유신임을 사무치게 생각하여 이조에 서 여러번 불렀어도 절개(節介)를 지켰으니 송죽(松竹)같은 지조는 고금을 통하여

景德祠記 (原文)

景德祠 卽 我先祖通溪先生 妥靈之所也 逌在丁丑 十四世孫應敎世白 實創于尚之鳳崗 寔據婺源立祠之例 義起而尸祝之 歲滋久 浸至剝落 洒於是歲春應敎之孫冑永 合族鳩財 謀改移建 書必孝 請記其事 賢哉 冑乎 子之先人始創之 子又重葺之 所謂繼志述事 肯堂肯搆者矣 顧余 年耄神遁 焉能相斯役而 義亦不敢辭 嗚呼 我先祖以勝國名臣忠蓋著 王家 及革命之日 自靖而周僕 雖我朝徵辟累至 而正廟朝 宗人彙鉥 擢第入侍也 炳烺今古 或云浮海 蓋出於野史傳疑 而第堂斧失所深目莫憑 世遠挑 承爾祖入杜門洞之敎 王言其必有所徵矣 亦粵大諫公以 絶 羹慕無地 凡在雲仍 宜有報本之禮 是祠之所以刱也 先生四世孫 遭時昏濁 扶網討姦 以烈日之忠遭湛族之禍 秉直成仁 克 承先業 合堂同腏 神理允協 夫通溪公之秉節不屈 與陶牧同歸 大諫公 之殉忠靡悔 與寒蠹後先 慕賢宗德 固彝衷之所同然 況二祖之子孫乎 嗚呼 先祖旣遠矣 子孫散居矣 其尊祖崇宗之道 不於斯用情 更於何哉

부록 2

봉강서원(鳳岡書院)
    경덕사기(원문과 번역문)/ 1
    봉강서원기(원문과 번역문)/ 4
    봉강서원중건기(원문과 번역문)/ 8

추원재(追遠齋)
    추원당기(원문과 번역문)/ 12
    추원재중건상량문(원문과 번역문)/ 15

추모비(追慕碑, 원문과 번역문)/ 20

*부록2의 원문과 번역문은 뒤에서 앞으로 읽을 수 있도록 역편집된 문서입니다.